R
1122.
A. 2.

ABREGÉ
DE LA
PHILOSOPHIE
DE
Mr GASSENDI

SECONDE PARTIE

CONTENANT

L'Institution Astronomique.

Les Systemes de Ptolomée, de Copernic, & de Tycho-Brahé.

Plusieurs Questions qui regardent la nature, & les proprietez des Cieux & des Astres.

Et la Refutation de l'Astrologie Judiciaire.

Par F. BERNIER Docteur en Medecin de la Faculté de Montpelier.

A PARIS

Chez ESTIENNE MICHALLET, ruë Saint Jacques, à l'Image Saint Paul, proche la Fontaine de saint Severin.

M. DC. LXXV.
AVEC PERMISSION.

TABLE
DES LIVRES ET CHAPITRES
contenus dans cette Seconde Partie.

TRAITÉ QVATRIÉME
DES CHOSES CELESTES. page 1

LIVRE PREMIER
De la Sphere.

Chap. I.	Ce que c'est que Sphere.	page 5
II.	Du Globe qu'on appelle Celeste, entant qu'il est une mesme chose avec la Sphere.	8
III.	De la Terre qui est representée au milieu de la Sphere.	9
IV.	De l'Axe, & des Poles du Monde.	11
V.	De l'Horison.	13
VI.	Du Meridien.	15
VII.	De l'Equateur.	17
VIII.	Des Tropiques.	18
IX.	Des Polaires.	19
X.	Des Colures.	20
XI.	Du Zodiaque, & de l'Ecliptique.	21
XII.	Des Signes du Zodiaque.	22
XIII.	De certains autres Cercles qu'on s'imagine dans la Sphere, comme ceux qu'on nomme Verticaux, de Hauteur, de Distance, de Position, ou des Maisons Celestes.	24

ã ij

XIV.	Des Cercles de Declinaison, & de Latitude, où il est parlé de l'Ascension, & de la Longitude des Astres.	26
XV.	Des trois Positions, ou Situations de la Sphere, Droite, Oblique, & Parallele.	29
XVI.	Des Zones, & par consequent des Regions des Vents.	32
XVII.	Des Climats, & de la diversité des Habitans de la Terre.	35
XVIII.	Des Crepuscules qui se voyent à l'Horison en quelque Situation de la Sphere que ce soit.	36
XIX.	Des Refractions, des Rayons des Astres qui arrivent principalement à l'Horison.	38
XX.	Du Lever, & du Coucher Horisontal des Astres.	40
XXI.	Du Lever, & du Coucher Heliaque ou Solaire des Astres.	41
XXII.	Des Parties du Temps, dont la Mesure est le Premier Mobile designé par la Revolution de la Sphere, & premierement du Iour.	43
XXIII.	De l'Heure.	44
XXIV.	De la Semaine.	46
XXV.	Du Mois.	48
XXVI.	De l'An.	49
XXVII.	Des Epoches du Temps.	53

LIVRE SECOND
De la Theorie des Seconds-Mobiles.

CHAP. I.	Des divers Phenomenes qui ont donné occasion à la Theorie des Seconds-Mobiles.	57
II.	Diverses sortes d'Hypotheses pour sauver, ou expliquer les Phenomenes.	60
III.	Hypothese de Ptolomée, qui est par les Excentriques & par les Epicycles.	63
IV.	De la Theorie du Soleil.	68
V.	De la Theorie de la Lune.	71
VI.	De la Theorie des trois Planetes Superieures, à sçavoir Saturne, Iupiter, & Mars.	77
VII.	De la Theorie des deux Planetes Inferieures, à sçavoir Venus, & Mercure.	80
VIII.	De la Theorie du Firmament, & de l'un & de l'autre Crystallin.	83

IX.	*Pourquoy les Planetes paroissent tantost plus grandes, & tantost plus petites.*	87
X.	*Pourquoy elles paroissent tantost plus vistes, & tantost plus lentes.*	88
XI.	*Pourquoy elles paroissent tantost Directes, tantost Retrogrades, & tantost Stationaires.*	90
XII.	*Ce que c'est que Parallaxe.*	93
XIII.	*Quelle est par consequent la Distance des Planetes, & des Etoiles Fixes à l'égard de la Terre, & quel est aussi par consequent l'Ordre des Cieux.*	95
XIV.	*Quelle est la vraye Grandeur des Planetes, & des Etoiles Fixes.*	98
XV.	*Des Aspects des Planetes.*	100
XVI.	*Des diverses Phases de la Lune, selon la diversité de ses Aspects ou Configurations avec le Soleil.*	103
XVII.	*De l'Eclipse de la Lune.*	107
XVIII.	*De l'Eclipse du Soleil.*	113

LIVRE TROISIE'ME
Du Systeme de Copernic.

Chap. I.	*Ceux que Copernic a imité dans l'invention de son Systeme.*	117
II.	*De la Situation, & de l'Ordre que Copernic a donné à la Terre, & aux Astres.*	119
III.	*Du Triple Mouvement de la Terre.*	123
IV.	*Pourquoy il n'a pas cru qu'à l'égard du Mouvement ou du Repos tant de la Terre que des Astres, on s'en deust rapporter à ce qui paroit au Sens.*	126
V.	*Les Raisons qui ont semblé les plus convenables pour établir le Mouvement Diurne de la Terre.*	138
VI.	*Les Raisons qui ont semblé plus convenables à ceux qui font La Terre Mobile pour établir le Mouvement Annuel.*	141
VII.	*Les Raisons les plus convenables pour introduire le Troisiéme Mouvement.*	146
VIII.	*Ce que les Sectateurs de Copernic répondent aux Objections qui se tirent de l'Astronomie.*	152
IX.	*Ce qu'ils répondent aux Objections qui se tirent de la Physique.*	156

X.	Ce qu'ils répondent aux Objections qui se tirent de la Sainte Ecriture.	164
XI.	Ce qu'ils definissent de la Distance des Astres à l'egard de la Terre, & absolument de leur Grandeur.	167

LIVRE QVATRIE'ME
Du Systeme de Tycho-Brahé.

CHAP. I.	Exposition du Systeme.	171
II.	Les Raisons qui ont porté Tycho à inventer ce Systeme.	173
III.	De quelle maniere les Sectateurs de Tycho deffendent ce Systeme.	175
IV.	La Grandeur, & la Distance des Astres selon Tycho-Brahé.	178

LIVRE CINQVIE'ME
Diverses Questions qui regardent la nature, & les proprietez des Cieux & des Astres.

CHAP. I.	De la Substance des Cieux.	181
II.	Ce que c'est que ce Bleu-d'Azur, & ce Cercle large & blanc, qui paroissent au Ciel.	183
III.	De la Substance des Astres.	186
IV.	Si dans le Ciel, & dans les Astres il se fait des Generations, & des Corruptions.	196
V.	Si les Cieux, & les Astres sont animez.	205
VI.	Si le Ciel, & les Astres sont habitables.	211
VII.	De la Figure des Astres.	216
VIII.	De la Cause Motrice des Astres.	221
IX.	Des Cometes.	229
	La Refutation de l'Astrologie Judiciaire.	
X.	Que les Maximes sur lesquelles les Astrologues appuyent leurs Predictions, sont sans fondement.	242
XI.	Que les Aphorismes des Astrologues sur le fait des Nativitez, & des Accidens particuliers qui arrivent aux Hommes, n'ont rien de solide.	256
XII.	Que les Réponses par lesquelles les Astrologues tachent d'affermir & défendre leur Dogmes, sont vaines & frivoles.	261

ABRÉGÉ
DE LA
PHILOSOPHIE
DE
Mr GASSENDI.

TRAITÉ IV.
DES CHOSES CELESTES.

E que Platon a appellé Astronomie, a encore esté nommé Astrologie par la plûpart des Anciens; mais depuis que les Chaldéens ont introduit leurs réveries dans cette Doctrine, le nom d'Astrologie est presque demeuré à cette pretenduë Science qui regarde les Nativitez, & qu'on appelle ordinairement la Judiciaire; & celuy d'Astronomie a esté consacré à celle qui s'occupe à considerer, & à mesurer le mouvement des Astres, leur di-

A

stance, leur ordre, leur grandeur, leur lumiere, & enfin leur nature & leurs proprietez.

On peut dire qu'elle est née de l'admiration lors que les hommes observant l'éclat, la varieté, la multitude, & la grandeur des Astres, observerent encore que ces Corps celestes avoient un mouvement tres-constant & tres-regulier, & que ce mouvement faisoit la vicissitude eternelle des Jours & des Nuits, des Estez & des Hyvers.

Si l'on considere son Sujet, il n'y a point de Science plus relevée; elle considere la plus vaste & la plus noble partie de l'Univers, cette brillante region des Astres qu'on ne sçauroit regarder sans admiration, & qui a toûjours paru si digne de la speculation des hommes, que les plus sages ont dit que nous n'avions naturellement la face elevée que pour la contempler.

Diverses Nations se vantent de l'avoir inventée; les Babyloniens soûtiennent que leur Belus en est l'Autheur; les Egyptiens Mercure; les Affricains Atlas, & Hercule; les Grecs Jupiter, Orphée, & Atrée, les Scythes mesmes en donnent la gloire à leur Promethée.

Les plus anciennes observations qui nous restent sont celles des Babyloniens, & Ptolomée fait mention de quelques Eclipses qu'ils ont observées un peu plus de sept cent ans avant la naissance de JESUS-CHRIST; tout ce qui va au delà ou est sans preuve, ou sent la Fable.

Or les observations des Phenomenes ou de ce qui nous paroit dans les Astres, sont les vrais & legitimes fondemens de l'Astronomie; car sur plusieurs observations qu'on a faites & comparées entre-elles on s'est formé des Hypotheses par lesquelles on rend raison de tous les phenomenes qu'on observe.

Je ne dis point qu'en suite des Observations on fait des Tables astronomiques qui montrent les temps que les Astres employent à faire leurs circuits selon les hypotheses qu'on a prises.

Ces Tables servent à faire des Ephemerides ou des Journaux, qui supposant certains commencemens de mouvemens & de temps, marquent en quels endroits du Ciel le Soleil, la Lune, & les autres Astres se trouvent chaque jour, & en quels Aspects ils se rencontrent.

Au reste, comme on ne sçauroit rien dire de juste du Ciel & des Astres qu'on n'aye toûjours en veuë le Systeme general du Monde, ou la disposition generale de ses parties, voicy une Figure qui represente cette disposition selon qu'on la conçoit vulgairement.

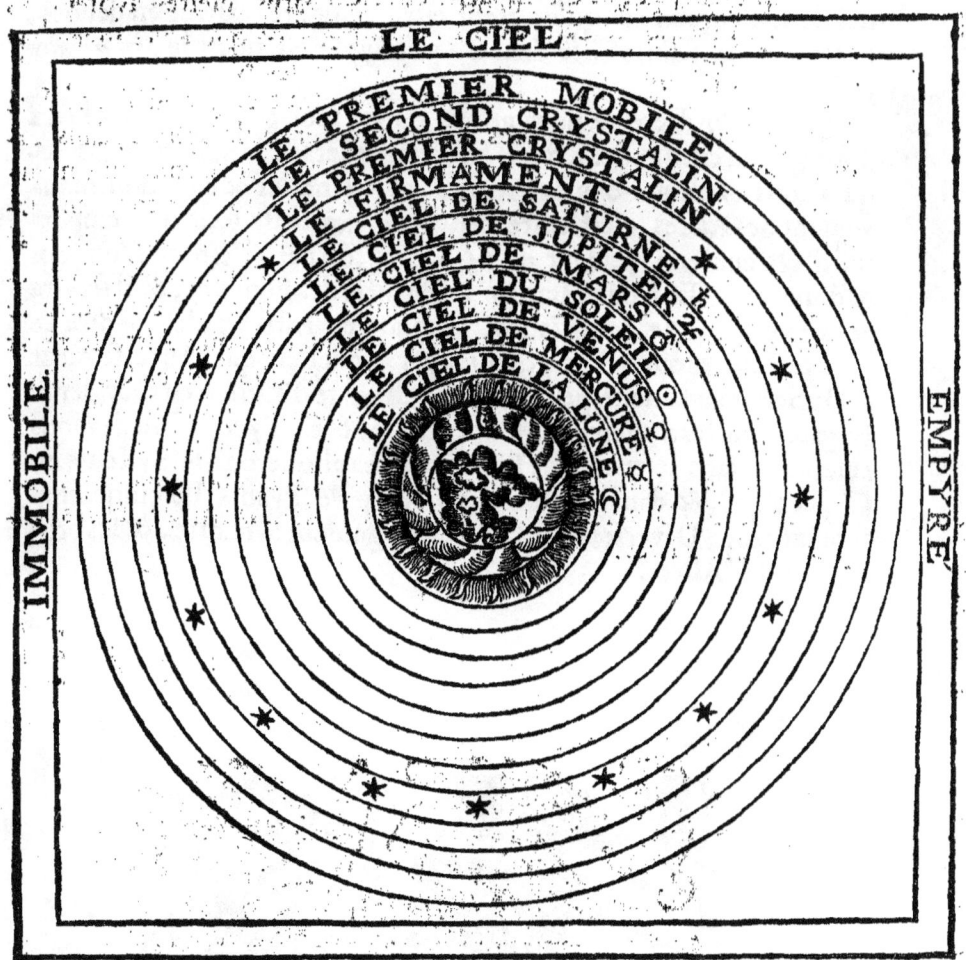

L'Espace enfermé dans le petit cercle du milieu represente le Globe de la Terre, & de l'Eau; les deux cercles qui suivent representent l'Air, & le Feu qui sont les deux Elemens superieurs; & les onze autres cercles suivans representent les onze Cieux mobiles; celuy de la Lune, celuy de Mercure, &c.

Je dis les Cieux mobiles; car les Theologiens en reconnoissent un douziéme & immobile, à sçavoir le Ciel Empyré qui est la demeure des Bien-heureux, & qu'on tient estre de figure quarrée en dehors, parce que la Sainte Cité dans l'Apocalypse est quarrée, *in quadro posita*.

Quant à l'ordre que nous allons tenir; tout ce grand Traité sera distingué en cinq petits Livres. Le premier sera de la Sphere, dans lequel nous expliquerons le Premier ou journalier & commun mouvement des Astres, c'est à dire celuy par lequel ils sont tous emportez d'Orient en Occident en 24 heures, ou dans l'espace d'un jour & d'une nuit. Le second sera de la Theorie des Planetes, & il servira pour expliquer le mouvement Second des Astres, c'est à dire ce mouvement propre & particulier par lequel chaque Astre se meut d'Occident en Orient pendant qu'il est porté d'Orient en Occident: Et parce que les Systemes de Copernique, & de Tycho sont devenus celebres; dans le troisiéme Livre nous expliquerons le Systeme de Copernique, & dans le quatriéme celuy de Tycho. Le cinquiéme sera intitulé, Diverses Questions qui regardent la nature, & les proprietez des Astres.

LIVRE PREMIER
DE LA SPHERE.

CHAPITRE I.

Ce que c'est que Sphere.

Ar le nom de Sphere on entend icy cet Instrument vulgaire, qui estant composé de divers Cercles, & d'un Axe qui le traverse, avec un petit Globe au milieu, sert à representer la Machine du Monde, & les mouvemens Celestes, & principalement le Premier ou journalier. Voyez la Figure suivante.

Ce petit Globe qui est soûtenu au milieu de l'Axe represente la Terre dans le Centre du Monde, & les extremitez de cet Axe ou Essieu sur lesquelles tous les Cieux tournent en 24 heures representent les deux Poles, dont l'un est appellé Septentrional, & l'autre Meridional. Il est vrai que la Sphere n'est pas composée de tant d'Orbes que nous avons décrit de Cieux dans la Figure precedente; mais toutefois toute la Machine des Cieux se peut entendre par cette simple disposition & par cet arrangement de Cercles; cette Machine artificielle se mouvant, & se tournant sur ses Poles, de mesme que la Machine des Cieux se meut & est emportée toute entiere & toute ensemble sur les Poles du Monde.

Car encore que les Cieux Inferieurs ayent leurs mouvemens parti-

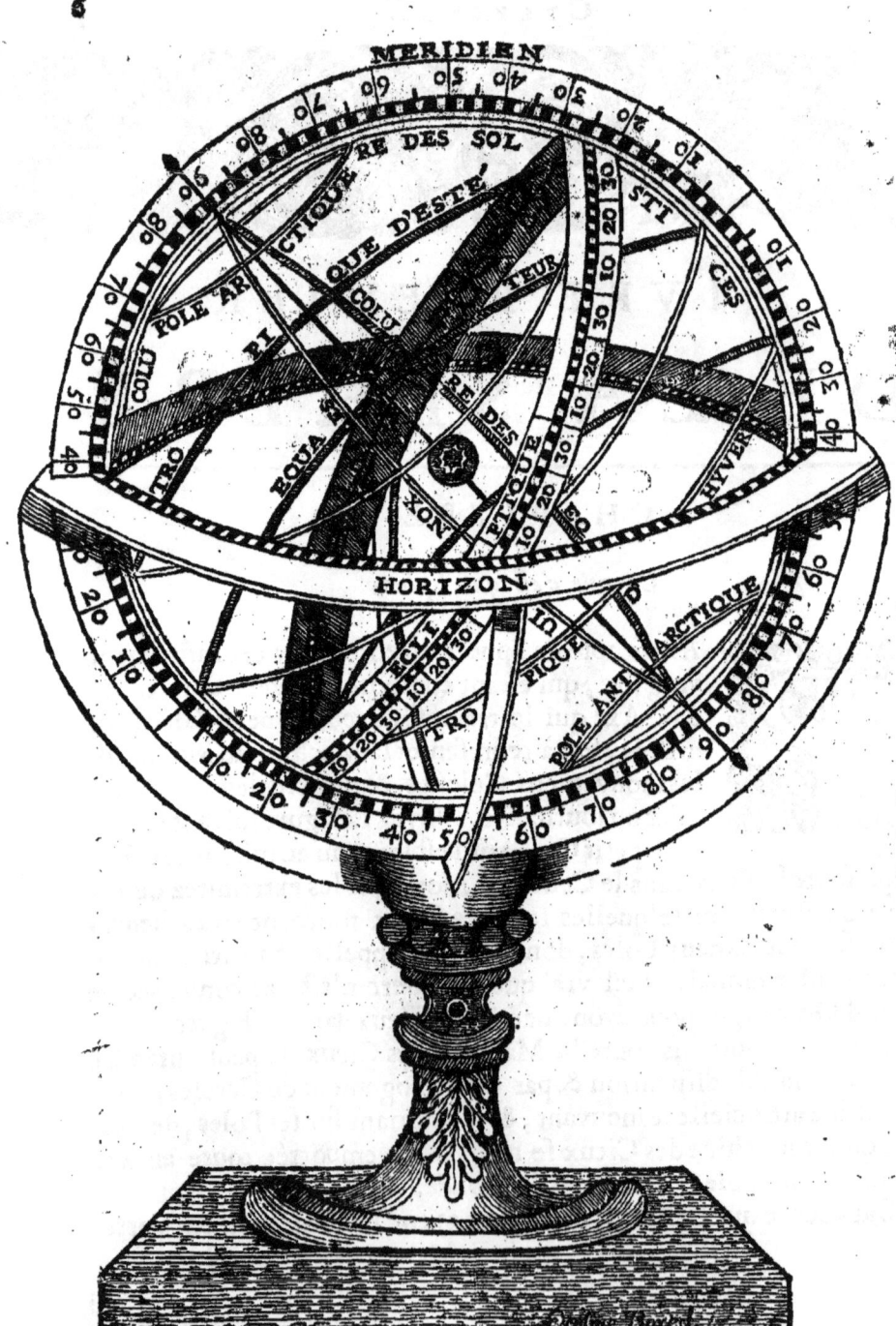

culiers par lesquels ils se dérobent, & se tirent, pour ainsi dire, vers l'Orient, & cela suivant le cercle que nous appellons le Zodiaque; ils sont neanmoins tous emportez vers l'Occident par une mesme impression, qui est celle du premier Mobile, & ils achevent leurs circuits en mesme temps que luy, à sçavoir en l'espace de 24 heures; d'où vient que les Astres comme les Planetes qui sont dans ces Cieux, paroissent tous les jours se lever, & se coucher, ou s'en aller, & retourner, & le mouvement qui leur est imprimé, est appellé mouvement de Rapt, *Motus raptus.*

Cependant ce mouvement qui les emporte suppose que tous les Cieux doivent non seulement estre transparens, mais encore contigus, durs, & solides; & que les Astres pour pouvoir estre emportez avec eux, leur sont attachez; ce qui se peut bien admettre comme une pure Hypothese pour expliquer les mouvemens, quand mesme il n'y auroit pas apparence de verité.

Pour ce qui est des cercles de la Sphere, on en distingue dix; six grands, l'Horison, le Meridien, l'Équateur, les deux Colures, & le Zodiaque, dont chacun divise la Sphere en deux parties égales; & quatre petis, sçavoir les deux Tropiques, & les deux Polaires qui la divisent en deux parties inégales. Il y a cette difference entre tous ces cercles que l'Horison, & le Meridien sont immobiles, que les autres tournent au dedans de ceux-cy, & que le Zodiaque a une largeur que l'Ecliptique coupe par le milieu.

Ce que je viens de dire en passant, que le Zodiaque a une largeur, suppose qu'on doit concevoir les autres comme indivisibles; je dis concevoir, parce qu'on les chercheroit inutilement dans les Cieux où on se les imagine seulement, si ce n'est l'Horison qui tombe en effet sous nos sens.

Remarquez qu'on a de coûtume de diviser chaque cercle en 360 parties égales ou Degrez; & que chaque degré se sous-divise en 60 Minutes; chaque minute en 60 Secondes; chaque seconde en 60 Troisiémes, & ainsi de suite s'il en est besoin, en Quatriémes, Cinquiémes, &c. Le Jour se divise de mesme en 24 Heures; chaque heure en 60 minutes; chaque minute en 60 secondes; chaque seconde en 60 troisiémes, &c.

CHAPITRE II.

Du Globe qu'on appelle Celeste, entant qu'il est une mesme chose avec la Sphere.

Tous ces Cercles qui composent la Sphere, & dont nous venons de parler, sont aussi ordinairement representez dans ce Globe qu'on appelle vulgairement le Globe celeste ; c'est pourquoi ce Globe peut estre pris pour une Sphere, si on s'imagine que les espaces qui sont entre les cercles mobiles soient remplis, & que les Constellations, c'est à dire ces amas de plusieurs Etoiles fixes reduites à certaines Figures ou formes, y soient dépeintes.

L'on a de tout temps distingué en 48 Constellations toutes les Etoiles qui se voyoient dans la Grece, & dans toutes les autres parties de la Terre qui estoient alors connuës. De ces Constellations il y en a 12 dans le Zodiaque, 21 à son Septentrion, & 15 à son Midy.

Les Constellations du Zodiaque sont le Belier, le Taureau, les Jumeaux, l'Ecrevisse, le Lion, la Vierge, la Balance, le Scorpion, l'Archer, le Capricorne, le Verse-eau, & les Poissons.

Celles du Septentrion sont la petite Ourse, la grande Ourse, le Bouvier, le Dragon, la Courone, Hercule, la Lyre, le Cygne, Cephée, Cassiopée, Persée, Andromede, le Triangle, le Cocher, Pegase, le Chevalet, le Dauphin, la Fleche, l'Aigle, le Serpentaire, & le Serpent.

Celles du Midy sont la Balene, Eridanus, le Lièvre, Orion, le grand Chien, le petit Chien, le Navire d'Argos, l'Hydre, la Coupe, le Corbeau, le Centaure, le Loup, l'Encensoir, la Courone, & le Poisson.

Mais depuis qu'on a navigé vers le Midy, & qu'on a découvert des Etoiles que les Anciens n'avoient point veuës, on en a fait 18 autres Constellations, sçavoir le Phenix, la Gruë, l'Inde, la Dorade, le Paon, l'Oye, l'Hydre, le Passereau, Apus, le Triangle, la Mouche, le Cameleon, &c.

Je ne dis point qu'il y a de certaines petites Constellations qu'on a designées a designées & marquées dans les plus grandes, comme les Pléïades, & les Hyades dans le Taureau, &c.

Il y a aussi de certaines Etoiles qu'on a nommées Informes, parce qu'elles se trouvent entre-deux Constellations, & qu'ainsi on les voit hors des formes ou des figures ausquelles les autres Etoiles voisines se rapportent. Il y en a neanmoins quelques-unes dont on a depuis formé des Constellations separées, comme la Chevelure de Berenice à la courbure de la Queuë du Lion, & l'Antinoüs sous l'Aigle.

Les Anciens ayant compris les Etoiles qu'on voyoit clairement & distinctement sous le nombre de 1022 les principales furent appellées de la Premiere grandeur, comme Sirius qu'on appelle le grand Chien & la Canicule, la Lyre, la Chevre, Arcturus, & autres; celles qui sont un peu plus petites, de la Seconde, comme la Polaire à l'extremité de la queuë de la petite Ourse, &c. celles qui sont encore un peu plus petites, de la Troisiéme, & ainsi de suite de la Quatriéme, de la Cinquiéme, de la Sixiéme, outre quelques autres qu'ils ont appellées nebuleuses, & obscures.

Remarquons que les nebuleuses qui ont esté découvertes par le moyen des Lunettes, comme celles de l'Ecrevisse, ne sont autre chose que des amas d'Etoiles tres-petites dont les petites lumieres jointes ensemble forment une espece de blancheur qui a quelque ressemblance avec celle d'un petit nuage.

Ajoûtons que la Voye-lactée, que les Anciens tenoient pour un onziéme cercle qui avoit quelque largeur comme le Zodiaque, n'est autre chose qu'un amas d'une infinité d'Etoiles tres-petites, ce que Democrite, au rapport de Plutarque, avoit conjecturé.

CHAPITRE III.

De la Terre qui est representée au milieu de la Sphere.

PUisque le petit Globe qui est au milieu de la Sphere represente la Terre, il faut sçavoir que la Terre est de figure ronde; car si on considere sa grandeur, les montagnes & les vallées n'empeschent pas davantage sa rondeur que ces petis grains qui sont sur la surface d'une orange empeschent celle de l'orange.

Les Physiciens tirent une induction de sa rondeur de ce que toutes ses parties conspirent unanimement & également vers le centre ; mais les Astronomes la demonstrent ainsi. Ceux qui vont vers le Septentrion, ou vers le Midy, découvrent toûjours de plus en plus de nouvelles parties du Ciel d'un costé à mesure qu'ils en perdent de l'autre ; & le Pole visible leur devient plus élevé d'un costé, & plus bas ou plus proche de l'Horison de l'autre ; joint que selon que l'on est plus à l'Orient, ou à l'Occident, l'on voit les Astres se lever, & se coucher plûtost, ou plus tard, en sorte que lorsque la Lune, par exemple, s'éclipse, ceux qui sont plus Orientaux content plus d'heures à commencer du midy, ou de la minuit, & ceux qui sont plus Occidentaux en content moins.

Sous ce mot de Globe de la Terre l'Eau y doit estre comprise ; en tant que les parties de l'Eau & de la Terre conspirent vers un mesme centre, & que la surface de la Mer est de telle maniere continuée avec celle de la Terre, que les mesmes choses que nous venons de dire arrivent à ceux qui navigent vers le Septentrion, ou vers le Midy, & à ceux qui sont situez à l'Orient, ou à l'Occident ; & ce qui prouve d'autant plus que la surface de la Mer est spherique, c'est qu'à mesure qu'on quitte un Port, & qu'on avance en pleine Mer, on perd la Terre de veuë peu à peu à cause de la convexité de la Mer, & la Terre disparoit enfin entierement : Pour ne dire point que lorsqu'il se fait une Eclipse de Lune, l'ombre qui se forme dans la face de la Lune par l'interposition de la Terre conjointement avec la Mer, est toûjours circulaire.

Les Physiciens prouvent en suite que la Terre est dans le centre du Monde, & que son centre est par consequent le mesme que celuy du Monde, parce que toutes les choses pesantes se retirent de la surface du Monde, & tendent à son centre, d'où se retirer, disent-ils, c'est monter, & où la Terre par consequent est retenuë comme balancée par son propre poids. Mais les Astronomes en tirent la preuve de ce qu'autrement le Monde ne paroitroit pas divisé en deux Hemispheres, & qu'ainsi on verroit plus ou moins de six Signes du Zodiaque sur la Terre ; joint que les Eclipses de la Lune n'arriveroient pas lors que le Soleil luy est diametralement opposé; parce que la Terre ne se trouveroit pas entre-d'eux.

Ils ajoûtent qu'encore que le circuit de la Terre soit environ de huit mille huit cent lieuës de trois mille d'Italie chacune, il la faut neanmoins considerer comme un poinct si on la compare avec le Ciel des Etoilles; en effet de quelque costé qu'on regarde le Ciel l'on en voit toûjours la moitié; & les Etoiles ne paroissent jamais ni plus grandes, ni plus petites. Elle peut mesme aussi estre dite un poinct à l'égard du Ciel du Soleil, puisque nous voyons que les ombres du Soleil ne se meuvent pas moins regulierement alentour des centres des Instrumens & des Quadrans, qu'elles feroient alentour du centre de la Terre, comme s'il n'y avoit aucune distance entre la surface & le centre de la Terre.

Ils prouvent enfin que la Terre est en repos dans le milieu du Monde; parce que, disent-ils, elle ne se meut ni par un mouvement droit, autrement elle sortiroit du centre; & ainsi elle monteroit en haut, ce qui repugne à sa pesanteur; ni par un mouvement circulaire, cela ne se pouvant faire ni alentour de son propre Axe, ni alentour d'un autre; car si elle se mouvoit alentour de son propre axe vers l'Orient, tout ce qui seroit dans l'air, comme les nuës, & les oyseaux, paroitroit estre emporté vers l'Occident; outre que rien, disent-ils, ne tomberoit perpendiculairement, ce qui est contre l'experience; & si elle se mouvoit alentour d'un autre centre que le sien, la hauteur du Pole changeroit à nostre égard, quoy que nous demeurassions immobiles en un mesme endroit de la surface de la Terre; ce qui cependant n'arrive nulle part.

CHAPITRE IV.

De l'Axe, & des Poles du Monde.

APres ce qui a esté dit du petit Globe qui represente la Terre & l'Eau, il faudroit, ce semble, dire quelque chose de l'intervalle qui s'étend depuis ce Globe jusques aux Cercles, cet espace representant l'Air & le Feu; mais soit que l'Air ne soit autre chose qu'une tissure d'Exhalaisons & de Vapeurs, ou de petis corps qui sortant de la Terre & de l'Eau ne s'élevent que jusques à quelques mille, soit que ce Feu qu'on pretend estre sous la Lune, & qui devroit avoir plus de soixante & dix mille lieuës d'épaisseur, ne soit que dans l'Imagination, & que depuis nostre Air crasse & terrestre jusques à la Lune il y ait une certaine matiere tres-subtile que les Anciens ont appellée Æther, & les Modernes Substance Etherée ; il n'est pas necessaire de nous arrester icy à raisonner sur cet Air, ou cette espece de Feu dont nous n'avons aucune experience.

Remarquons plûtost à l'égard de l'Axe qui soûtient ce petit Globe dans le milieu de cet intervalle, que la Terre n'est veritablement pas soûtenuë de la sorte par aucun Axe visible qui aboutisse, ou soit terminé au Ciel ; mais qu'on conçoit toutefois une ligne indivisible qui passe par le centre de la Terre & du Monde, & qui estant tirée de part & d'autre jusques au Premier-Mobile, y designe deux poincts qu'on appelle les Poles du Monde ; si-bien que les Poles du Monde ne sont autre chose que les extremitez de l'Axe.

Nous avons déja dit que l'un de ces Poles est Septentrional, & l'autre Meridional. Le premier est aussi appellé Arctique, à cause du voisinage de l'une & de l'autre Ourse que les Grecs appellent ἄρκτος, & le second Antarctique, parce qu'il est opposé à l'Arctique.

On leur donne le nom de Poles du mot de πολεῖν qui signifie tourner, & on les appelle Poles du Monde ; parce que la principale partie du Monde, à sçavoir la Machine des Cieux tourne sur eux comme sur ses gonds, & fait chaque jour un tour entier d'Orient en Occident. L'on sçait que les Latins les ont appellez *Vertices* du mot Latin *Vertere* qui signifie aussi tourner. Voicy comment le Poëte exprime que l'Arctique nous est visible, & l'Antarctique invisible.

Hic Vertex nobis semper sublimis ; at illum
Sub pedibus Styx atra videt, Manésque profundi.

On les nomme aussi Poles du Monde, & Poles du Premier-Mobile pour les distinguer des Poles du Zodiaque sur lesquels les Seconds-Mobiles, ou les Cieux inferieurs, & principalement celuy du Soleil, tournent, & font leurs mouvemens propres tendant obliquement de l'Occident à l'Orient. Ces Poles du Zodiaque sont aussi principalement & plus frequemment appellez les Poles de l'Ecliptique, à cause que le Soleil marche toûjours, pour ainsi dire, sur cette ligne sans jamais s'en écarter.

Ainsi l'Axe qui se termine aux Poles du Monde, & alentour duquel on conçoit que toute la Machine des Cieux tourne, & fait son mouvement journalier, s'appelle Axe du Monde ; au lieu que l'Axe du Zodiaque est celuy qui estant aussi conceu passer au travers de la Terre, se va terminer aux Poles du Zodiaque ; le Ciel de chaque Planete ayant aussi son Axe particulier, d'où vient que dans certaines Spheres on enferme des Cercles, & des portions d'Axes qui puissent en quelque façon representer les Cieux, & les Axes du Soleil, & de la Lune principalement.

Or encore que l'on conçoive que chaque Axe traverse la Terre par le milieu ; parce qu'il n'y en a neanmoins aucun de fixe que celuy du Monde, cela fait qu'il n'y a que luy qui dans l'endroit par où il sort, pour ainsi dire, de la Terre de part & d'autre, designe dans la Terre deux poincts, qui estant directement sous les Poles celestes, sont pareillement appellez Poles, à sçavoir Poles de la Terre, dont l'un est aussi appellé Arctique ou Septentrional, & l'autre Antarctique ou Meridional.

CHAPITRE V.

De l'Horison.

POur ce qui regarde les Cercles de la Sphere, celuy qui est exterieur, & qui environne tous les autres, est dit Horison.

Il represente dans le Monde ce Cercle qui lorsque nous sommes dans une plaine, & que nous regardons tout alentour de nous, nous paroit comme la jonction du Ciel & de la Terre. Les Grecs luy ont donné le nom d'Horison, comme qui diroit en Latin *Finiens* ou *Finitor*, & en François celuy qui termine ou borne tout ce que nous voyons de la Terre, & qui sépare la partie du Ciel qui est veuë de celle qui n'est pas veuë, distinguant ainsi deux Hemispheres dont l'un est appellé Superieur, & l'autre Inferieur.

C'est à l'égard de ce Cercle que les Astres sont dits se lever, & se coucher; se lever lors qu'ils s'élevent & se montrent au dessus; se coucher lors qu'ils s'abbaissent & se cachent au dessous.

Encore que l'Horison soit immobile à l'égard de chaque lieu particulier de la Terre, il faut neanmoins en general le concevoir comme mobile; parce qu'à mesure que nous changeons de lieu, nous changeons d'Horison.

Or l'Horison de la Sphere peut representer cette varieté ou changement; parce qu'encore qu'il ne se meuve pas alentour du reste de la Sphere, le reste de la Sphere se peut toutefois mouvoir alentour de luy, & il n'importe pas dans lequel des deux soit le mouvement pour que le mesme changement paroisse se faire.

C'est la convexité de la surface de la Terre, & principalement de cette portion que nous voyons alentour de nous qui cause ce changement; car la terre mesme qu'on a dressée au niveau a toûjours quelque peu de convexité encore qu'elle paroisse plate à la veuë; d'où vient que lors que nous marchons il s'en perd quelque chose d'un costé, comme il s'en gagne du costé opposé. Cette convexité est incontestable dans la Mer, qui en se mettant d'elle-mesme au niveau par sa pesanteur, & par la fluidité de ses parties, se met aussi en rond en mesme temps, encore que dans un petit espace elle paroisse plate.

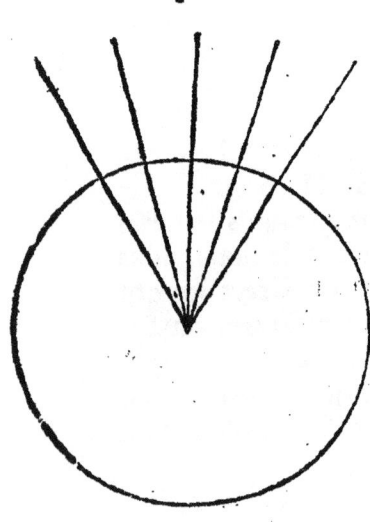

On comprend de là que jamais deux Plombs ou Perpendicules ne sont effectivement paralleles; & qu'ainsi deux murailles voisines élevées & dressées à plomb ne sont parallèles qu'en apparence; puisqu'elles tendent directement au centre de la Terre, où elles aboutiroient enfin si elles estoient prolongées, ce qui se peut comprendre clairement par cette Figure.

Nous devrions, ce semble, toucher quelque chose de l'Horison Droit, Oblique, & Parallele, mais cela se fera plus commodement ailleurs.

Il faut seulement remarquer icy qu'il y en a qui distinguent deux Horisons, l'un Sensible,

& l'autre Rationel. Le Sensible est celuy que nous avons décrit jusques icy. Le Rationel est celuy qui paroitroit si la Terre estoit veuë de son centre apres avoir esté coupée en deux, & une moitié reduite au neant.

Cecy se pourra en quelque façon entendre par cette Figure, dans laquelle le Cercle interieur representant la Terre, & l'exterieur le Ciel, la ligne qui passe par le centre represente l'Horison Rationel, & celle qui touche la surface, le Sensible. Or si les deux paralleles estoient prolongées jusques au Ciel, elles y prendroient un intervalle aussi grand que le demy-diametre de la Terre, & cependant cet intervalle ne seroit à nostre égard que comme un poinct, d'autant que les lignes sembleroient enfin se rendre & se joindre dans un mesme poinct à cause de la distance immense; en sorte qu'une Etoile se verroit dans le mesme lieu, soit qu'elle fust veuë de la surface de la Terre, soit du centre.

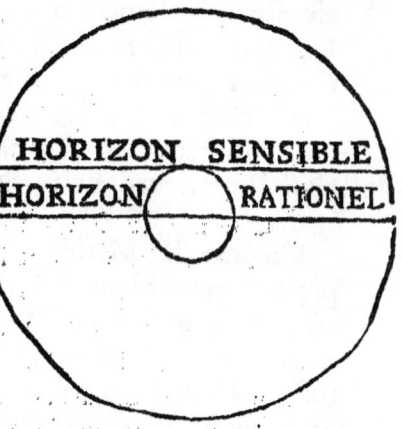

CHAPITRE VI.

Du Meridien.

LE Meridien est cet autre Cercle immobile de la Sphere au dedans duquel les autres se meuvent; il coupe l'Horison à angles droits, & soûtient les extremitez de l'Axe ou les Poles.

Il represente dans le Monde ce Cercle que nous concevons comme passant par les Poles du Monde, & par deux poincts, dont l'un qui est directement sur nostre teste, s'appelle Vertical, & tres-souvent du mot Arabe *Zenith*; & l'autre qui est sous nos pieds & qui est directement opposé, s'appelle *Nadir*: Pour ne dire pas que ces deux poincts sont censez estre comme les Poles de l'Horison.

Ce Cercle qui partage le Monde en deux Hemispheres, dont l'un est Oriental, & l'autre Occidental, est appellé Meridien parce qu'il est justement Midy toutes les fois que le Soleil y arrive, & qu'il est alors également distant des poincts de son Lever, & de son Coucher, en sorte qu'il luy reste autant de temps à passer jusqu'au Coucher, qu'il s'en est écoulé depuis le Lever.

Il n'est pas necessaire de dire que de mesme que la partie superieure du Meridien divise l'espace du Jour en deux parties égales, ainsi l'inferieure divise celuy de la Nuit en deux autres parties égales.

Comme le Meridien est immobile dans la Sphere, il represente veritablement le Meridien de chaque lieu particulier qui est aussi immobile ou invariable; mais parce qu'à mesure que nous avançons vers l'Orient, ou vers l'Occident, nous nous trouvons toûjours sous de nouveaux Meridiens, cela fait qu'il ne represente plusieurs & divers Meridiens qu'entant que par le mouvement du reste de la Sphere il tient lieu de plusieurs Meridiens.

Je dis à mesure que nous avançons vers l'Orient, ou vers l'Occident; car si quelqu'un alloit directement vers le Septentrion, ou vers le Midy, il auroit toûjours le mesme Meridien.

Cela estant, il est aisé de voir pourquoy ceux qui sont sous le mesme Meridien ont Midy en mesme temps, au lieu que ceux qui sont sous un Meridien plus Oriental l'ont plûtost, & ceux qui sont sous un plus Occidental l'ont plus tard; parce que le Soleil atteint plûtost le Meridien des premiers, & plus tard celuy des derniers.

Or parce que les Astres montent jusques au Meridien, & que de là en suite ils viennent à descendre, il faut remarquer que la plus grande Elevation ou hauteur de chaque Astre est appellée Meridienne, & que ce poinct du Meridien par où il passe est dit le Milieu du Ciel à son égard, comme celuy qui luy est directement opposé sous la Terre, est dit le Bas du Ciel.

Il faut aussi remarquer que l'Elevation ou la hauteur du Pole dans chaque Païs n'est autre chose que l'Arc du Meridien qui est compris entre l'Horison & le Pole élevé, & dont le Complement

ment jufques au Zenith, ou, ce qui eft le mefme, jufques au quart de cercle, eft toûjours égal à la hauteur de l'Equateur.

Ainfi l'Elevation du Pole à Paris eftant, par exemple, de 48 degrez & 50 minutes, le Complement de cet Arc, ou la hauteur de l'Equateur, fera de 41 degrez & 10 minutes.

CHAPITRE VII.
De l'Équateur.

L'Equateur qu'on peut dire eftre le principal des cercles mobiles dans la Sphere, eft celuy qui eftant également diftant de l'un & de l'autre Pole, nous reprefente auffi dans le Ciel ce cercle que nous concevons eftre également éloigné de l'un & de l'autre Pole, & divifer le Monde en deux Hemifpheres, l'un Septentrional, & l'autre Meridional.

Il eft auffi appellé Equinoctial; parce que le Soleil le coupant deux fois l'Année, l'une environ le 20 de Mars, & l'autre environ le 23 de Septembre (à fçavoir aux commencemens des Signes du Belier, & de la Balance) fait les deux Equinoxes ou les nuits égales aux jours, demeurant autant deffus que deffous l'Horifon; ce qui doit neceffairement arriver, parce que l'Horifon ne coupe jamais l'Equateur qu'en deux parties égales, l'une qui fe trouve fuperieure, & l'autre inferieure.

On peut voir en paffant que par le nom de Jour on entend icy le temps que le Soleil eft fur l'Horifon, & par celuy de Nuit le temps qu'il eft deffous; car le Crepufcule foit du matin, foit du foir, eft ordinairement compris dans la nuit.

Or il faut remarquer que l'Equateur eft la principale mefure du Temps, d'autant que c'eft principalement fur le mouvement de ce cercle que fe marque la revolution du Premier-Mobile; car fi fa revolution eft entiere, c'eft à dire de 360 degrez (la particule dont nous parlerons en fuite y eftant jointe) on dit que la durée, ou l'efpace de temps qui s'eft écoulé, eft d'un jour (le jour eftant maintenant pris en un autre fens) que fi elle eft feulement de la 24 partie ou de 15 degrez, on dit que la durée eft d'une heure, & ainfi du refte.

C

CHAPITRE VIII.

Des Tropiques.

ENtre les quatre cercles de la Sphere qui sont paralleles à l'Equateur, les deux plus proches de l'Equateur de part & d'autre sont les Tropiques. Ils representent dans le Ciel ces deux cercles que décrit le Soleil, l'un quand il a avancé autant qu'il se peut vers le Septentrion, l'autre quand il s'en est retourné à l'opposite, & qu'il a aussi avancé autant qu'il se pout vers le Midy. On les appelle Tropiques du mot τρόπη, qui signifie retour; parce que lors que le Soleil s'est avancé de l'Equateur jusques à eux, il ne passe pas plus avant, mais il retourne vers l'Equateur.

Celuy qui est au Septentrion est appellé le Tropique de l'Ecrevisse, parce que c'est là où le Signe de l'Ecrevisse commence; & celuy qui est au Midy est appellé le Tropique du Capricorne, parce que c'est aussi là où commence le Signe du Capricorne.

Le premier est aussi appellé le cercle de l'Esté, parce que l'Esté commence lors que le Soleil y est parvenu; l'autre le cercle de l'Hyver, parce que lors que le Soleil y est aussi parvenu l'Hyver commence; ce qui se doit entendre à l'égard de ceux qui comme nous sont au Septentrion.

Le premier s'appelle mesme encore le cercle du Haut Solstice, parce que le Soleil y estant arrivé, & estant tres-haut à nostre égard, c'est alors que se fait le Solstice du plus grand jour; & le second au contraire est appellé le cercle du Bas Solstice, parce que le Soleil y estant parvenu, & estant tres-bas à nostre égard, c'est alors que se fait le Solstice du plus petit jour.

On se sert du mot de Solstice, parce que le jour ne croissant alors, ni ne decroissant sensiblement, le Soleil semble pendant quelques jours demeurer dans le mesme lieu, c'est à dire n'avancer ni du costé du Septentrion, ni du costé du Midy, ni retourner sensiblement vers l'Equateur.

La distance qu'il y a de chacun des Tropiques à l'Equateur est de

23 degrez & 31 minutes; car le Soleil ne peut ni plus ni moins s'écarter de l'Equateur, ou comme on dit, Decliner; d'où vient que cette distance est dite la plus grande Declinaison du Soleil.

Et parce que cette mesme distance est la mesure de l'obliquité du Zodiaque ou de l'Ecliptique à l'égard de l'Equateur; cela fait qu'on dit aussi que l'obliquité du Zodiaque ou de l'Ecliptique est de 23 degrez & 31 minutes.

CHAPITRE IX.

Des Polaires.

Les deux autres cercles paralleles qui sont les plus éloignez de l'Equateur de part & d'autre, sont appellez Polaires, parce qu'ils sont voisins des Poles. L'un est Septentrional, & l'autre Meridional.

Ils representent dans le Ciel deux cercles que nous concevons estre autant éloignez des Poles que les Tropiques sont éloignez de l'Equateur, c'est à dire de 23 degrez & 31 minutes.

La raison de cecy est, que le Zodiaque coupant obliquement l'Equateur, atteint de telle maniere les Tropiques, que ses Poles sont necessairement autant éloignez des Poles de l'Equateur que ces mesmes Tropiques le sont de l'Equateur; joint que nous concevons que les cercles Polaires sont décrits par les Poles du Zodiaque autour des Poles de l'Equateur ou du Monde; mais tout cecy est selon les Modernes.

Selon les Anciens les cercles Polaires (ou comme ils disoient seulement les cercles Arctique, & Antarctique) estoient veritablement paralleles à l'Equateur; mais parce qu'entre l'un & l'autre des Poles on pouvoit concevoir une infinité de paralleles, dont les uns fussent toûjours visibles alentour du Pole élevé, les autres toûjours cachez alentour du Pole abbaissé, & les autres en partie visibles & en partie cachez à cause de l'interception de l'Horison; cela faisoit que chez eux un des cercles Polaires estoit le plus grand de ceux qui paroissoient toûjours, & l'autre le plus grand de ceux qui estoient toû-

C ij

jours cachez ; si bien que selon la diversité de la hauteur du Pole il y avoit divers cercles Polaires.

Ainsi à Paris les cercles Polaires, c'est à dire le plus grand de ceux qui paroissent toûjours alentour du Pole Septentrional, & le plus grand de ceux qui sont toûjours cachez alentour du Pole Meridional, seroient chacun éloignez de son Pole voisin de 48 degrez & 50 minutes.

CHAPITRE X.

Des Colures.

LEs Colures sont ces deux grands cercles mobiles de la Sphere, qui s'entre-coupant à angles droits dans les Poles du Monde, coupent les autres cercles mobiles, & les distinguent en quatre parties égales.

Ils representent dans le Ciel deux cercles que nous concevons s'entre-couper de mesme, & couper les autres ; & on croit qu'ils ont esté appellez Colures du mot κόλουροι qui veut dire tronquez ; parce que dans la Sphere oblique ils ne paroissent jamais ni entierement, ni uniformement.

L'un est appellé le Colure des Equinoxes, & l'autre le Colure des Solstices ; parce que le premier passe par les poincts Equinoctiaux qui sont les commencemens du Belier, & de la Balance ; & le second par les poincts Solstitiaux qui sont les commencemens de l'Ecrevisse, & du Capricorne.

Les Colures designent dans le Zodiaque les quatre poincts qu'on appelle Cardinaux, & qui sont ceux-là mesme que nous venons de dire. Quand le Soleil se trouve dans le premier de ces quatre poincts, à sçavoir dans le commencement du Belier, la nuit est égale au jour, & le Printemps commence. Quand il est au commencement de l'Ecrevisse, nous avons le plus grand jour de l'Année, & c'est alors que commence l'Esté. Quand il est au commencement de la Balance, la nuit est derechef égale au jour, & l'Automne commence. Enfin quand il est au commencement du Capricorne, nous avons le plus petit jour de l'Année, & l'Hyver commence.

C'est sur le Colure des Solstices que les Poles du Zodiaque sont designez, sçavoir aux deux poincts opposez dans lesquels il coupe les cercles Polaires, & qui sont également distans du Zodiaque, ce qui est particulier à ce cercle.

CHAPITRE XI.
Du Zodiaque, & de l'Ecliptique.

LE Zodiaque est ce cercle large qui entoure comme une espece d'Echarpe les autres cercles mobiles, atteint les Tropiques de part & d'autre, coupe l'Equateur obliquement, & est marqué de douze Constellations, autrement appellées Signes. Il est distingué en longueur par la ligne qu'on appelle Ecliptique, & distingue la Sphere en partie Septentrionale, & en partie Meridionale.

Il represente dans le Ciel un semblable cercle qui a sa largeur, qui est oblique, &c. Il est appellé Zodiaque du mot ζῶον qui veut dire Animal, parce que les Constellations y sont representées sous diverses figures d'Animaux.

On luy donne de la largeur, parce que les Planetes qui se meuvent toutes dans ce cercle, tiennent des routes differentes ; le Soleil, par exemple, se mouvant droit par le milieu, à sçavoir par l'Ecliptique, & toutes les autres suivant des routes obliques à l'égard de cette ligne qu'elles coupent en des poincts opposez, & s'écartant tantost vers le Septentrion, tantost vers le Midy, les unes plus, les autres moins, jusques à six, sept, huit degrez plus ou moins de part & d'autre ; ce qui est cause qu'on a donné à ce cercle une certaine largeur qui les enferme toutes.

Il nous faudra en suite dans le second Livre traiter plus expressément des mouvemens des Planetes ; cependant ce qui reste de la Sphere nous oblige à dire quelque chose par avance du mouvement du Soleil.

Imaginons-nous donc que le Soleil emporté par le Premier-Mobile fait un tour chaque jour d'Orient en Occident, & que pendant qu'il est emporté de la sorte il retourne par son propre & lent mouvement, & tend vers l'Orient (à sçavoir obliquement & suivant l'Ecliptique) de la mesme maniere qu'un Marinier emporté par le Navire peut cependant par un mouvement contraire avancer de la prouë à la poupe.

Je dis mouvement lent, parce que le Soleil par ce mouvement ne fait en un jour, ou en 24 heures qu'environ un degré, & n'acheve le circuit entier qu'en une Année; d'où vient que comme une Fourmy qui est emportée par une rouë peut dans le mesme temps que la rouë luy fait faire cent tours ou d'avantage, se mouvoir par un mouvement opposé, & faire un tour entier; ainsi le Soleil pendant qu'il est emporté par le Premier-Mobile, & que ce Premier-Mobile luy fait faire trois cent soixante & cinq tours d'Orient en Occident, peut se mouvoir au rebours par son propre mouvement, & faire pendant tout ce temps-là une revolution entiere vers l'Orient.

Et c'est par ce mouvement qu'il se décrit un cercle par le milieu du Zodiaque qu'on appelle la ligne Ecliptique; cette ligne estant ainsi nommée, parce que lors que la Lune la traverse, & qu'elle est conjointe, ou opposée au Soleil, il se fait une Eclipse de la Lune, ou du Soleil, comme nous dirons en suite.

CHAPITRE XII.

Des Signes du Zodiaque.

NOus avons déja dit qu'il y a douze Signes dans le Zodiaque. Voicy les caracteres dont on se sert pour les representer. Le Belier ♈, le Taureau ♉, les Jumeaux ♊, l'Ecrevisse ♋, le Lion ♌, la Vierge ♍, la Balance ♎, le Scorpion ♏, le Sagittaire ♐, le Capricorne ♑, le Verse-eau ♒, les Poissons ♓.

On fait chaque Signe de 30 degrez (encore que les Constellations soient inégales entre-elles, les unes plus courtes, & les autres plus longues) car la division de 360 par 12 donne justement 30.

Le commencement se prend du Belier, c'est à dire de la section de l'Equinoxe du Printemps, proche de laquelle la Constellation du Belier estoit il y a environ deux mille ans, lors qu'on commença dans la Grece de cultiver l'Astronomie.

Car encore que la Constellation ait changé de place, & qu'elle ait passé presque toute entiere au lieu où estoit la Constellation du Taureau à cause du lent mouvement du Firmament dont nous parlerons en suite ; neanmoins ces 30 premiers degrez retiennent toûjours le nom de Belier, comme les 30 suivans celuy de Taureau ; quoy que la Constellation du Taureau ait aussi occupé la place des Jumeaux, & ainsi des autres.

De là vient que pour faire quelque distinction, ces 30 degrez ne se nomment plus Constellations, mais Signes du Belier, du Taureau, des Jumeaux, &c. & de plus Dodecatemories, parce que chacun d'eux est la douziéme partie du Zodiaque.

Or le Soleil, ou quelque autre Planete est dit estre dans un certain Signe lors qu'il est au dessous du Signe, ou entre nostre oeil & le Signe ; & les Etoiles fixes qui sont hors du Zodiaque sont dites estre dans un tel Signe, ou plûtost estre rapportées à un tel Signe, lors qu'il arrive qu'elles se trouvent entre ce Signe, & le plus proche Pole du Zodiaque.

Entre ces Signes, ♈, ♉, ♊, ♋, ♌, ♍, sont dits Septentrionaux ; ♎, ♏, ♐, ♑, ♒, ♓, Meridionaux ; ♑ ♒, ♓, ♈, ♉, ♊, Ascendans ; ♋, ♌, ♍, ♎, ♏, ♐, Descendans.

Derechef, ♈, ♉, ♊, sont dits Signes du Printemps ; ♋, ♌, ♍, Signes d'Esté ; ♎, ♏, ♐, Signes d'Automne ; ♑, ♒, ♓, Signes d'Hyver.

Si on les prend de trois en trois, les premiers, ♈, ♋, ♎, ♑, sont appellez Cardinaux, parce que lors que le Soleil entre dans ces Signes, les Saisons & les Quartiers commencent. Ils sont aussi nommez Mobiles, parce que c'est alors que les qualitez changent. Ceux qui sont au milieu ♉, ♌, ♏, ♒, sont dits Immobiles, parce que les Saisons sont alors comme fixes. Et on nomme les derniers ♊, ♍, ♐, ♓, Communs, par comparaison aux Mobiles, & aux Immobiles, & Signes à deux corps, les ♊, & les ♓ estant manifestement doubles, le ♐ composé d'un cheval & d'un homme, & la ♍ tenant un Epy à la main.

Les Astrologues ont encore donné d'autres noms aux Signes ; car ♈, ♌, ♐, sont dits Signes Ignées, Chauds, Coleriques ; ♉, ♍, ♑ Terrestres, Secs, Melancoliques ; ♊, ♎, ♒, Aëriens,

Humides, Sanguains; ♋, ♍, ♓, Aqueux, Froids, Flegmatiques; & ♈, ♉, ♐, font dits par conſequent former le Triangle Ignée; ♉, ♍, ♑, le Terreſtre; ♊, ♎, ♒, l'Aërien; ♋, ♍, ♓, l'Aqueux.

De meſme, les uns ſont dits Maſculins, les autres Feminins; les autres Humains, les autres Brutaux; les autres Feconds, les autres Steriles; les autres Beaux, les autres Laids; les autres Diurnes, les autres Nocturnes; les autres les Maiſons des Planetes, les autres les Exiles; les autres leurs Exaltations, les autres leurs Chûtes, &c.

Il eſt à remarquer que le Soleil entre chaque mois dans un Signe particulier, par exemple au mois de Mars dans ♈, au mois d'Avril dans ♉, & ainſi conſecutivement dans les autres, juſques à ce qu'il entre dans ♓ au mois de Février.

CHAPITRE XLII.

De certains autres Cercles qu'on s'imagine dans la Sphere, comme ceux qu'on nomme Verticaux, de Hauteur, de Diſtance, de Poſition, ou des Maiſons Celeſtes.

LEs Cercles Verticaux ſont ceux qui paſſent par le Zenith & par le Nadir, & qui coupent par conſequent l'Horizon à angles droits. On les appelle ordinairement du mot Arabe, *Azimuths*.

Quoy que l'on puiſſe concevoir une infinité de ces ſortes de cercles, à commencer du Meridien, qui eſt cenſé eſtre un des Verticaux, tirant vers l'Orient ou vers l'Occident; neanmoins celuy qui paſſe par les endroits où l'Horiſon & l'Equateur s'entrecoupent, eſt pris d'ordinaire pour le premier ou principal Vertical.

Les Cercles de hauteur ſont ceux qu'on s'imagine paralleles à l'Horiſon, & qui vont en decroiſſant juſques au poinct Vertical où ils finiſſent. Ceux-cy s'appellent auſſi d'ordinaire du mot Arabe *Almicantarath*.

Ces deux ſortes de cercles qu'on a accoûtumé de décrire dans les Aſtrolables ou Planiſpheres ſont repreſentez par la Figure
ſuivante.

CELESTES.

suivante, dans laquelle A B est l'Horison; C le Zenith, D le Nadir; CADB le Meridien ; les autres cercles tirez du Zenith au Nadir par les dixiémes degrez de l'Horison, sont les Verticaux ; & entre eux CED est le principal Vertical; mais FG, HI, & les autres qui sont paralleles à l'Horison, & tirez par les dixiémes degrez du Meridien, sont les Cercles de Hauteur.

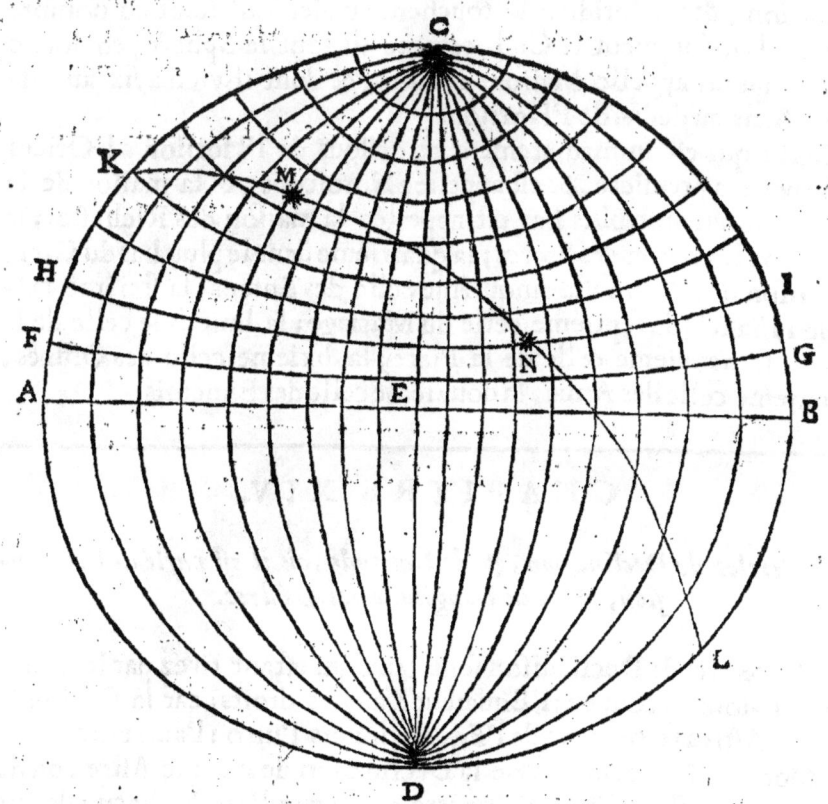

Les cercles de distance sont ceux qui estant du nombre des grands, passent par deux Astres, dont la distance mutuelle n'est par consequent autre chose que l'arc de quelqu'un de ces cercles qui est entre l'un & l'autre Astre.

Tel est dans cette mesme Figure le grand cercle KL qui passe par
D

M qu'on suppose estre l'Etoile de Pollux, & par N l'Epy de la Vierge ; car l'arc M N qui est de 90 degrez & trois quarts, est la distance de ces Etoiles.

Ceux qu'on appelle cercles de Position, ou cercles des Maisons celestes, sont l'Horison, le Meridien, & quatre autres cercles qui se coupent entre-eux, & avec les deux premiers dans les endroits où l'Horison, & le Meridien se touchent ; si bien qu'estant au nombre de six, ils distinguent le Ciel, comme ils font la Sphere, en douze parties qu'on appelle Maisons celestes, & dont il y en a six au dessous, & six au dessus de l'Horison.

Celle qui est immediatement au dessous de l'Horison à l'Orient passe pour la premiere, & est appellée Horoscope, & la maison de la Vie ; celle qui suit plus bas est appellée la maison des Richesses ; la troisiéme la maison des Freres ; la quatriéme dans le plus bas du Ciel, la maison des Parens ; la cinquiéme celle des Enfans ; la sixiéme celle de la Santé ; la septiéme celle du Mariage ; la huitiéme celle de la Mort ; la neuviéme celle de la Pieté ; la dixiéme celle des Offices ; l'onziéme celle des Amis ; la douziéme celle des Ennemis.

CHAPITRE XIV.

Des Cercles de Declinaison, & de Latitude, où il est parlé de l'Ascension, & de la Longitude des Astres.

LEs cercles de Declinaison sont ceux qui estant tirez par les Poles du Monde, coupent l'Equateur à angles droits ; car la Declinaison des Astres se contant de l'Equateur vers l'un ou l'autre des Poles du Monde, il est évident que la Declinaison de chaque Astre, ou de quelque poinct du Ciel, n'est autre chose que l'arc de chacun de ces cercles qui est entre l'Equateur & un tel Astre, ou quelque autre poinct.

Ainsi il est constant qu'il y a deux Declinaisons, l'une Septentrionale, & l'autre Meridionale, selon que l'Astre est au Septentrion, ou au Midy de l'Equateur.

Et dans cette Figure, A B estant l'Equateur ; C le Pole Septen-

CELESTES. 27

trional du Monde; D le Meridional; C A D B le Colure des Solstices, & C E D le Colure des Equinoxes; les Colures, & les Cercles C E D, C G D, C H D, C I D seront les cercles de Declinaison, & la Declinaison Septentrionale de l'Etoile K sera l'arc H K, comme la Declinaison Australe de l'Etoile L sera I L; & de mesme la Declinaison des poincts Solstitiaux M, & N, sera B M du costé du Septentrion, & A N du costé du Midy.

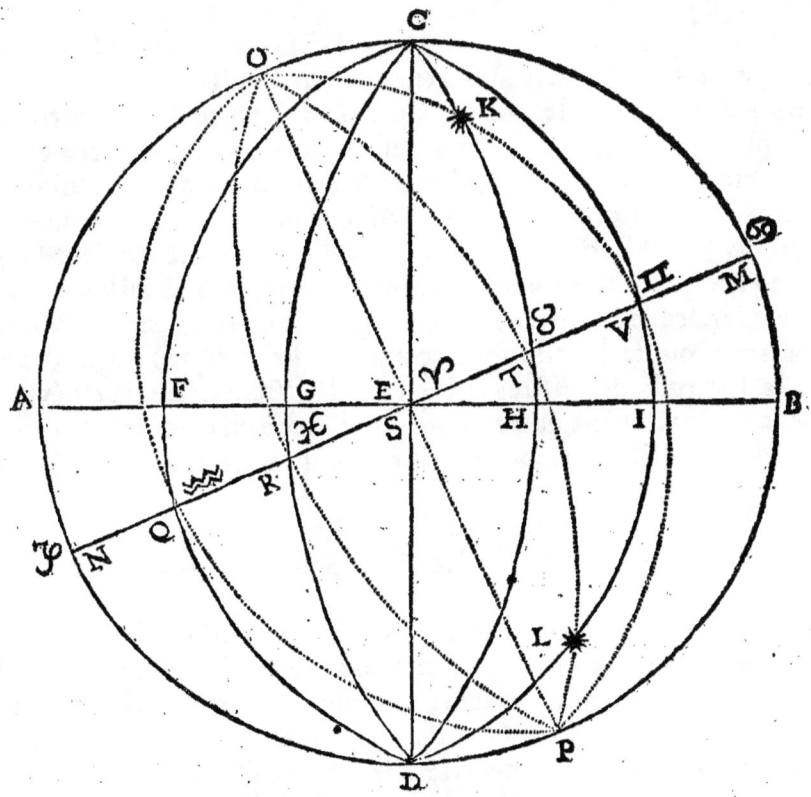

Il faut remarquer que l'Ascension droite se joint avec la Declinaison; car on appelle Ascension droite l'Arc de l'Equateur qui est entre le commencement de ♈ jusques au poinct où le cercle de la Declinaison coupe l'Equateur; parce que ce poinct se leve ou monte soit avec

D ij

le poinct du Ciel designé, ou avec l'Astre dans l'Horison droit.

Ainsi l'Ascension droite de l'Etoile K sera l'arc de l'Equateur E H ; celle de l'Etoile L l'arc E I ; celle du commencement de l'Ecrevisse M l'arc E B, à sçavoir un quart de cercle, ou 90 degrez ; celle du commencement du Capricorne N l'arc E B avec tout le reste de l'Hemisphere jusques à A, sçavoir trois parts de cercle, ou 270 degrez.

On dit Ascension droite, parce que lors que l'Horison est oblique, l'Ascension est aussi oblique, & ce mesme poinct de l'Equateur ne se leve plus avec l'Astre designé, mais avec quelque autre poinct devant ou apres ; d'où vient que l'arc de l'Equateur qui est entre ces deux poincts, est appellé Difference Ascensionelle.

Ainsi dans cette Ville, par exemple, la difference Ascensionelle des commencemens de ♋, & du ♑, est de 30 degrez ; & parce que le commencement de ♋ se leve devant, & celuy du ♑ apres le poinct de l'Ascension droite ; il arrive que l'Ascension oblique du commencement de ♋ est à Paris de 60 degrez, & celle du commencement du ♑, de 300 ; ce qui se doit entendre à proportion dans les Etoiles.

Les Cercles de Latitude sont ceux qui estant tirez par les Poles du Zodiaque, ou de l'Ecliptique, coupent l'Ecliptique à angles droits ; car la Latitude des Astres se contant de l'Ecliptique, il est évident que la Latitude n'est autre chose que l'arc de chacun de ces cercles qui est entre l'Ecliptique & l'Astre, ou un autre poinct du Ciel designé.

Il est aussi constant qu'il y a une Latitude Septentrionale, & une Meridionale, selon que l'Astre est au Septentrion, ou au Midy de l'Ecliptique.

Ainsi dans cette mesme Figure, supposé que N M soit l'Ecliptique, O le Pole Septentrional de l'Ecliptique, P le Meridional, O N P M le mesme Colure des Solstices ; ce Colure, & les Cercles ponctuez O Q P, O R P, O S P, O T P, O V P, seront des cercles de Latitude ; & la Latitude Septentrionale de l'Etoile K sera l'arc V K, comme la Latitude Meridionale de l'Etoile L l'arc T L.

Il faut remarquer que la Longitude se joint pareillement icy avec la Latitude ; car on appelle Longitude cet arc de l'Ecliptique qui est entre le poinct de ♈ jusques au poinct où le cercle de la Latitude coupe l'Ecliptique.

Ainsi la Longitude de l'Etoile K sera l'arc de l'Ecliptique S V ; celle de l'Etoile L l'arc S T. Et de mesme la Longitude du Soleil lors qu'il est au commencement de ♋ est l'arc S M, à sçavoir un quart de cercle ou 90 degrez ; comme lors qu'il est au commencement du ♑, le mesme arc avec tout le reste de l'Hemisphere jusques à N sera sa Longitude, sçavoir trois parts de cercles, ou 270 degrez.

Je passe sous silence comme une chose évidente, qu'un Signe qui est dans l'Equateur n'a aucune Declinaison ; ni celuy qui est dans l'Ecliptique aucune Latitude ; & de plus que ni la Declinaison, ni la Latitude ne peuvent point exceder 90 degrez ou le quart d'un cercle ; parce que l'une & l'autre sont terminées de part & d'autre aux Poles opposez ; au lieu que l'Ascension droite, & la Longitude vont jusques à 360 degrez, à sçavoir selon toute la suite de l'Equateur, & de l'Ecliptique, en commençant du poinct de ♈, & retournant au mesme poinct.

Je passe encore sous silence qu'il est aisé d'éviter l'équivoque des termes de Longitude, & de Latitude dont les Geographes se servent ; car il n'y a qu'à prendre garde que lors qu'ils designent aussi dans la Terre un Equateur, & des Meridiens, ou des Cercles qui passent par les Poles, ils appellent Longitude ce que nous appellons icy Ascension droite, & Latitude ce que nous appellons Declinaison.

CHAPITRE XV.

Des trois Positions, ou Situations de la Sphere, Droite, Oblique, & Parallele.

LA Sphere Droite est celle dans laquelle les deux Poles estant soûtenus par l'Horison, les Astres se levent & se couchent tout droit, ou montent & descendent faisant des angles droits à l'Horison ; d'où vient qu'en cette situation l'Horison est appellé Droit.

L'Oblique est celle dans laquelle l'un des deux Poles estant élevé sur l'Horison, & l'autre abbaissé au dessous, les Astres se levent & se couchent obliquement, ou montent & descendent faisant des angles obliques à l'Horison ; ce qui est cause qu'en cette situation l'Horison est dit Oblique.

La Parallele est celle dans laquelle l'un des Poles estant au Zenith, & l'autre au Nadir, les Astres ne se levent, ni ne se couchent, ou ne montent, ni ne descendent; mais se meuvent par un mouvement parallele à l'Horison; ce qui fait aussi qu'en cette situation l'Horison est dit Parallele.

Cette triple situation se peut representer par ces trois Figures.

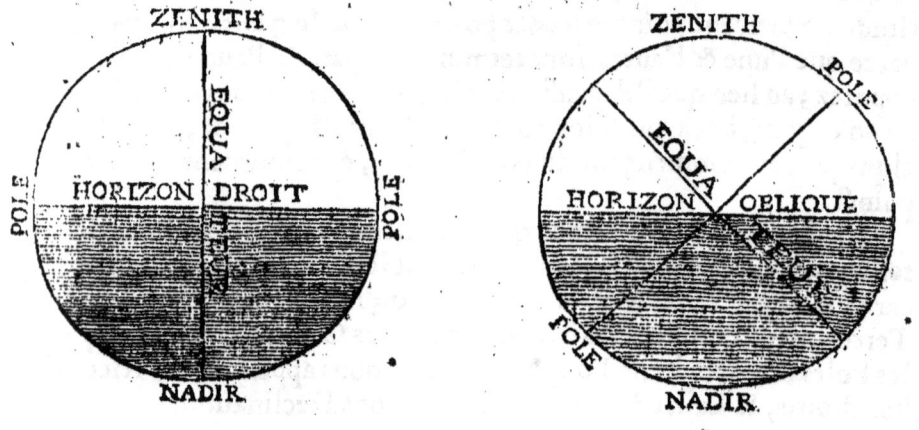

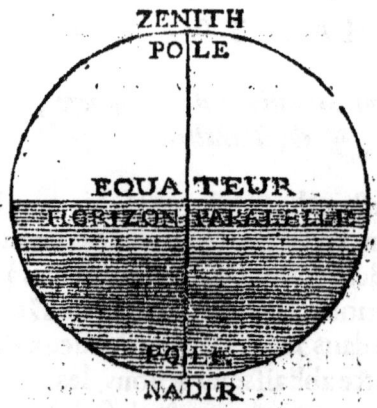

Dans la Sphere Droite tous les Astres se levent & se couchent; dans l'Oblique quelques-uns se levent, & quelques-uns se couchent;

quelques-uns ne se levent jamais, demeurant toûjours cachez sous l'Horison, quelques-uns ne se couchent jamais, estant toûjours sur l'Horison. Dans la Parallele aucun Astre ne se leve, comme nous venons de dire, ni ne se couche, mais une partie du Ciel est toûjours dessus l'Horison, & une partie dessous ; si ce n'est que l'Equateur se trouvant dans un mesme cercle avec l'Horison, & une moitié du Zodiaque estant toûjours élevée, & l'autre moitié abbaissée, ceux qui parcourent le Zodiaque paroissent à moitié, & sont à moitié cachez.

Ceux qui habitent directement sous l'Equateur sont dans la Sphere Droite ; ceux qui habitent directement sous les Poles sont dans la Parallele ; & ceux qui habitent entre l'Equateur, & l'un ou l'autre des Poles, sont dans l'Oblique.

Dans la Droite il y a un perpetuel Equinoxe, ou ce qui est le mesme, le jour est toûjours de 12 heures, & la nuit de 12 ; parce qu'en quelque endroit du Zodiaque que soit le Soleil, il demeure autant dessus que dessous l'Horison ; tous ses circuits, ou ces especes de cercles paralleles qu'il décrit, estant constamment coupez en deux parties égales par l'Horison.

Dans la Parallele le jour continuë six mois entiers, & la nuit six mois ; parce que le Soleil demeure six mois sur l'Horison qui convient alors avec l'Equateur, employant trois mois à monter en tournant, & trois mois à descendre ; il fait la mesme chose au dessous de l'Horison.

Dans l'Oblique il a y une inégalité de jours, & de nuits ; parce que de l'Equateur tirant vers le Pole élevé, les arcs diurnes du mouvemēt du Soleil (à sçavoir ceux qui sont sur l'Horison) sont plus grands qu'un demy-cercle ; & les nocturnes tirant vers le Pole abbaissé, plus petis ; si bien qu'en deça de l'Equateur, par exemple, le plus grand jour qui arrive lors que le Soleil est au commencement de ♋, devient peu à peu tirant vers nous de 13, 14, 15 heures, & est icy à Paris de 16, se faisant en suite de 17, 18, &c. jusques à ce qu'il soit de 24 à ceux qui habitent sous le cercle Polaire, où le Tropique de ♋ est le plus grand des cercles qui paroissent, & raze par consequent l'Horison ; ce qui n'en demeure pas là, car passant de là plus avant, la demeure du Soleil sur l'Horison se fait de plusieurs jours, d'un mois, de deux, de trois, de quatre, de cinq, & enfin de six sous le Pole. Ce qui se doit à proportion entendre à l'égard de la nuit, le Soleil estant au de là de l'Equateur.

Une chose merite icy d'estre consideree, sçavoir qu'il n'y a aucun lieu dans la Terre qui pendant l'espace d'une année entiere n'ait six mois de temps de jour, & six mois de temps de nuit; il y a toutefois cette difference que dans la Sphere Parallele l'un & l'autre temps est continu; que dans la Droite il est distribué chaque jour alternativement & également; que dans l'Oblique la longueur des jours, & la briéveté des nuits pendant l'Esté est compensée avec la briéveté des jours, & la longueur des nuits pendant l'Hyver; & qu'autant qu'il y a de jours continus au delà du cercle Polaire pendant l'Esté, autant y a-t-il de nuits continuës pendant l'Hyver.

CHAPITRE XVI.

Des Zones, & par consequent des Regions des Vents.

COmme on a de tout temps distingué cinq Zones dans le Ciel, on en a aussi distingué cinq dans la Terre qui leur répondent; mais c'est proprement aux seules terrestres que peut convenir le nom de Torride ou extremement chaude, de Froides, & de Temperées. La Zone torride ou brûlée est celle qui est comprise entre les deux Tropiques; les deux froides celles qui sont comprises entre les cercles Polaires & les Poles; & les deux temperées celles qui sont comprises entre les Tropiques & les cercles Polaires.

Les Anciens tenoient que la Zone torride, & les deux froides estoient inhabitables; celle-là à cause de la chaleur excessive causée par la chûte perpendiculaire des rayons du Soleil, & celles-cy à cause de la rigueur du froid causée par la chûte trop oblique de ces mesmes rayons: Mais depuis les dernieres navigations on a trouvé grand nombre d'habitans dans toutes les trois, & principalement dans la torride. La Figure suivante montre
assez

CELESTES. 33

assez commodement comment ces Zones terrestres répondent aux celestes.

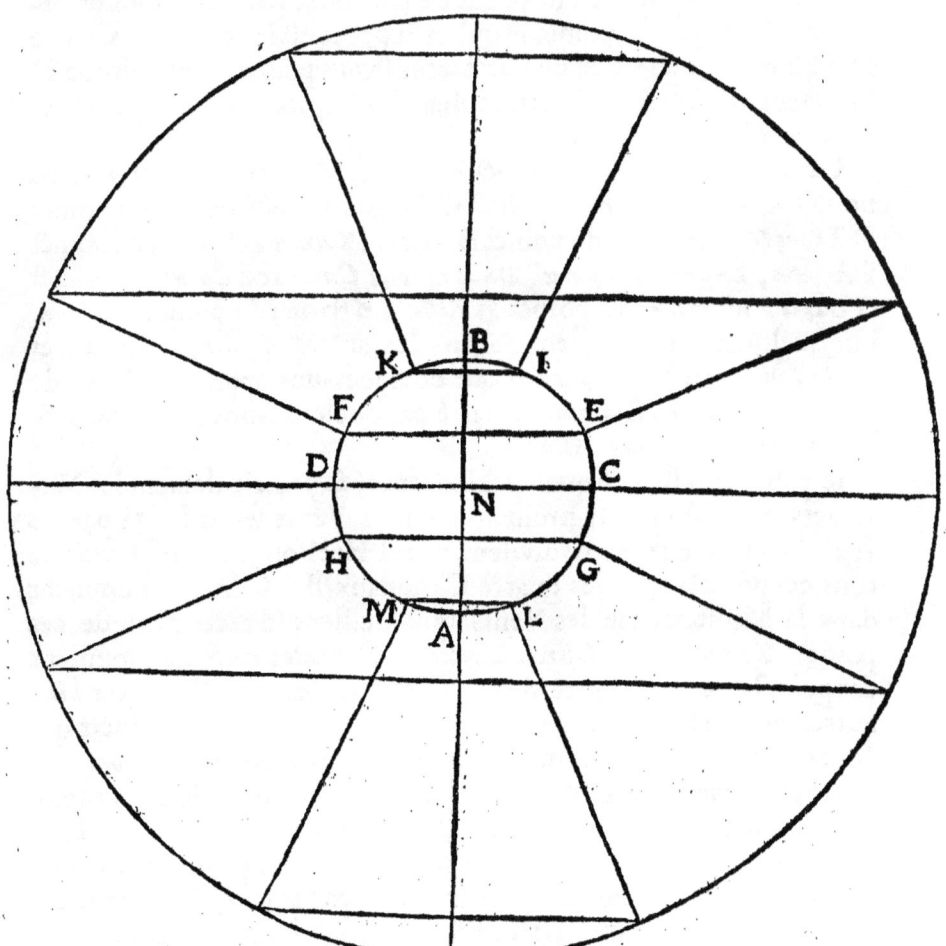

Si dans cette Figure vous prenez le cercle interieur qui represente la Terre pour l'Horison de chaque Region, & qu'outre le poinct A par lequel il est coupé au Septentrion, & le poinct B par lequel il est coupé au Midy, vous marquez dix autres poincts, cinq à l'Orient, & cinq à l'Occident, par exemple C D, E F, G H, I K, L M, dans

E

lesquels il est coupé par l'Equinoctial, par les Tropiques, & par les Polaires; si vous vous representez, dis-je, ainsi cette Figure, & que vous vous imaginiez en suite que de ces douze poincts il souffle autant de Vents vers le poinct N qu'on suppose estre comme le Centre de l'Horison, ou le lieu du Spectateur; vous pourrez entendre de là comment les Anciens determinoient les Regions du Ciel par celles d'où venoient les Vents.

Car ils disoient que du poinct B souffloit Aπαρκτίας *Septentrio*; du poinct A Νότος *Auster*; du poinct C Απηλιώτης *Subsolanus*; du poinct D Ζέφυς ☉ *Favonius*; du poinct E Βορέας, Καικίας *Aquilo*; du poinct F Αργέστης, Σκίρων, Ολυμπίας, Ελλησπόντιας *Caurus* ou *Corus*; du poinct G Εὖρος *Vulturnus*; du poinct H Λίβα *Africus*; du poinct I Μέσσης que quelques-uns appellent *Boreas*, les autres *Aquilo*, & les autres *Cæcia*; du poinct K Θρασκίας que quelques-uns appellent *Corus*; du poinct L Φοινικίας, Ευρόνοτος appellé par quelques-uns *Vulturnus*; & du poinct M Λιβόνοτος *Altanus*.

Je passe sous silence que les Modernes, & principalement les Mariniers qui distinguent ordinairement 32 Vents selon les 32 parties égales dans lesquelles ils divisent tout l'Horison, ne considerent de tous ces poincts que les quatre Cardinaux B A C D. Ils nomment dans la Mediterranée les Vents qui soufflent directement de ces poincts *Tramontana, Ostro, Levante, Ponente*; ceux qui soufflent des poincts qui sont entre-deux, *Greco, Maestro, Siroco, Garbino* autrement *Lebechio*; & derechef ceux qui soufflent des poincts qui sont entre-deux ils les nomment de ces mots composez, *Tramontana-Greco, Tramontana-Maestro*, &c. commençant toûjours par ceux qui soufflent des poincts Cardinaux; & puis enfin *Quarta-di Tramontana-Greco, Quarta-di Tramontana-Maestro; Quarta-di Greco-Tramontana*, &c. commençant toûjours par ceux qui soufflent des huit poincts principaux. Ils les distinguent, & les composent de mesme dans l'Ocean sous ces differens noms, *Nord, Sud, Est, Ouest; Nord-est, Nord-ouest, Sud-est, Sud-ouest; Nord-nord-est, Nord-nord-ouest*, &c. *Nord-gen-esten, Nord-gen-ouesten, Nord est-gen-norden*, &c.

CHAPITRE XVII.

Des Climats, & de la diversité des Habitans de la Terre.

CE qu'on appelle Climat est un espace de terre compris entre deux cercles paralleles, en commençant de l'Equateur, & poursuivant jusques aux Tropiques, au de là desquels on ne conte plus de Climats. Les Anciens n'en distinguoient que sept, parce qu'ils suffisoient pour comprendre tous les Païs qui estoient connus alors.

Ils les marquoient par de certains lieux celebres par où ils faisoient passer leurs Paralleles. Le I. estoit celuy de Meroé, le II. de Syené, le III. d'Alexandrie, le IV. de Rhodes, le V. de Rome, le VI. du Pont, le VII. du Borysthene.

Mais les Modernes qui ont bien mieux connu l'étenduë de la Terre que les Anciens, en ont fait 24 qu'ils ont mesme encore distingué en deux moitiez chacune par son Parallele ; si bien qu'on conte 48 Paralleles ou Climats, afin qu'à l'extremité de chaque Climat la difference du plus grand jour soit d'un quart-d'heure.

Cependant les Astronomes ne distinguent plus à present les lieux par les Climats, mais par les Elevations Polaires ; ou mesme, comme les Geographes, par les Latitudes des lieux, c'est à dire par les distances de l'Equateur.

Ajoûtons que si on conçoit un certain nombre de Paralleles dans la Sphere, on concevra alors comment chaque Peuple en quelque endroit de la Terre que ce soit a ses Periœciens, ses Antœciens, & ses Antipodes, qui sont ainsi nommez des mots Grecs Περίοικοι, Ἀντοικοι, Ἀντίποδες, comme si on disoit habitans alentour, habitans en parties opposées, ayant les pieds contre les pieds ; si ce n'est que ceux qui sont directement sous les Poles, n'estant dans aucun Parallele, ont seulement des Antipodes.

L'on appelle Periœciens ceux qui sont sous un mesme Parallele, mais qui répondent neanmoins à des parties opposées du Meridien ; Antœciens ceux qui sont sous des Paralleles au deça & au de là de l'Equateur également éloignez, mais qui répondent à une mesme partie du Meridien ; Antipodes ceux qui font aussi sous des Paralleles au deça & au delà de l'Equateur également éloignez, mais qui répondent à des parties opposées du Meridien.

Selon cette diversité de situation des habitans, les Perieciens ont veritablement la nuit & le jour en differens temps, mais l'Esté & l'Hyver dans les mesmes temps ; les Anteciens ont veritablement le jour & la nuit en mesme temps, mais l'Esté & l'Hyver en differens temps ; les Antipodes ont & le jour & la nuit, & l'Esté & l'Hyver en divers temps.

Ajoûtons encore I. que les habitans de tous les Paralleles qui sont compris entre les Tropiques sont d'ordinaire appellez Ἀμφίσκιοι, comme qui diroit ayans l'une & l'autre ombre (à sçavoir à l'heure du midy) d'autant que le Soleil estant au Septentrion, ils l'ont tournée vers le Midy, & qu'estant au Midy ou vers le Pole Meridional, ils l'ont tournée vers le Septentrion. II. que ceux qui sont depuis les Tropiques jusques aux Polaires sont nommez Ἑτερόσκιοι, parce qu'ils ont seulement l'une des deux ombres, comme nous autres, par exemple, qui l'avons tournée vers le Septentrion. III. que ceux qui habitent depuis les cercles Polaires jusques aux Poles inclusivement sont dits Περίσκιοι, comme ayans l'ombre tournante alentour d'eux.

C'est à propos des Arabes de la Zone torride qui estoient venus en Italie que Lucain a dit

Ignotum vobis, Arabes, venistis in orbem,
Vmbras mirati nemorum non ire sinistras.

Car ces Etrangers qui avoient passé de la Zone torride où ils estoient nez dans nostre Zone temperée, s'estonnoient de ne voir point les ombres des arbres passer une fois l'année à leur gauche comme dans leur païs.

CHAPITRE XVIII.

Des Crepuscules qui se voyent à l'Horison en quelque situation de la Sphere que ce soit.

LE Crepuscule n'est autre chose que cette premiere lumiere qui paroit à l'Orient avant le lever du Soleil, & est appellée Aurore ;

& à l'Occident avant son coucher, & retient le nom de Crepuscule.

L'Atmosphere ou la Region des Vapeurs dont la Terre est comme enveloppée tout autour est la cause du Crepuscule ; parce qu'estant plus élevée que la surface de la Terre, elle reçoit plûtost au matin, & perd plus tard au soir les rayons du Soleil qui est sous l'Horison, & les reflechissant à nos yeux, nous paroit lumineuse.

De là vient que s'il n'y avoit point d'Atmosphere, nous ne verrions du tout point de lumiere soit avant le lever, soit avant le coucher du Soleil, mais on passeroit tout d'un coup des pures tenebres au plein jour, & du plein jour aux pures tenebres.

Il faut remarquer que nous avons le commencement du Crepuscule du matin, & la fin de celuy du soir lors que le Soleil est environ à 18 degrez au dessous de l'Horison (ces degrez estant pris selon le cercle Vertical, ou perpendiculairement) & que le Soleil éclairant d'autant plus de l'Atmosphere qu'il est proche de l'Horison, le Crepuscule se fait par consequent aussi d'autant plus clair.

Je passe sous silence qu'on a inferé de là que la hauteur de l'Atmosphere sur la surface de la Terre estoit de 40 mille d'Italie ou environ, encore qu'elle semble estre bien moindre ; parce qu'il se peut faire que les parties de l'Atmosphere qui nous reflechissent cette premiere lumiere du matin, & derniere du soir, ne l'ayent pas receuë immediatement du Soleil, mais de celles qui sont au dessous de l'Horison apres plusieurs reflections.

Je remarque plûtost que le Crepuscule dans la Sphere droite est tres-court, & plus long dans l'oblique ; parce que le Soleil monte & descend dans la droite perpendiculairement, & dans l'oblique obliquement ; ce qui fait que l'arc qui est entre le poinct du commencement du Crepuscule & celuy du lever du Soleil est plus court dans la droite, & demande par consequent moins de temps pour estre parcouru que dans l'oblique. De là vient que cet arc estant plus long l'Esté que l'Hyver, le Crepuscule d'Esté est aussi plus long que celuy d'Hyver, & que ne parvenant point icy à Paris, par exemple, pendant l'Hyver jusques à deux heures entieres, il y parvient durant l'Esté environ jusques à quatre.

On observe mesme qu'icy à Paris le Crepuscule du soir se continuë avec celuy du matin pendant huit jours devant le Solstice d'Esté, & huit jours apres, en sorte que le Crepuscule ne manque pas mesme à minuit, parce que le Soleil pendant tout ce temps-là ne descend jamais 18 degrez sous l'Horison.

Or il n'est pas necessaire d'avertir que ce Crepuscule sera continué d'autant plus de jours, & se fera mesme à minuit d'autant plus clair plus la Sphere sera oblique; parce que le Soleil se trouvera d'autant moins éloigné de l'Horison, jusques-là que venant à faire son circuit sur l'Horison (à sçavoir sous le cercle Polaire & au de là) il fera le jour continu, & par consequent sans Crepuscule.

Il nous reste à faire deux remarques. La premiere, que l'obliquité de l'Horison, & l'inégalité des Paralleles est cause que bien que le plus grand Crepuscule arrive toûjours au Solstice d'Esté, ce n'est pas pourtant au Solstice d'Hyver que se fait le plus court; mais par exemple en cette Ville c'est environ le premier jour de Mars, & le douziéme d'Octobre.

La seconde, que dans la Sphere Parallele le Crepuscule est continué jusques à cinquante & deux jours, parce que le Soleil soit en descendant, soit en montant est toûjours pendant ces cinquante & deux jours au dessus de 18 degrez.

CHAPITRE XIX.

Des Refractions des rayons des Astres qui arrivent principalement à l'Horison.

L'On sçait que lors que les rayons passent d'un milieu plus rare dans un plus dense, ils se rompent en s'approchant du rayon perpendiculaire; & qu'au contraire ils s'écartent du perpendiculaire lors qu'ils passent d'un milieu plus dense dans un plus rare. Cela fait que les rayons du Soleil & des autres Astres, qui viennent de cette Region Etherée tres-rare & tres-pure, tombant obliquement sur l'Atmosphere, se rompent vers le rayon perpendiculaire, c'est à dire vers ce rayon que le Soleil dirige droit au centre de la Terre, qui est le mesme avec celuy de l'Atmosphere.

Et parce que la plus grande obliquité des rayons qui tendent vers nous se trouve lors que l'Astre est dans l'Horison, c'est aussi alors que se fait la plus grande refraction, qui à l'égard des Etoiles fixes est de 20 minutes, & dans le Soleil & dans la Lune de 33, ou de 34, devenant de suite d'autant moindre que l'Astre est plus élevé ; en sorte qu'une Etoile au de là du 20 degré de hauteur ne souffre point de refraction sensible, ni le Soleil, ni la Lune au de là de 35, ou de 38.

Cette Refraction Horisontale fait que le Soleil, par exemple, estant à l'Horison, & estant veu par un rayon rompu, nous paroit plus haut de 34 minutes ou environ qu'il n'est en effet, & qu'il ne paroitroit si toute l'Atmosphere estant ostée il estoit veu par un rayon direct ; & son diametre estant d'un demy degré ou de 30 minutes, il s'ensuit qu'il peut estre veu tout entier lors qu'il est encore tout entier sous l'Horison.

Il en est de cecy comme d'un Jetton qui estant mis au fond d'un bassin, & ne pouvant estre veu à cause du bord du bassin, devient visible si-tost qu'on y a versé de l'eau, encore qu'on ne remuë ni le jetton, ni les yeux ; car le rayon direct qui se terminoit premierement au front, est de telle maniere rompu en passant de l'eau dans l'air, qu'il tombe sur l'œil, & luy rend le jetton visible.

C'est par cette raison qu'il arrive quelquefois que dans le temps que la Lune est éclipsée à cause que la Terre se trouve entre-elle & le Soleil, ces deux Astres ne laissent pas de paroitre élevez sur l'Horison, l'un & l'autre estant effectivement dessous, quoy que les rayons par les Refractions les fassent paroitre dessus.

C'est encore par cette raison que dans la nouvelle Zemble, après une nuit continuë de deux mois & demy, les Hollandois recouvrerent le Soleil quelques jours plûtost qu'ils n'esperoient, l'Atmosphere élevant son espece.

Je passe sous silence que l'espece du Soleil tombant obliquement sur l'Atmosphere, fait que le Soleil estant proche de l'Horison ne paroit pas precisement Spherique, mais de forme Elliptique ou en Ovale, ayant le diametre perpendiculaire plus court que le transverse.

CHAPITRE XX.

Du Lever, & du Coucher Horisontal des Astres.

LE Lever, & le Coucher des Astres se distingue d'ordinaire en Astronomique, & en Poëtique. Ce n'est pas que les Astronomes n'ayent aussi égard au Poëtique, mais parce que les Poëtes negligeant l'Astronomique, se servent principalement du Poëtique.

L'Astronomique n'est autre chose que l'Ascension & la Descension droite, ou oblique d'un Astre consideré à l'égard de l'Equateur, c'est pourquoy il n'est pas necessaire que nous nous y arrestions, puisque nous avons parlé de l'Ascension droite, & de l'oblique.

Le Poëtique est consideré ou à l'égard de l'Horison au dessus duquel les Astres s'élevent, & au dessous duquel ils se cachent; ou à l'égard du Soleil des rayons duquel les autres Astres sont délivrez, ou dans lesquels ils sont cachez.

Celuy qui est consideré à l'égard de l'Horison est distinguée en deux, l'un qui est appellé *Cosmique*, & l'autre *Acronique*.

Le Lever, & le Coucher Cosmique, comme qui diroit le Lever & le Coucher du Monde, est proprement celuy qui regarde le temps du Soleil Levant, comme si le Monde ou la face de la Nature se reparoit pour lors; car si un Astre se leve dans le temps que le Soleil se leve, on dit qu'il se leve *Cosmicè*; & derechef s'il se couche dans le temps que le Soleil se leve, on dit de mesme qu'il se couche *Cosmicè*.

Ainsi on entend selon Virgile que le Taureau au mois d'Avril se leve *Cosmicè*, parce que ce Signe dans lequel le Soleil est alors, se leve avec le Soleil.

Candidus auratis aperit cùm cornibus annum
   Taurus, ―――――

Et selon le mesme on entend que les Pleïades se couchent *Cosmicè* durant l'Automne, lorsque le Soleil se levant avec le Scorpion dans lequel il est, elles se montrent à l'Occident sur l'Horison dans le Taureau où elles sont pour lors.

Antè

Ante tibi Eoæ Atlantides abscondantur,
Debita quàm sulcis committas semina.

Le Lever & le Coucher Acronique est proprement celuy qui regarde le Couchant du Soleil, ou le commencement de la nuit, d'où il a pris son nom ; car si un Astre se couche avec le Soleil couchant, son Coucher est Acronique ; & derechef si un Astre se leve lors que le Soleil se couche, son Lever est Acronique.

CHAPITRE XXI.

Du Lever, & du Coucher Heliaque ou Solaire des Astres.

LE Coucher & le Lever des autres Astres qui est consideré à l'égard du Soleil s'appelle Heliaque ou Solaire du mot Ηλι©-, qui signifie le Soleil.

Un Astre est dit se coucher *Heliacè* ou Solairement, s'il est ainsi permis de parler, lors que paroissant premierement au matin, ou au soir, à cause qu'il est suffisamment éloigné du Soleil qui est sous l'Horison, il ne peut plus en suite estre veu à cause qu'il est trop proche du Soleil, & qu'il est comme plongé dans ses rayons, la splendeur du Soleil cachant & faisant disparoitre tout ce qui est alentour.

Au contraire un Astre est dit se lever *Heliacè*, lors que ne pouvant premierement estre veu à cause de la trop grande proximité du Soleil & de ses rayons, il commence en suite de se faire voir au matin, ou au soir, à cause qu'il est devenu plus éloigné du Soleil, & qu'il est sorty de ses rayons.

La raison pourquoy certains Astres se couchent au matin, & se levent au soir, est qu'ils se meuvent plus viste dans le Zodiaque, ou vers l'Orient que le Soleil, & qu'ainsi ils l'atteignent le matin, & le laissent le soir.

Telle est la Lune qui en faisant son mouvement vers l'Orient, entre le matin dans les rayons du Soleil, & en sort le soir.

Ce qui fait aussi que certains Astres se couchent au soir, & se levent au matin, est que le Soleil se meut plus viste qu'eux dans le

F

Zodiaque, & qu'ainsi il les atteint par sa splendeur le soir, & les laisse le matin.

Telles sont les Etoiles fixes, & les trois Planetes superieures, Saturne, Jupiter, & Mars.

Les Poëtes font mention du Coucher, & du Lever des Fixes. Ainsi Ovide marque le Coucher du Daufin, lors que le Soleil parcourt le Capricorne.

Quem modò cælatum stellis Delphina videbas,
Is fugiet visus nocte sequente tuos.

Virgile, le Coucher du grand Chien, lors que le Soleil est sur la fin du Taureau.

Candidus auratis aperit cum cornibus annum
Taurus, & adverso cedens Canis occidit Astro.

Le mesme Virgile, le Coucher Heliaque de la Couronne Septentrionale.

Antè tibi Eoæ Atlantides abscondantur,
Gnosiaque ardentis decedat Stella Coronæ,
Debita quàm sulcis, &c.

Ovide, le Lever du Verse-eau, lors que le Soleil est sur le poinct d'entrer dans les Poissons.

Iam levis obliquâ subsedit Aquarius urnâ
Proximus ætherios excipe Piscis equos.

Et il n'y a presque Autheur qui ne parle du Lever de la Canicule, & des 30, 40, ou 50 jours suivans qui sont appellez Caniculaires.

Je ne m'arresteray pas à disputer si ces jours qui se contoient autrefois du 17 de Juillet ou environ, qui estoit le temps auquel le Lever de la Canicule arrivoit, se doivent encore à present conter de ce mesme jour, comme l'on fait d'ordinaire, encore que le Lever de la Canicule n'arrive presentement que vers la my-Aoust.

Au reste j'ay dit les trois Planetes superieures, car les deux inferieures Venus, & Mercure se levent quelquefois au matin, & se couchent au soir; & quelquefois se levent au soir, & se couchent au matin.

La raison de cecy est que ces Planetes tournant alentour du Soleil, & n'allant pas toûjours vers l'Orient, mais retournant quelquefois vers le Couchant comme nous dirons en suite, il arrive que se mouvant d'ailleurs plus viste que le Soleil, ils l'atteignent le matin lors qu'ils viennent du Couchant, & le laissent le soir lors qu'ils continuent leur route vers l'Orient, le rencontrant en suite le soir quand ils retournent d'Orient, & le laissant le matin lors qu'ils continuent leur chemin vers l'Occident.

CHAPITRE XXII.

Des Parties du Temps, dont la Mesure est le Premier Mobile designé par la Revolution de la Sphere, & premierement du Iour.

Nous avons déja insinué que le Jour se prend en deux manieres. Premierement pour la durée d'un tour entier du Soleil alentour de la Terre, ce qui s'appelle d'ordinaire le Jour Naturel. Secondement pour la durée ou la demeure du Soleil sur l'Horison, ce qui s'appelle le Jour Artificiel.

Le Jour Naturel est ou Astronomique, ou Civil. L'Astronomique est la durée d'une revolution entiere de l'Equateur, & de la portion du mesme Equateur qui répond à cette partie de l'Ecliptique que le Soleil parcourt cependant.

Car si le Soleil ne se mouvoit point dans l'Ecliptique, & qu'il retournast au Meridien avec le mesme poinct de l'Equateur qu'il en part, alors une revolution entiere de l'Equateur mesureroit precisement le Jour; mais parce que le Soleil avance continuellement d'un degré ou environ chaque jour vers l'Orient, cela fait que lors que le poinct de l'Equateur avec lequel le Soleil estoit party est retourné au Meridien, le Soleil n'y est pas encore parvenu, mais seulement à un degré prés ou environ.

Je dis, ou environ, car en partie à cause de l'obliquité du Zodiaque, en partie à cause de l'Excentricité dont nous parlerons en suite, il faut tantost ajoûter quelque peu plus d'un degré, & tantost quelque peu moins; ce qui cause par consequent quelque inégalité de Jours. Remarquez en passant que le Soleil parcourant chaque jour 59 ! minutes du Zodiaque ou de l'Ecliptique par le mouvement mediocre ou moyen, il parcourt quelquefois presque deux minutes davantage, & quelquefois presque deux minutes moins.

Le Jour Civil est celuy qui est determiné à l'égard de son commencement ou de sa fin, par l'usage commun du Païs ou de la Nation. Ainsi les Babyloniens autrefois commençoient le Jour du Lever du Soleil, ce que font encore à present ceux de Nuremberg ; les Juifs & les Atheniens du Coucher, ce que font encore les Italiens, ceux de l'Austriche, de la Boheme & de la Silesie ; les Egyptiens de la Minuit, ce que font encore à present ceux de la Bosnie, ou Seruie, & nous-mesmes aussi ; si ce n'est qu'il semble que nous faisons, & les Alemans avec nous, un double commencement, d'autant qu'apres 12 heures passées du Midy, nous commençons derechef par une les 12 autres ; les Arabes & plusieurs autres Nations le commençoient du Midy, comme font les Astronomes ; les Tables Pruteniques le commencent neanmoins à Minuit.

Ce seroit entreprendre l'Infiny que de vouloir marquer la diversité des jours de Festes, des jours Ouvriers, des Assemblées & autres de la sorte ; parce que chaque Nation a les siens particuliers.

A l'égard du Jour Artificiel, ou qui est pris pour la demeure du Soleil sur l'Horison, ce que nous en avons dit en parlant de la diverse position de la Sphere doit suffire.

Ajoûtons icy seulement, que les Jours Artificiels croissent & decroissent inégalement à cause de l'obliquité du Zodiaque ; car environ les Equinoxes ils croissent & decroissent sensiblement, à cause que les arcs diurnes s'agrandissent, & s'apetissent beaucoup ; & environ les Solstices fort insensiblement, à cause que les arcs diurnes ne s'agrandissent, & n'apetissent presque point.

CHAPITRE XXIII.

De l'Heure.

LE nom d'Heure est veritablement ancien, mais il estoit pris pour Saison, & ce n'est que depuis quelques siecles qu'on l'a pris pour la 24 partie du Jour ; car les Anciens ne divisoient presque point autrement le Jour qu'en trois parties, à sçavoir le Matin, le Midy, & le Soir.

Il y a deux fortes d'Heures, les unes égales, les autres inégales. L'Heure égale qui s'appelle aussi Equinoctiale, est la 24 partie du Jour Naturel, c'est à dire le temps que 15 degrez de l'Equateur employent à passer sous le Meridien; si ce n'est qu'il y a quelque petite chose à ajoûter pour la raison que nous venons de toucher plus haut. C'est de cette sorte d'Heure dont les Astronomes se sont toûjours servi, & il n'y a presque point de Nation qui ne s'en serve presentement.

Nous avons déja dit que les Astronomes divisent l'Heure en 60 Minutes, & qu'ils sous-divisent chaque Minute en 60 Secondes, chaque Seconde en 60 Tierces, &c.

L'Heure Inégale qu'on appelle aussi Temporaire, est la 12 partie du Jour Artificiel, & pareillement la 12 partie de la Nuit; chaque Jour Artificiel estant divisé en 12 parties égales, & la Nuit de mesme en 12; si bien que l'Heure est dite inégale, non pas à l'égard des autres heures du mesme jour, mais à l'égard de celles des autres jours; car on sçait que les heures diurnes d'Hyver sont bien plus courtes que les heures diurnes d'Esté, & que les heures nocturnes d'Hyver sont bien plus longues que les heures nocturnes d'Esté.

Les Juifs se sont servi de cette sorte d'Heure, car il y a plusieurs Passages de l'Ecriture qui font voir que leur premiere heure estant celle qui suit immediatement le Lever du Soleil, la 3e estoit celle que nous disons Neuf heures du matin (ce qui se doit neanmoins principalement entendre environ l'Equinoxe) la 6e celle que nous disons Midy; la 9e celle que nous disons trois heures apres midy; l'11e celle apres laquelle il n'en restoit plus qu'une avant le Coucher du Soleil.

On peut encore voir que les Grecs s'en sont servi, de ce que Tatius demande & explique pourquoy dans la Grece on disoit que le Soleil faisoit le Jour de 15 heures au Solstice d'Esté, & de 9 à celuy d'Hyver; le Jour dans les Horloges mechaniques estant toûjours composé de 12 Heures.

Plusieurs Passages des Autheurs montrent aussi que les Romains s'en servoient, par exemple, celuy-cy.

F iiij

Prima salutantes, atque altora continet hora;
Exercet raucos tertia Causidicos, &c.
Stertimus, indomitum quod despumare Palernum
Sufficiat, quintâ dum linea tangitur umbrâ.

où il est constant qu'on entend onze heures du matin, ou une heure avant midy.

CHAPITRE XXIV.

De la Semaine.

Nous voyons par la Genese que la Semaine est un certain nombre de jours dont l'institution est tres-ancienne. Les Orientaux s'en sont presque tous servi de temps immemorial, & les Occidentaux depuis qu'ils ont receu la Foy Chrestienne; car les Grecs se servoient plûtost de Dixaine, & de Neuvaine.

Les Idolâtres ont marqué chaque jour de la Semaine par le nom particulier d'une Planete, ce que nous faisons mesme aussi d'ordinaire; si ce n'est qu'au lieu du jour du Soleil, nous disons le Jour du Seigneur ou Dimanche, pour la reverence du jour auquel Nôtre Seigneur JESUS-CHRIST ressuscita; & qu'au lieu du jour de Saturne nous disons le jour du Sabbath ou Samedy, comme qui diroit le jour du Repos, en memoire de celuy auquel nous lisons que Dieu se reposa *ab omni opere quod patrârat.*

Mais pourquoy est-ce qu'apres le jour du Soleil suit celuy de la Lune, apres celuy de la Lune celuy de Mars, &c. sans garder nulle part l'ordre que tiennent les Planetes dans le Ciel?

Cela s'entendra par cette Figure dont la circonference est divisée en sept parties égales, & au dedans de laquelle on a tracé sept Triangles équilateraux, à la pointe desquels les Planetes sont mises en ordre.

Car si de Saturne vous suivez la Ligne qui est à la gauche, vous viendrez au Soleil; si du Soleil vous suivez de mesme l'autre Ligne, vous viendrez à la Lune; si de la Lune vous suivez toûjours de mesme l'autre Ligne, vous tomberez en Mars, & ainsi de suite selon l'ordre dont les jours de la Semaine sont nommez.

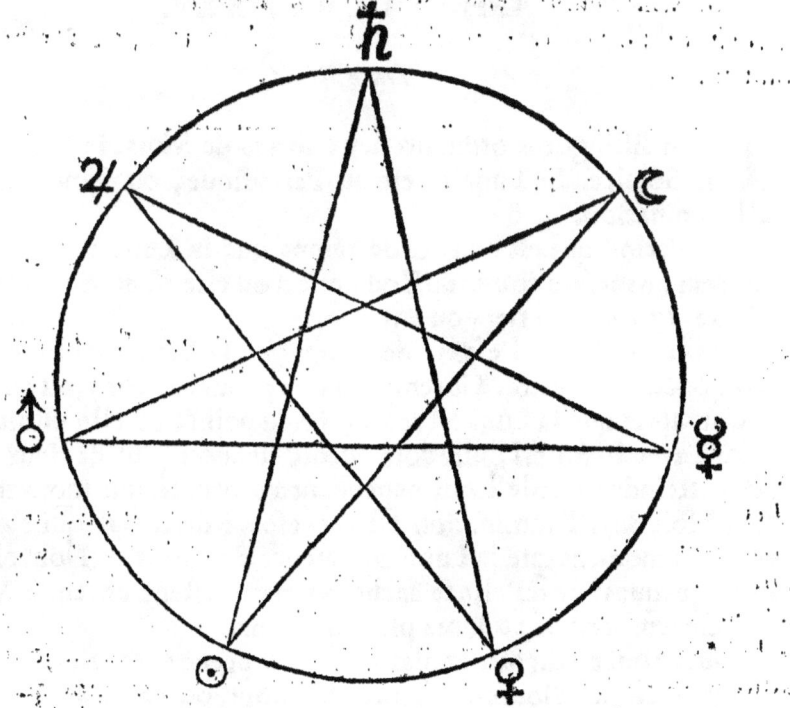

Les Astrologues font un mystere de cette Figure, & pretendent que cet ordre est fondé sur le pouvoir que chaque Planete a sur chaque heure du jour en commençant du Midy; mais nous verrons en suite que tout ce pretendu pouvoir n'est fondé ni sur la raison, ni sur l'experience.

Au reste dans l'usage Ecclesiastique nous marquons les jours par le nom, & par l'ordre des Feries, si ce n'est qu'au lieu de premiere Ferie nous disons Dimanche, & au lieu de septiéme Ferie, Samedy, parce que le commencement de l'ancien An Ecclesiastique se prenoit de Pasques, & que tous les jours de la premiere Semaine estoient Festez (quoy qu'il n'y en ait à present plus que trois) ce qui a fait que les jours des Semaines suivantes ont esté appellez Feries à l'imitation de cette premiere.

CHAPITRE XXV.

Du Mois.

L'On distingue d'ordinaire deux sortes de Mois, le Lunaire, & le Solaire. Le Lunaire est ou Periodique, ou Synodique, ou d'Illumination.

Le Periodique est l'espace de temps que la Lune employe à retourner au mesme poinct du Zodiaque d'où elle est partie. Cet espace est de 27 jours un tiers ou environ.

Le Synodique est l'espace de temps que la Lune employe d'une Conjonction à l'autre. Ce temps est de 29 jours & demy, ou environ.

Car apres que la Lune est retournée au poinct où elle estoit conjointe avec le Soleil, elle doit encore avancer plus de deux jours pour atteindre le Soleil qui cependant a continué son mouvement.

Le Mois de l'Illumination est cet espace de temps qui s'écoule depuis le moment que la Lune commence de paroitre Nouvelle au soir, jusques à ce qu'elle se cache au matin estant devenuë Vieille. Ce temps est de 26 jours plus ou moins.

Pour ce qui est du Mois Solaire, si on le prend entre l'excez & le defaut, il est de 30 jours dix heures & demie, ou environ.

Or comme on distingue en general deux sortes de Mois, l'un Astronomique, l'autre Civil; l'Astronomique est proprement le Lunaire soit Periodique, soit Synodique, mais principalement le Synodique.

Les Mois Civils sont ceux dont les Villes, & les diverses Nations se servent chacune suivant sa Coûtume; car il y en a qui veulent les Lunaires, & les autres les Solaires.

Les Juifs, les Grecs, les Romains, & autres se sont autrefois servi des Lunaires Synodiques, comme font presentement les Mahumetans; toutesfois comme ces demi-jours, & autres fragmens de la sorte ne sont pas de l'usage Civil, ils faisoient alternativement les Mois de 30 & de 29 jours.

Les Egyptiens se servoient des Solaires, mais qui estoient tous de 30 jours,

30 jours, car ils rejettoient à la fin du Mois les cinq jours qui se formoient de ces fragmens de dix heures, & ne faisoient presque point de conte des six heures ou environ qui se formoient de ces dernies heures.

On peut dire que nous nous en servons nous-mesmes, encore que nous leur distribuions inégalement les douze parties du circuit Solaire, & que nous ne ramassions que de 4 en 4 ans ces six heures dont nous faisons un jour qu'on insere entre le 23 & le 24 du mois de Février.

Macrobe & quelques autres nous marquent que ce fut Jules Cesar qui changeant le Mois Lunaire qui estoit en usage depuis Romulus, & Numa en Solaire, retint en partie, & fit en partie cette inegalité de Mois.

Il est constant que les Mois ont eu des noms differens chez les differentes Nations; que nostre Mois de Mars, & les suivans furent instituez, & nommez par Romulus; que neanmoins apres la mort de Cesar on dit *Iulius* qui est nostre Mois de Juillet, au lieu de *Quintilis*, & *Augustus* qui est nostre Mois d'Aoust, au lieu de *Sextilis*; que Janvier & Fevrier furent ajoûtez, & ainsi nommez par Numa; que les Grecs appelloient leurs Mois *Hecatombeon*, *Anthesterion*, *Elapheblion*, &c. les Juifs *Tisri*, *Marchesuan*, *Casleu*, &c. & les Egyptiens *Thoth*, *Paoph*, *Athyr*, &c. pour ne dire rien des autres.

Je laisse à part tous ces differens noms de Jours, & de parties de Mois usitées chez les Anciens, comme *Kalendes*, *Nones*, & *Ides* chez les Romains; *Neomenia*, *Decas*, *Eica*, &c. chez les Grecs.

CHAPITRE XXVI.

De l'An.

L'An proprement pris, c'est à dire cet espace de temps que le Soleil employe à parcourir tout le Zodiaque se distingue d'ordinaire en Astronomique & en Civil; l'Astronomique est ou Tournant, ou Astral, ou *Vertens*, ou *Siderens*.

Le Tournant est cet espace de temps que le Soleil employe à retourner au mesme poinct du Zodiaque, par exemple aux Equinoxes, ou au Solstice d'où il estoit party ; il contient 365 jours, 5 heures, & environ 49 minutes.

L'Astral est cet espace de temps qu'il employe à retourner au mesme Astre qu'il avoit laissé ; ce dernier est insensiblement plus long que le premier, à cause de ce mouvement des Etoiles fixes vers l'Orient que nous avons insinué plus haut, & dont nous parlerons en suite.

L'Année Civile est celle dont se servent les Villes, & les Nations selon que bon leur semble ; soit qu'elles n'ayent égard qu'au mouvement du Soleil, ce qui fait l'Année Solaire ; soit qu'elles considerent encore le mouvement de la Lune ; ce qui fait l'Année Lunaire.

Ou l'Année Solaire est toûjours comme celle dont nous avons dit que se servoient les Egyptiens, c'est à dire de 365 jours distribuez en 12 Mois de chacun 30 jours avec les 5 jours qu'on appelloit Επαγόμεναι, comme qui diroit sur-ajoûtez.

Auquel cas il faut remarquer que les Egyptiens ne faisant point de conte de ces six heures ou environ qui sont de plus chaque année, il arrivoit qu'en l'espace de 1460 ans les Equinoxes, & les Solstices se trouvoient & dans tous les mois, & dans tous les jours de chaque mois de l'année ; d'autant que si cette année, par exemple, l'Equinoxe arrive à midy le 20 de Mars, une année apres elle arrivera à six heures du soir du mesme jour ; & derechef une année apres à la minuit suivante ; & derechef apres une année à six heures du matin du 21e jour ; & enfin apres quatre ans à midy du mesme 21e ; & en poursuivant de mesme elle arrivera apres quatre autres années à midy du 22e, & ainsi des autres jours.

Ou chaque quatriéme Année est de 366 jours, sçavoir en intercalant ou inserant le jour qui se fait de ces six heures ou environ ramassées ensemble. On sçait que l'Intercalation se fait afin que les Equinoxes, & les Solstices soient retenus & dans les mesmes mois, & dans les mesmes jours des mois ; & qu'ils ne courent point comme nous avons dit qu'il se faisoit chez les Egyptiens.

On sçait aussi que cette quatriéme Année est appellée Bissextile, parce que l'Intercalation se fait entre le 23, & le 24 de Fevrier ; & qu'ainsi cette année-là on dit deux fois le sixiéme des Calendes de Mars.

CÉLESTES.

J'ay dit six heures ou environ, parce qu'il y a presque onze minutes de moins, ce qui fait que chaque année Bissextile on ajoûte quelque chose de trop, & qu'ainsi il se peut faire que les Equinoxes, & les Solstices courent peu à peu par toute l'année, non pas en avançant, mais en retrogradant; aussi s'apperçeut-on le Siecle passé que l'Equinoxe du Printemps, qui du temps du Concile de Nicée arrivoit environ le 21 de Mars, se trouvoit arriver environ l'11ᵉ du mesme mois; de sorte qu'en l'an 1582 on fut obligé de retrancher dix jours, afin qu'il retournast au 21ᵉ.

Et parce que ce retranchement qu'on appella Reformation du Calendrier, a esté fait par le Pape Gregoire XIII. la forme de l'Année dont nous nous servons presentement a esté nommée Gregorienne, & Nouvelle, au lieu que l'ancienne que les Provinces qui n'ont pas receu la Reformation retiennent encore, est appellée Juliene, comme estant celle-la mesme qui fut instituée par Jules Cesar, & qui a esté continuée sans aucune interruption; si bien que ces Provinces content les Equinoxes, les Solstices, & les autres temps de l'Année dix jours entiers plus tard que nous.

L'Année Lunaire est celle qui est faite de 12 mois Lunaires Synodiques, ou de 354 jours, & environ 8 heures; d'où vient qu'elle est plus petite d'environ 11 jours que la Solaire. Ces 11 jours sont appellez Epactes ou *Epactaux*, parce que nous les ajoûtons chaque année pour accommoder le cours de la Lune à celuy du Soleil.

Les Anciens qui faisoient l'année Lunaire de 354 jours precisement, & qui pour cette raison croyoient que pour la Solaire il manquoit onze jours & un quart qui en 8 ans faisoient 90 jours, prenoient ces jours, & en faisoient trois mois de chacun 30 jours qu'ils appelloient Ἐμβόλισμοι, & qu'ils intercaloient apres la 3ᵉ, la 5ᵉ, & la 8. année comme les Grecs; ou bien ils en faisoient quatre qui estoient de 22, & de 23 jours alternativement qu'ils intercaloient de deux en deux ans, à sçavoir la 2ᵉ, la 4ᵉ, la 6ᵉ, & la 8ᵉ année comme les Romains. Chez les Romains cette Intercalation se faisoit apres le 23 de Fevrier, c'est à dire apres la Feste du Dieu Terme; c'est pourquoy ce n'est pas merveille qu'on ait choisi ce temps-là pour intercaler le jour Bissextil; au lieu que chez les Grecs elle se faisoit plûtost entre le 5ᵉ, & le 6ᵉ mois, d'où vient que *Posideon* estant leur sixiéme mois, le mois intercalé

G ij

s'appelloit premier *Posideon*; de mesme que chez les Juifs le mois intercalé devant leur sixiéme qui estoit *Adar*, s'appelloit premier *Adar*.

Nous n'ajoûterons rien icy du commencement de l'Année qu'on sçait avoir toûjours esté different chez les differentes Nations. Car comme il estoit vague par toute la suite de l'Année chez les Egyptiens, les Juifs commencerent l'An Ecclesiastique du mois *Nisan*, ou de la Nouvelle Lune qui estoit la plus proche de l'Equinoxe du Printemps; & le Civil du mois *Tisri*, ou de la Nouvelle Lune qui estoit la plus proche de l'Equinoxe d'Automne. Ainsi les Grecs l'ont commencé de la Nouvelle Lune qui estoit la plus proche du Solstice d'Esté, & les Romains du Solstice mesme d'Hyver. Il est vray que Cesar en établissant l'Année voulut attendre la Nouvelle Lune prochaine, afin de fixer dans ce jour-là les Kalendes de Janvier, c'est à dire le commencement de l'Année; d'où il arriva que ce commencement de l'Année qui est celuy dont nous nous servons encore maintenant, se fist de quelques jours plus tard que le Solstice d'Hyver.

Nous n'ajoûterons rien aussi de la division de l'Année en 4, ou en 5 Saisons, ou mesme en Mois que les Egyptiens tenoient pour autant d'Années; ce qui fait qu'il y a moins de sujet de s'étonner qu'ils fissent la vie des hommes si longue.

Enfin nous ne dirons rien des Temps qui se mesurent par un certain nombre d'Années, comme de l'Olympiade qui estoit de 4 ans; du Lustre de 4, & tantost de 5; de l'Indiction de 15; de la Periode de Meton, ou Cycle Lunaire, ou Nombre d'Or de 19; du Cycle Solaire ou des Lettres Dominicales de 28; du Jubilé de 49, ou 50; de la Periode de Calippe de 76; du Siecle de 100; de la Periode d'Hipparque de 304; de la Periode Dionysiene de 532; de la Periode Juliene nouvellement inventée par Scaliger de 7980; de la grande Année qui a esté prise non seulement pour la Revolution du Firmament dont nous avons parlé, mais encore pour le restablissement general de toutes choses dans le mesme estat qu'elles estoient au commencement. Les Astrologues & autres ont fait cette grande Année de 25, 36, 49 mille ans; les uns plus, les autres moins.

CHAPITRE XXVII.
Des Epoches du Temps.

LOrs que les Astronomes supputent les mouvemens Celestes, il leur est non seulement necessaire de supposer de certains poincts du Ciel d'où se tirent les mouvemens des Astres, mais il est de plus necessaire d'attacher, pour ainsi dire, ces poincts à de certains momens de Temps, comme à des principes & à des chefs d'où commence la Supputation : Or ce sont ces principes ou chefs qu'on appelle Epoches, comme si c'estoient de certains momens fixes, determinez & arrestez.

On les appelle aussi ordinairement des Eres plûtost à cause de ces petits cloux d'airain qui estoient aux tables de contes, que de l'ancienne maniere de datter des Espagnols. On les appelle aussi Racines, parce que comme les Plantes croissent sur leurs racines, ainsi les suites des Temps croissent sur les Epoches.

La plus celebre de toutes les Epoches, & qui nous est la plus familiere, est celle de la Naissance de JESUS-CHRIST, ou plûtost les Kalendes du mois de Janvier que nous supposons avoir esté le premier apres la naissance de Nostre Seigneur JESUS-CHRIST, & depuis lesquelles nous contons les années courantes.

Car encore qu'il y en ait qui pretendent que JESUS-CHRIST naquit non pas incontinent apres le Solstice d'Hyver, mais environ l'Equinoxe d'Automne ; & qu'il y ait mesme quelques sçavans Chronologistes qui deffendent qu'il est né non seulement une, mais deux, mais trois, mais quatre, mais cinq années plûtost que ne commence cette Epoche ; elle ne laisse pas pour cela d'estre approuvée, & retenuë, tant à cause de l'usage, que parce que la circonstance de l'action ou de la chose qui donne le nom, ou qui donne occasion à l'Epoche, ne fait rien pour la verité de la Supputation, pourveu qu'on sçache precisement combien il s'est écoulé d'années depuis ce moment de temps present, jusques à celuy auquel nous supposons que l'Astre occupoit le poinct du Ciel d'où nous tirons son mouvement soit antecedemment, soit consequemment.

On sçait cependant pourquoy cette Ere est appellée Vulgaire & Dionysiene. Car on l'appelle Vulgaire pour la distinguer de celle qu'on repute vraye, & selon laquelle il nous faudroit conter quelques années moins qu'on ne fait : Et on l'appelle Dionysiene à cause qu'on croit qu'un certain Abbé nommé Denys, surnommé le Petit, l'a inventée un peu plus de cinq cent ans apres JESUS-CHRIST, depuis lequel temps (si ce n'est plûtost un ou deux Siecles depuis) on a commencé de conter les années de la Naissance de JESUS-CHRIST, au lieu qu'on ne les supputoit auparavant que par les Consuls, & les Olympiades, depuis la Fondation de la Ville de Rome.

Au reste, pour dire un mot de quelques autres Epoches, dont on se sert partie dans la Chronologie, & partie dans l'Astronomie ; ce n'est pas sans raison que celle de la Creation du Monde tient le premier lieu entre les Sacrées ; car encore qu'on en dispute fort, ceux-là toutefois semblent approcher de plus prés la verité, qui concluent que ce Monde a esté creé 3950 ans avant JESUS-CHRIST ou l'Epoche Vulgate de JESUS-CHRIST.

La premiere & la plus celebre entre les Profanes est celle des Olympiades, à laquelle le restablissement des Jeux Olympiques par Iphis donna occasion, & dont le commencement regarde l'Esté de l'année 777 avant JESUS-CHRIST.

La plus celebre apres celle-là est l'Epoche de la Fondation de la Ville de Rome, qui selon l'opinion la plus commune regarde l'année 752 avant JESUS-CHRIST.

Chez les Astronomes la principale a toûjours esté celle de Nabonassaire, qu'on croit avoir esté Roy des Babyloniens, laquelle regarde le 26 de Fevrier de l'année 747 avant JESUS-CHRIST ; car supposant que ce jour-là tombe justement avec le premier jour du mois Thoth, la supputation se fait par les mois Egyptiens dont Ptolomée, & plusieurs autres Astronomes, & mesme Copernique se sont servi.

L'Epoche de la mort d'Alexandre le Grand vient en suite ; la supputation se faisant aussi par les années Egyptiennes, elle regarde le 12 de Novembre de l'année 324 avant JESUS-CHRIST.

L'Epoche de Jules Cesar qui precede de 45 ans celle de JESUS-CHRIST vient en suite.

Aprés Jesus-Christ l'Ere de Diocletian est celebre ; c'est celle des Martyrs qui souffrirent la mort sous son Regne dans le Païs des Coptes proche le Nil ; on l'appelle aussi Ere des Abyssins & Ethiopiens ; elle regarde l'année 283 de la venuë de Jesus-Christ.

Il y a encore l'Epoche des Arabes, autrement de l'Hegire, ou de la fuite de Mahomed, laquelle regarde le 15 Juillet de l'année 622 de la venuë de Jesus-Christ.

Il y a aussi l'Epoche des Perses ou de Jesdagird dernier Roy des Perses qu'Ottoman défit & tua ; elle regarde le 16 Juin de l'année 631 de la venuë de Jesus-Christ.

On peut ajoûter à toutes ces Epoches celle de la Reformation du Calendrier, dont nous avons déja parlé ; elle regarde le 5 Octobre de l'année 1582 de la venuë de Jesus-Christ, & ce jour estant pris pour le 15, il manque en suite 10 iours pour la forme des années Juliennes.

Je passe sous silence que c'est la coûtume de rapporter l'Epoche de Jesus-Christ, & toutes les autres Eres à la suite des années de la Periode Julienne, ainsi nommée de ce que les Ans dont elle est composée sont Juliens.

Pour entendre la maniere de cette Periode il faut sçavoir que Denys le Petit dont nous avons parlé, ou avant luy Victor d'Aquitaine, ayant multiplié le Cycle Solaire par le Lunaire, c'est à dire 28 par 19, & ayant par ce moyen produit une Periode de 532 années, lesquelles estant écoulées ces Cycles qui avoient commencé ensemble, commençoient derechef ensemble ; Scaliger multiplia cette Periode par le Cycle des Indictions de 15, & fit une Periode (qui a aussi esté appellée Julienne) de 7980 années, lesquelles estant écoulées ces trois Cycles qui avoient commencé ensemble, pouvoient derechef commencer ensemble.

Et parce qu'il est impossible que ces Cycles, selon qu'ils sont presentement en usage, ayent commencé ou ayent pû commencer ensemble sinon avant 6360 années en remontant avant Jesus-Christ ; cela a fait qu'on entend que cette Periode a commencé avant la Creation du Monde.

C'est pourquoy en étendant ainsi la Periode nous trouverons que l'Epocho du Monde tombe en l'année de la Periode Juliene 764 : Celle de Nabonassaire en 3967 : Celle de Jesus-Christ en 4714, & ainsi des autres.

LIVRE

LIVRE SECOND

DE LA
THEORIE DES SECONDS-MOBILES.

CHAPITRE I.
Des divers Phenomenes qui ont donné occasion à la Theorie des Seconds-Mobiles.

APRES avoir parlé de la Sphere qui sert à nous faire entendre le mouvement premier, nous traiterons de certaines Machines ou Figures orbiculaires qu'on appelle Theories (peut-estre à cause qu'elles demandent une speculation toute particuliere) par le moyen desquelles on explique les mouvemens seconds.

Pour cet effet il est besoin avant toutes choses de sçavoir certains Phenomenes principaux qu'on a observez ; parce que c'est de là que les hommes ont commencé d'imaginer d'autres mouvemens outre le Premier, & de se former des Hypotheses suivant lesquels ces mouvemens se puissent expliquer.

On a donc observé premierement & generalement à l'égard de toutes les Planetes, qu'elles se levent & se couchent tantost en de certains endroits de l'Horison, & tantost en d'autres ; que sous le Meridien elles s'élevent tantost plus haut vers le Septentrion, & tantost plus bas vers le Midy ; & que ces mouvemens se font entre de certaines bornes. II. qu'elles vont toutes tantost plus viste, & tantost plus lentement. III. qu'elles paroissent quelquefois plus grandes, & quelquefois plus petites, & mesme sans que cela vienne des Refra-

H

ctions. IV. qu'elles se placent & se disposent diversement, non seulement entre-elles, mais encore avec les Etoiles fixes ; & que lors qu'elles sont dans la Conjonction elles se trouvent quelquefois cacher les Fixes, & quelquefois se cacher entre elles; cela ne se faisant toutefois pas de la mesme maniere à l'égard de tous les Habitans de la Terre.

On a en suite observé en particulier à l'égard du Soleil. I. que lors qu'il s'est couché, on voit de certaines Etoiles qui se doivent coucher apres luy, lesquelles ne paroissent plus quelques jours apres; & que lors qu'il se doit lever, il en a devant luy qui ne se voyent point, lesquelles paroissent à quelques jours de là, & precedent son lever. II. que passant de l'Equinoxe du Printemps à celuy de l'Automne, il employe 187 jours; mais qu'il n'en employe que 178 à passer de l'Equinoxe de l'Automne à celuy du Printemps; si bien qu'il est plus long-temps de neuf jours entiers dans les Signes Septentrionaux, que dans les Meridionaux. III. qu'il s'éclipse quelquefois totalement, souventefois en partie seulement, & qu'encore que l'Eclipse n'arrive qu'à la pleine Lune, ce n'est pas toutefois à toutes les pleines Lunes. IV. qu'on a cru que sa plus grande Declinaison decroissoit tant au Septentrion, qu'au Midy, & qu'elle n'estoit effectivement pas si grande à present qu'autrefois.

A l'égard de la Lune. I. que depuis qu'elle est nouvelle elle s'éloigne du Soleil tous les jours d'une telle maniere, qu'elle approche toûjours de plus en plus vers les Etoiles plus Orientales, jusques à ce qu'elle acheve son circuit. II. que pendant ce circuit elle paroit avec diverses Phases, sçavoir en croissant, à demie-coupée, bossuë de part & d'autre, pleine ou toute ronde, & derechef qu'en décroissant elle paroit bossuë de part & d'autre, à demie-coupée, & puis en croissant. III. qu'elle s'éclipse quelquefois entierement, & quelquefois en partie; cela n'arrivant toutefois que lors qu'elle est pleine, & non pas toutes les fois qu'elle l'est, mais de six mois en six mois, ou à peu prés. IV. qu'elle s'écarte quelquefois tant au Midy qu'au Septentrion tantost un peu plus, & tantost un peu moins que le Soleil.

A l'égard de Mercure, & de Venus. I. que ces Planetes sont comme les Suivantes du Soleil, entant qu'elles ne s'en éloignent pas fort loin; Venus ne s'en éloignant jamais guere d'avantage que d'un demy-Signe, & jamais Mercure d'un Signe entier. II. que tantost elles precedent, & tantost elles suivent le Soleil. III. que quelquefois elles sont Directes, c'est à dire qu'elles se meuvent selon la suite des Signes; comme de ♈ en ♉, de ♉ en ♊; quelquefois Retrogrades, c'est à dire qu'elles se meuvent contre la suite des Signes ; comme de ♈ en ♓, de ♓ en ♒; quelquefois Stationaires ; c'est à dire qu'elles paroissent quelque temps ne se mouvoir point ni selon la suite, ni contre la suite des Signes. IV. qu'elles s'écartent aussi vers le Midy, & vers le Septentrion tantost plus, & tantost moins que le Soleil.

A l'égard de Mars, de Jupiter, & de Saturne. I. que ces Planetes ne sont pas ainsi que les deux autres attachées au Soleil, mais qu'elles s'en écartent tellement qu'elles sont quelquefois en Opposition, c'est à dire qu'elles en sont distantes de six Signes entiers. II. qu'elles avancent veritablement tous les ans vers les Etoiles plus Orientales, mais qu'elles deviennent aussi quelquefois Directes, quelquefois Retrogrades, & quelquefois Stationaires. III. qu'elles ne manquent pas d'estre Retrogrades, d'aller plus viste, & de paroitre plus grandes lors qu'elles sont opposées au Soleil ; que Mars est plus long-temps Direct que Jupiter, & Jupiter que Saturne ; & qu'au contraire Saturne est plus long-temps retrograde que Jupiter, & Jupiter que Mars. IV. qu'elles s'écartent aussi tantost plus & tantost moins que le Soleil vers le Midy, & vers le Septentrion.

Enfin à l'égard des Fixes, qu'elles ne demeurent pas toûjours dans une mesme distance des poincts Equinoxiaux, mais qu'elles tendent aussi tres-lentement selon la suite des Signes, & mesme, comme quelques-uns pensent, inégalement ; c'est à dire tantost plus viste, & tantost plus lentement. Car l'Epy de la Vierge, par exemple, que Timocharis un peu apres la mort d'Alexandre observa preceder le poinct de l'Equinoxe d'Automne de 8 degrez, fut observée deux cent ans apres par Hipparque preceder de 6 seulement ; & 260 ans apres par Ptolomée ne preceder presque que de 3 ; pour ne dire pas que 1500 ans apres on a observé qu'elle suivoit le mesme poinct d'environ 19 degrez. Il en est de mesme de la premiere Etoile du Belier, qui du temps de Timocharis estoit seulement éloignée de deux degrez de l'Equinoxe du Printemps ; car elle s'en trouve à present éloignée de plus

H ij

de 28; & l'Etoile appellée Polaire, qui est à l'extremité de la queuë de la petite Ourse, n'est à present distante du Pole que de deux degrez & demy, ou environ ; au lieu que du temps d'Hipparque elle en estoit éloignée de plus de douze.

CHAPITRE II.

Diverses sortes d'Hypotheses pour sauver, ou expliquer les Phenomenes.

PYthagore, Platon, & tous les autres generalement ont supposé qu'encore que les mouvemens celestes ne nous paroissent pas uniformes & reguliers, ils le doivent neanmoins estre en soy, ne croyant pas qu'il peust y avoir aucune irregularité dans des Corps Celestes, Immortels, & Divins; c'est pourquoy ils ont cherché le moyen de sauver les apparences par des mouvemens circulaires & uniformes, ce que quelques-uns ont tâché de faire en supposant le repos de la Terre, & les autres en supposant son mouvement. Nous representerons dans le Livre suivant l'Hypothese selon laquelle la Terre se meut; & dans celuy-cy la diversité de l'Hypothese selon laquelle la Terre est en repos, & immobile.

Supposant donc le repos de la Terre, la premiere Hypothese a esté d'Anaxagore, de Democrite, & de quelques autres qui ont cru que les Astres se mouvoient dans des espaces tres-libres, & qu'il n'y avoit par consequent point de Spheres solides ausquelles ils fussent attachez; aucun Premier-Mobile par lequel ils fussent emportez; ni aucun mouvement Second par lequel ils se meussent effectivement vers l'Orient; mais qu'ils n'avoient qu'un seul & simple mouvement vers l'Occident; de maniere que les Etoiles fixes se mouvant plus rapidement que tous les autres Astres, & achevant leur circuit en 24 heures, la Lune, par exemple, se mouvoit le plus lentement de tous, comme n'achevant son circuit qu'en 25 heures ou environ; si bien qu'elle ne se mouvoit pas de son propre mouvement vers les Etoiles plus Orientales, mais plûtost qu'elle estoit laissée par les Etoiles plus Occidentales, comme il arrive en ceux qui courent vers un mesme endroit, mais inégalement viste.

Quelques-uns de nos Modernes ont suivi ces Anciens, ajoûtant que les mouvemens des Astres, & principalement ceux des Planetes, ne se font pas directement, ou par des cercles paralleles vers l'Occident, mais obliquement, ou spiralement, & que c'est pour cela qu'ils avancent peu à peu du Septentrion au Midy, & du Midy au Septentrion.

Ils ont aussi deu ajoûter que lors que les Planetes paroissent Retrogrades, il faut qu'elles redoublent leur course, & se meuvent plus viste que les Fixes; & qu'elles paroissent alors plus grandes, parce qu'elles approchent de la Terre.

L'autre Hypothese a esté de ceux qui ont cru que les Astres sont attachez, & comme enchassez dans des Spheres solides, dont ils suivent le mouvement, estant emportez avec elles par le Premier-Mobile.

Et ce sont ceux-là proprement qui ont introduit les Mouvemens Seconds; d'autant qu'ils supposoient qu'un mesme Mobile ne pouvant pas avoir deux mouvemens par soy, il en pouvoit avoir un par soy, & un par accident, ou par le moyen d'une cause étrangere; comme un Nautonier qui se mouvant par son propre mouvement de la proüe à la poupe, par exemple, vers le Midy, peut cependant estre emporté par accident, & par le mouvement du Navire vers le Septentrion.

Or encore que tous ceux qui ont suivi cette derniere Hypothese, ayent sous-distingué les Spheres totales de chacune des Planetes en plusieurs Spheres partiales; quelques-uns toutefois ont fait toutes ces Spheres Concentriques, c'est à dire ayant un mesme Centre avec la Terre, ou avec le Monde; & quelques-uns les ont fait ou entierement, ou en partie Eccentriques, c'est à dire ayant un autre Centre que la Terre ou le Monde.

L'Hypothese des Concentriques a esté introduite par *Eudoxus*, & amplifiée par *Calippe*, & par *Aristote*.

Car premierement *Eudoxus*, outre la Sphere particuliere des Etoiles fixes, en attribua trois à celle du Soleil, autant à celle de la Lune, & quatre à chacune des autres Planetes; & cela à condition que la plus haute de chaque Planete suivroit le mouvement de la Sphere des Etoiles fixes, ou du Premier-Mobile (car il n'en reconnoissoit point

H iij

d'autre qu'elle) que celle qui suivroit seroit emportée vers l'Orient selon la Longitude ; que la troisiéme seroit la varieté de la Latitude ; que la quatriéme seroit par une certaine Libration la Direction, & la Retrogradation. Ainsi il établit 26 Spheres des Planetes.

Quant à Calippe, il n'a veritablement ajoûté aucune Sphere dans Saturne, ni dans Jupiter, mais il en a ajoûté une dans Mars, une dans Venus, une dans Mercure, deux dans le Soleil, & deux dans la Lune, quoy que personne ne dise à quel dessein. Ainsi il a fait 33 Spheres des Planetes.

Enfin Aristote a passé outre, & à chaque Sphere des Planetes qui ne suivoient pas le mouvement des Etoiles fixes, il en a ajoûté autant d'autres qu'il a appellées Revoluantes, parce qu'elles faisoient retourner les autres, & les conformoient au mouvement des Fixes (si ce n'est qu'il ne crût pas que la Lune, comme estant la plus basse, eust besoin d'aucuns Revoluens) c'est pourquoy Aristote sur-ajoûtant 22 Spheres à celles de Calippe, a fait 55 Spheres des Planetes, & en tout 56 Spheres Celestes, en ajoûtant le Premier-Mobile ou la Sphere des Etoiles fixes.

Or comme il estoit impossible dans cette Hypothese de dire pourquoy les Planetes paroissoient tantost plus grandes, & tantost plus petites (car leur mouvement estant Concentrique, elles ne pouvoient pas estre tantost plus, & tantost moins éloignées de la Terre) Fracastor, qui ramena les Concentriques le Siecle passé, leur donnant divers noms, crut que cela se pouvoit sauver en disant que les Planetes paroissent plus grandes ou plus petites selon la qualité des parties du Ciel par où elles passent, ces parties differentes faisant comme des verres differemment taillez des Refractions capables de causer cette difference de grandeur apparente.

Je passe sous silence qu'il multiplia les Spheres des Planetes jusques à 63 en attribuant 4 au Soleil ; 7 à la Lune ; 9 à Mars ; 10 à Saturne ; 2 à Mercure ; 2 à Venus ; 2 à Jupiter ; & qu'outre la Sphere des Etoiles fixes, il en ajoûta 5 pour diversifier ses mouvemens ; & de plus le Premier-Mobile ; de sorte que selon luy il y a 70 Spheres Celestes.

Pour ce qui est de l'Hypothese des Eccentriques, on la devroit, ce semble, rapporter aux Pythagoriciens ; mais parce qu'ils s'en sont servi pour expliquer le mouvement de la Terre, cela fait qu'à l'égard de l'opinion commune, il semble qu'on la doit en quelque façon attribuer à Hipparques, comme n'ayant peu souffrir cet embarras de Concentriques, mais qu'elle regarde principalement Ptolomée, parce qu'il a expliqué la Theorie des Planetes par les Eccentriques.

CHAPITRE III.

Hypothese de Ptolomée, qui est par les Eccentriques, & par les Epicycles.

Ptolomée eut cette moderation qu'il se contenta de décrire le chemin des Planetes par des Cercles Eccentriques ; mais parce que l'opinion de la solidité des Spheres Celestes se faisant commune, on estoit fort en peine de sçavoir comment cette solidité pouvoit s'accommoder avec l'Eccentricité ; cela fut cause que Peurbachius, il y a 200 & quelques années, commença d'imaginer ces sortes de Spheres.

Soit icy une Sphere totale, par exemple celle du Soleil, laquelle supposant A pour le Centre du Monde, ou de la Terre, soit Concentrique tant à l'égard de la superficie exterieure, ou convexe B C D E qui est environnée par la Sphere de Mars, qu'à l'égard de l'interieure, ou concave F G H I par où elle environne la Sphere de Venus. Representez-vous en suite que le Soleil soit dans le poinct L, & que du poinct K qui tient lieu de Centre, on ait tiré deux cercles qui embrassent le Soleil. Cela estant il est constant que l'Orbe total sera distingué en trois partiaux de telle maniere que le dernier ou exterieur, & l'interieur seront inégaux chacun dans leur épaisseur, & celuy du milieu qui est comme taillé, & creusé entre eux, égal par tout.

Et parce que tout cet Orbe du milieu, tant à l'égard de sa superficie convexe, que de sa concave, est décrit d'un autre Centre que de celuy du Monde; pour cette raison c'est luy qui est proprement, & simplement appellé Eccentrique ; les deux autres estant appellez Eccentriques en partie, *secundum quid*, entant qu'ils ne sont Eccentriques qu'à l'égard de l'une ou de l'autre de leurs superficies,

64 DES CHOSES

l'exterieur, par exemple, à l'égard de la concave, & l'interieur à l'égard de la convexe.

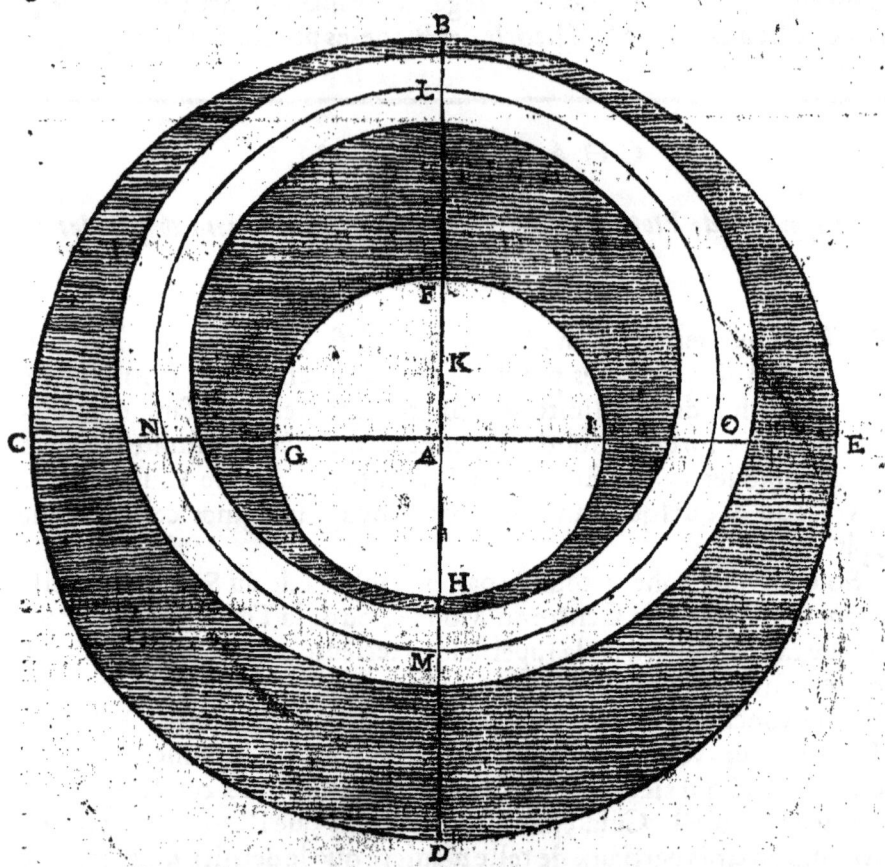

Or les Centres estant joints par la ligne B D, & cette ligne B D estant coupée à angles droits par cette autre ligne C E qui passe par le centre A, alors la distance qui est entre ces deux centres A, & K, s'appelle d'ordinaire Eccentricité; le poinct L qui dans l'Eccentrique est le plus éloigné de la Terre, Apogée, *Aux*, & *Summa Apsis*; le poinct M qui est le plus proche, Perigée, *Oppositum Augis*, & *ima Apsis*; la ligne B D, ou L M *linea Apsidum*; & la ligne C E, ou N O la ligne des moyennes Longitudes; le Soleil qu'on suppose estre meu par l'Eccentrique

CELESTES. 65

centrique L N M O estant tres-éloigné de la Terre en L, tres-peu en M, & mediocrement en N, & en O.

Car ils veulent que l'Eccentrique, comme il est solide, tourne entre ces deux Orbes inégaux, & que le Soleil qui leur est attaché, se meuve conjointement. Or ce cercle qu'on conçoit estre décrit par le centre du Soleil, est appellé le Deferent du Soleil; comme l'exterieur des Orbes épais est appellé le Deferent de l'Apogée; & l'interieur le Deferent du Perigée.

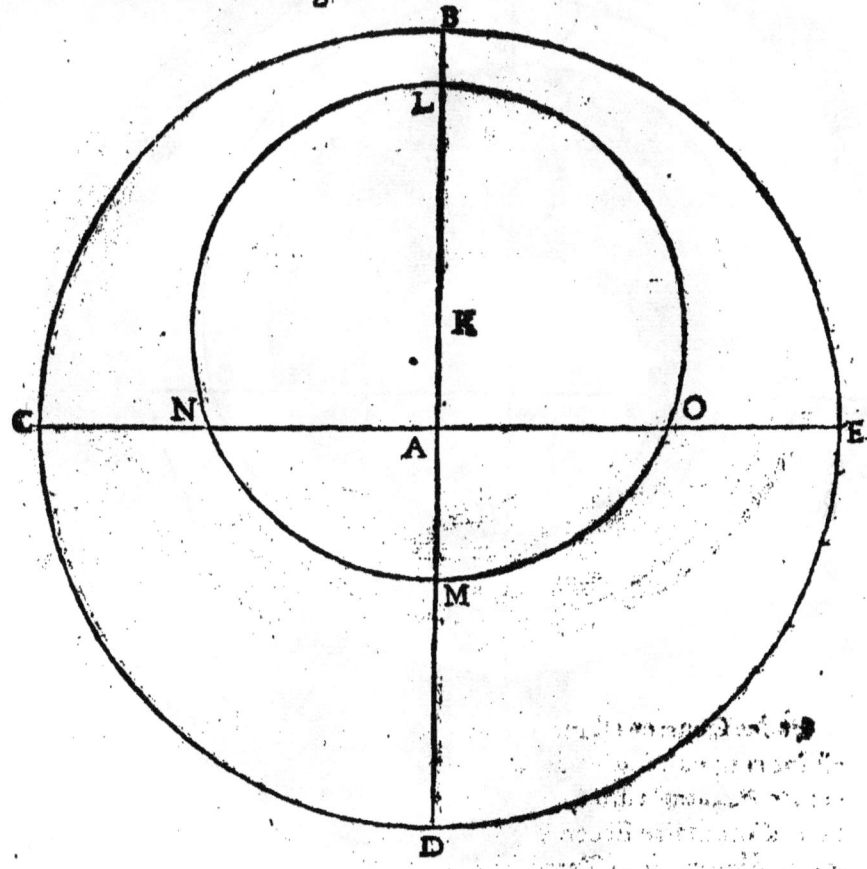

Remarquez que ce Cercle Deferent du Soleil est de tout cet embaras le seul que Ptolomée retient, & que c'est proprement luy qui

I

s'appelle Eccentrique, entant que c'est la route du Soleil laquelle vous avez de mesme dans la Figure precedente avec l'Eccentricité, la ligne des Apsides, *Linea Apsidum*, & la ligne des Longitudes moyennes. Le Cercle exterieur & concentrique represente le Firmament ou dernier Ciel.

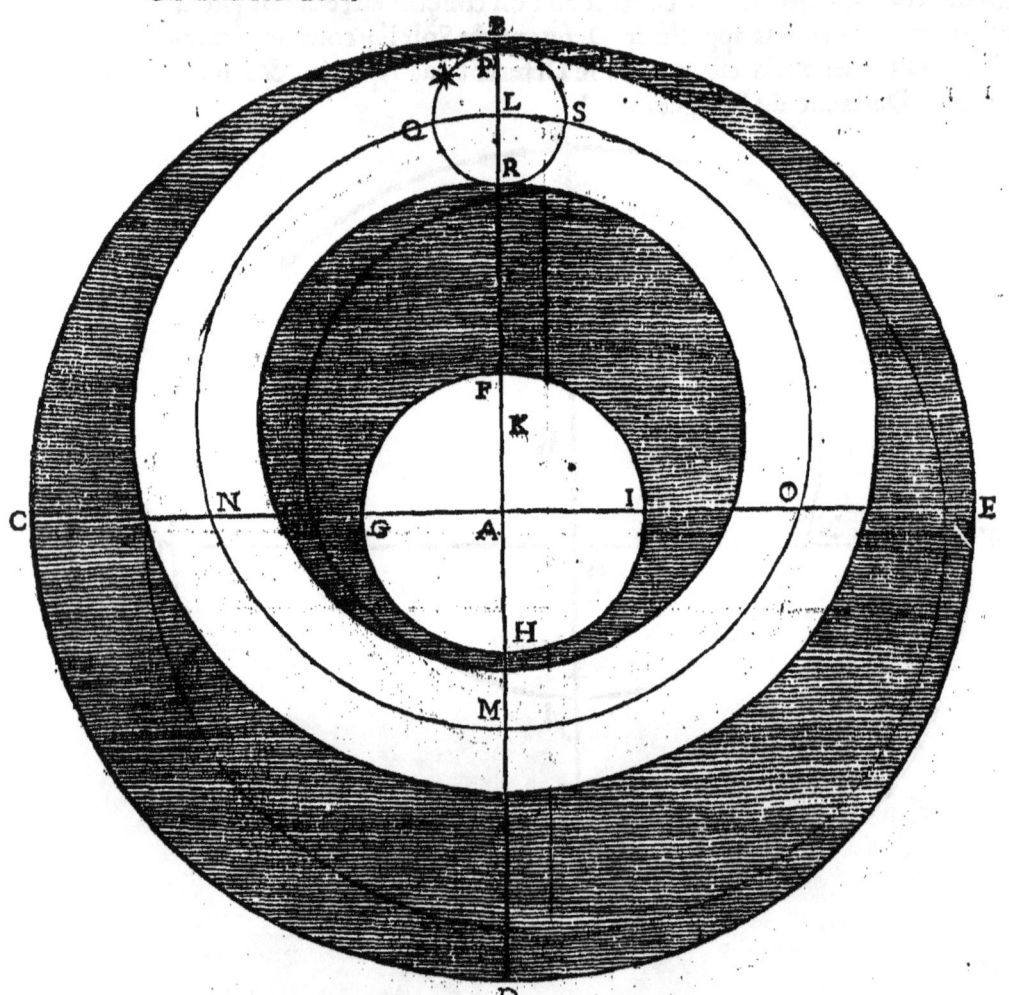

Representez-vous une autre Sphere totale, par exemple, celle de Jupiter, qui soit distinguée en trois Orbes comme la precedente, &

qui ait dans l'épaisseur de son Eccentrique le petit Cercle P Q R S. Ce petit cercle qu'ils appellent Epicycle, & qui pendant qu'il se meut avec l'Eccentrique de L en N M O, se tourne alentour de son propre centre L, & fait tourner la Planete qui est dans sa superficie de P en Q R S.

Ils appellent mesme aussi le poinct P qui est au haut, l'Apogée de l'Epicycle; R qui est au bas, son Perigée; les poincts Q, & S, les endroits du plus grand éloignement de la Planete, *elongationes maxima*; & ce cercle L N M O que le centre de l'Epicycle est censé décrire, le Deferent de l'Epicycle.

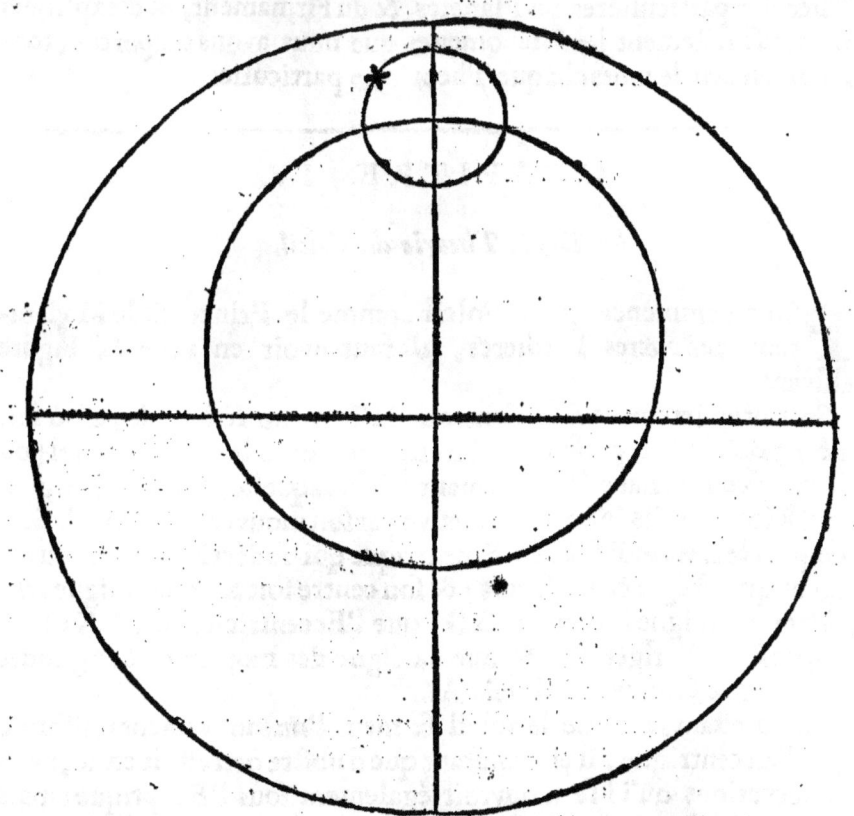

Rémarquez derechef icy que c'est ce seul Cercle que Ptoloméeretient avec l'Epicycle qui emporte la Planete avec soy, comme il est aisé de voir par la mesme Figure, dans laquelle le Cercle exterieur represente aussi le Firmament ou le dernier Ciel.

Je passe sous silence que Ptolomée croit qu'il est aisé de comprendre que la mesme chose se peut expliquer par un Concentrique avec un Epicycle aussi bien que par un seul Eccentrique; & derechef que la mesme chose se peut expliquer par un Concentrique avec un double Epicycle, que par un Eccentrique avec un seul Epicycle; toutes ces manieres faisant également voir le corps de la Planete tantost plus éloigné, tantost plus prés, & tantost mediocrement distant.

Mais afin de faire voir un peu plus au long l'Hypothese selon les Theories particulieres des Planetes, & du Firmament, & d'expliquer plus distinctement les Phenomenes que nous avons rapportez, touchons en peu de mots chaque Theorie en particulier.

CHAPITRE IV.

De la Theorie du Soleil.

POur commencer par le Soleil comme le Prince & le Moderateur des autres Lumieres, il faut avoir en veuë la Figure suivante.

Soit premierement A le Centre de la Terre ou du Monde, d'où soit décrit B C D E representant l'Ecliptique dans le Premier Ciel (ou si vous voulez dans le Firmament) sous laquelle, & sous les Signes qui y sont décrits le Soleil se meuve par son mouvement annuel. Soit de plus le Cercle F G H I l'Eccentrique qui se décrit par ce mouvement qui est égal & uniforme; & son centre soit K; que la ligne *Apsidum* conjoigne les centres B D; que l'Eccentricité soit A K; l'Apogée F; le Perigée H; & que la ligne des moyennes Longitudes passe par le Centre du Monde A.

Cela estant, comme le Soleil se meut d'un mouvement uniforme par l'Eccentrique, il est constant que si nostre oeil estoit en K, nous observerions qu'il se mouvroit également sous l'Ecliptique; mais parce qu'il se voit du poinct A, il nous paroit se mouvoir inégalement.

Que le Soleil, par exemple, sorte de l'Apogée F, & parvienne à L;

alors l'œil qui seroit en K le verroit comme occupant dans l'Ecliptique le lieu M; mais à le regarder de la Terre, il luy paroitra comme occupant N. Qu'il sorte du Perigée H, & parvienne à O; de K il seroit veu en P; mais de A il se voit en Q; & ainsi des autres lieux.

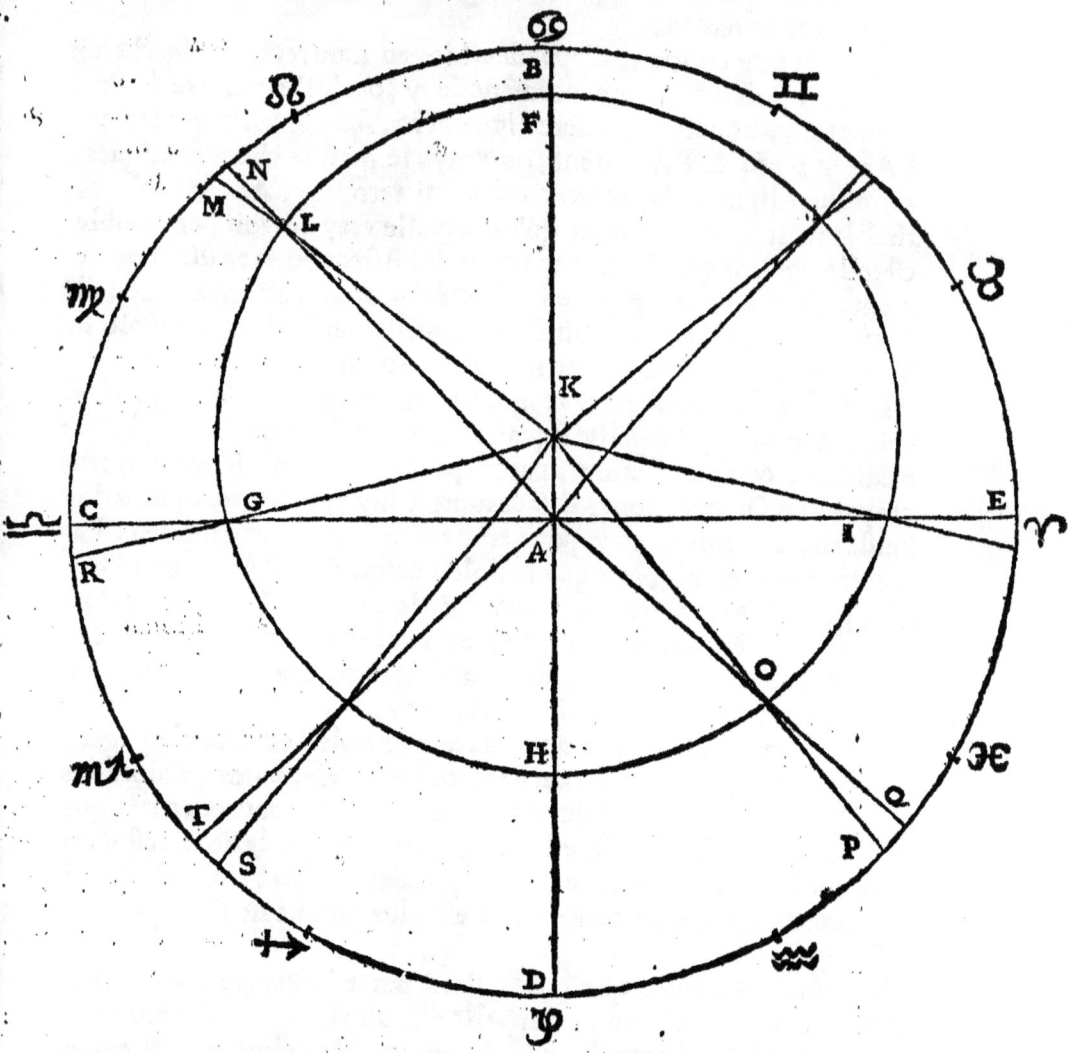

Or la ligne K M & toute autre tirée du Centre K (comme K R, R S

&c.) à l'Ecliptique, s'appelle la ligne du moyen mouvement ; & la ligne A N, & toute autre qui est tirée du centre A (comme A C, A T &c.) à l'Ecliptique, s'appelle la ligne du Mouvement apparent, ou du vray mouvement.

Car on a de coûtume d'appeller Moyen mouvement, le chemin que fait le Soleil du commencement de ♈, ou de l'Equinoxe du Printemps jusques à cette premiere ligne K M, sçavoir celle qui termine l'Arc ♈ B M ; & l'Apparent, ou Vray, le mesme chemin jusques à cette autre ligne A N, sçavoir celle qui termine l'Arc ♈ B N. Veritablement le mouvement qu'on appelle vray devroit, ce semble, estre le mesme que le moyen ; mais les Astronomes en usent autrement, chez eux celuy qui est appellé Apparent, est encore appellé Vray ; d'où vient que le poinct N s'appelle aussi le lieu veritable du Soleil, & le poinct M le lieu moyen du Soleil.

La difference qui est entre le mouvement moyen, & le vray, à sçavoir l'Arc M N, s'appelle Equation, & Prostapherese, qui signifie Addition, & Soustraction ; parce qu'ayant obtenu le mouvement vray par les Observations, il faut tantost luy ajoûter, & tantost luy soustraire cette difference pour trouver le mouvement moyen ; l'ajoûter, par exemple, lors que le Soleil descend de l'Apogée au Perigée, parce que le mouvement vray suit le moyen ; La soustraire lors qu'il monte du Perigée à l'Apogée, parce que le mouvement vray precede le moyen. Le contraire se devant faire lors qu'ayant obtenu le mouvement Moyen, on cherche le Vray.

Cependant il est visible que lors que le Soleil est dans l'Apogée, ou dans le Perigée, il n'y a aucune Prostapherese, parce qu'alors les deux lignes du vray, & du moyen mouvement concourent ; que d'ailleurs la Prostapherese est tres-grande lors que le Soleil est dans l'une ou l'autre des moyennes Longitudes G, ou I ; & qu'elle est toûjours d'autant plus petite qu'il est plus proche de l'Apogée, ou du Perigée.

Je passe sous silence que l'arc qui est entre l'Apogée, & le lieu moyen du Soleil, est ce qu'on appelle d'ordinaire Anomalie moyenne du Soleil (on l'appelle aussi Argument) & celuy qui est entre l'Apogée, & le lieu veritable du Soleil, Anomalie vraye.

Je passe aussi sous silence que l'Apogée du Soleil, qui se trouve

presentement assez proche du commencement du septiéme degré du
♋, avance d'un mouvement tres-lent selon la suite des Signes, à sçavoir chaque année des trois quarts d'une Minute ; & qu'on croit que l'Eccentricité est sujette au changement ; en sorte que se trouvant presentement estre environ la vingt-huitiéme partie du demy-Diametre de l'Eccentrique, on croit qu'elle croist & decroist lentement jusques à un certain poinct.

Remarquez icy que l'Ecliptique contenant 360 degrez, & que le Soleil ne la parcourant entierement qu'en 365 jours, 5 heures, & environ 49 minutes, le Soleil pour cette raison ne fait pas chaque jour un degré entier par le mouvement moyen, mais seulement 59 minutes, & 8 secondes, ne faisant d'ailleurs par le mouvement Apparent ou Vray, que 57 minutes dans l'Apogée, & dans le Perigée un degré avec une minute, & quelques secondes.

CHAPITRE V.

De la Theorie de la Lune.

APres la Theorie du Soleil, il nous faut parler de celle de la Lune, dans laquelle, comme dans les autres Planetes qui restent, il faut prendre garde non seulement au mouvement de Longitude, mais aussi à celuy de Latitude.

Pour parler du premier, & ne nous arrester pas à ces Orbes épais, soit dans la Figure suivante A le Centre du Monde ; B C D E l'Ecliptique ; F le centre de l'Eccentrique (qui soit mobile alentour du centre de la Terre) G N M O l'Eccentrique ; A F l'Eccentricité ; F L l'Eccentricité double ; G l'Apogée de l'Eccentrique, M le Perigée ; G M *linea Apsidum* ; C E ou N O la ligne des Longitudes moyennes ; P Q R S l'Epicycle de la Lune, dont G est le centre ; Q ou R la Lune dans la superficie de l'Epicycle.

Il faut icy avoir en veuë trois mouvemens differens. Premierement celuy de l'Apogée contre la suite des Signes (c'est à dire de G en T V &c) regulierement sur le centre du Monde, chaque jour de 11 degrez & 12 minutes, en sorte que sa periode soit achevée en 27 jours, 3 heures, & environ 5 minutes.

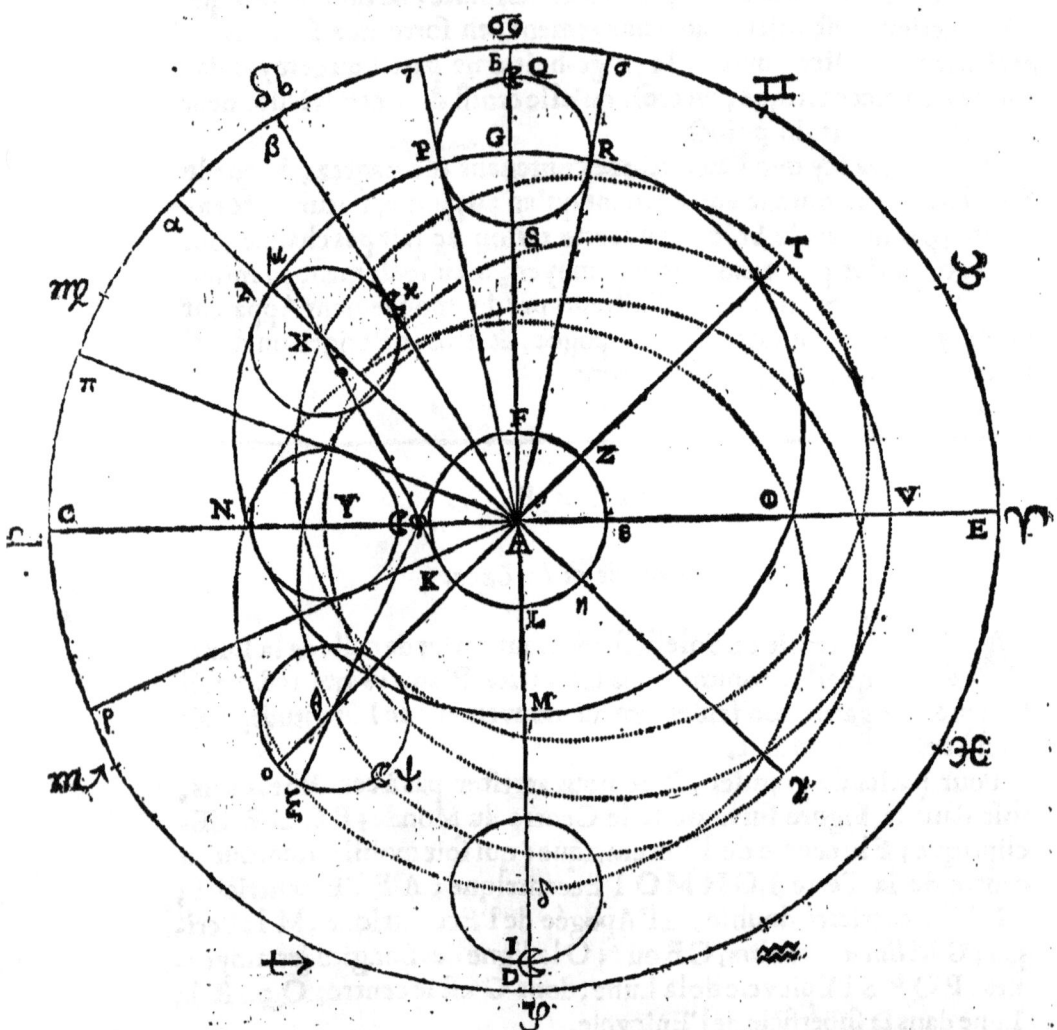

Secondement celuy du Centre de l'Epicycle selon la suite des Signes (c'est à dire de G en X Y &c) regulierement aussi alentour du Centre du Monde, chaque jour de 13 degrez, 11 minutes; en sorte que

que sa periode soit achevée en 27 jours, 7 heures, & 43 minutes, qui est proprement ce que nous avons appellé cy-devant le Mois Periodique.

Troisiémement celuy de la Lune dans l'Epicycle, en dessus contre la suite des Signes, c'est à dire de P en R par Q, & en dessous suivant les Signes, c'est à dire de R en P par S regulierement alentour du poinct L qui est opposé au centre de l'Eccentrique, chaque jour 13 degrez, & presque 4 minutes; en sorte que sa periode s'acheve en 27 jours, 13 heures, & presque 9 minutes.

Le centre de l'Epicycle estant en G l'Apogée de l'Eccentrique lors que l'un & l'autre sont, par exemple, sous le commencement du ♋, dans lequel on suppose aussi que soit le Soleil; parce que la ligne du moyen mouvement de la Lune est celle qui est tirée du centre du Monde par le centre de l'Epicycle; cela fait que la ligne du mouvement de l'Apogée, & celle du mouvement moyen, & mesme celle du mouvement veritable si la Lune est en Q (puisque la ligne du mouvement vray est celle qui est tirée du centre du Monde, & qui passe par le Corps de la Lune) & enfin celle du mouvement moyen du Soleil, comme estant en B; cela fait, dis-je, que toutes ces lignes conviennent en une mesme ligne. Or je suppose que le lieu du mouvement moyen, & du mouvement vray de la Lune se suppute comme dans le Soleil du commencement de ♈.

Que l'Apogée parvienne de G en T Z estant devenu le centre de l'Eccentrique, le centre de l'Epicycle sera parvenu en X, & ainsi A T sera la ligne de l'Apogée; A α la ligne du moyen mouvement, A β la ligne du vray mouvement, & la ligne du moyen mouvement du Soleil A B sera justement au milieu entre les lignes de l'Apogée, & du moyen mouvement de la Lune; parce qu'encore que l'Apogée aille chaque jour environ deux degrez plus lentement que le centre de l'Epicycle, neanmoins comme le Soleil parcourt chaque jour suivant les Signes environ un degré, il oste ce degré au centre de l'Epicycle, & le joint au mouvement de l'Apogée.

Remarquez que ce degré que le Soleil fait chaque jour en suivant la Lune, est la cause pourquoy la Lune retournant au mesme poinct de sa periode, ne retrouve plus là le Soleil, mais doit encore marcher deux jours pour l'atteindre, & pour se joindre derechef avec luy, ce

K.

qui fait que le Mois Periode eſtant de 27 jours, & preſque un tiers, le Synodique ſe fait de 29 & demy, & trois quarts d'heure ou environ, comme il a eſté déja remarqué cy-devant.

Que l'Apogée parvienne auſſi en ſuite en V, en ♈, en ♉, le centre de l'Eccentrique eſtant devenu en L, le centre de l'Epicycle ſera parvenu en Y, θ, ♌, & la Lune parvenant à *t* aura fait tout le tour de l'Epicycle, & la ligne du moyen mouvement du Soleil A B aura toûjours marché au milieu &c.

Or ce que je dis de la moitié de cette Figure, ſe doit entendre à proportion de l'autre, encore qu'il n'y ait pas des Epicycles tirez, ni des lignes, ni de ces cercles cachez qui marquent les diverſes ſituations de l'Eccentrique, de crainte que cela ne fiſt de l'embaras & de la confuſion.

On peut cependant comprendre de là, que le centre de l'Epicycle occupe toûjours l'Apogée de l'Eccentrique en toute Conjonction, & Oppoſition moyenne avec le Soleil, le Perigée dans les Quadratures, & les autres lieux à proportion, en ſorte qu'il parcourt deux fois le mois tout l'Eccentrique.

L'Epicycle derechef eſtant en X, *elongatio*, ou l'éloignement qu'il y a de la Lune au Soleil eſt G X; & le double de cet éloignement, ou la diſtance de la Lune à l'Apogée eſt T X, laquelle eſt dite dans le Soleil Anomalie, ou Argument, & icy le Centre de la Lune.

On appelle icy Argument la diſtance qu'il y a du Corps de la Lune, lors qu'elle eſt, par exemple, en *x*, à l'Apogée de l'Epicycle, ou vray qui eſt icy λ, ou moyen qui eſt icy μ (& le dernier eſt deſigné par la ligne tirée du point K qui eſt oppoſé au centre de l'Eccentrique) d'où vient que le premier s'appelle Argument vray, & le dernier Argument moyen.

Or comme on appelle λ μ Proſtaphereſe ou Equation du centre, on appelle auſſi *á β* Equation de l'Argument; & comme la premiere eſt ajoûtée à l'Argument moyen afin d'avoir le vray, ſi le centre de la Lune eſt moindre de ſix Signes, & ſouſtraite s'il eſt plus grand, ainſi au contraire la derniere eſt ſouſtraite s'il eſt moindre, & ajoûtée s'il eſt plus grand.

Pour ne dire pas que la premiere eſt nulle ſi le centre de l'Epicycle eſt dans l'Apogée, ou dans le Perigée de l'Eccentrique; la derniere nulle si la Lune est dans l'Apogée, ou dans le Perigée de l'Epicycle; derechef que la premiere est tres-grande un peu au dessous des moyennes Longitudes, comme ♌ •, l'Epicycle estant en ♋; la derniere tres-grande lors que le centre de l'Epicycle est dans le Perigée de l'Eccentrique, & la Lune dans le contact de la circonference de l'Epicycle, & de la ligne tirée du centre du Monde, comme C ♈, l'Épicycle estant en ♈.

Je passe sous silence que le Diametre de l'Epicycle lors qu'il est dans le Perigée de l'Eccentrique paroit plus grand que dans l'Apogée, comme il est facile de voir par la difference qu'il y a entre l'Arc du Zodiaque ♈ ♈ qu'il occupe dans le Perigée, & l'Arc ♉ ♈ qu'il occupe dans l'Apogée, & ainsi à proportion dans les autres lieux qui sont entre-d'eux ; & c'est pourquoy on a de coûtume de distribuer toute la diversité en 60. particules qu'on appelle Scrupules, ou Minutes proportionelles, afin qu'à proportion de la diversité on ajoûte ce qui est convenable pour l'Équation de l'Argument.

Je passe enfin sous silence que lors que le corps de la Lune est parvenu en ↓ descendant de Q par × ⊕ ↓, on entend qu'il a décrit une espece d'Ellipse ; & il en est de mesme à l'égard de l'autre moitié. Voila les principaux chefs qui regardent le mouvement de la Longitude.

Pour ce qui est du mouvement de la Latitude, il faut remarquer que de mesme que le chemin du Soleil ou l'Ecliptique, coupe obliquement l'Equateur dans les deux poincts Equinoxiaux opposez, ainsi l'Orbite de la Lune ou l'Eccentrique qui a esté décrit, le coupe en deux poincts opposez qu'on appelle les Neuds, l'un Ascendant, à sçavoir celuy qui est au passage du Midy au Septentrion, l'autre Descendant, qui est au passage du Septentrion au Midy.

C'est ce que la Lune a de commun avec toutes les Planetes, mais elle a cela de particulier que le Neud Ascendant se peint de cette maniere ☊, & le Descendant de celle-cy ☋; le premier est appellé la teste, & le second, la queuë du Dragon, peut-estre parce que comme un Dragon ou un Serpent va en appetissant vers la teste, & vers la queuë, & grossit vers le ventre, ainsi l'espace qui est compris dans la moitié de l'Orbite de la Lune, & de l'Ecliptique, va en appetissant aux Neuds, & grossissant au milieu où est le terme

76   DES CHOSES

de la plus grande digreſſion, comme il eſt aiſé de comprendre par cette Figure.

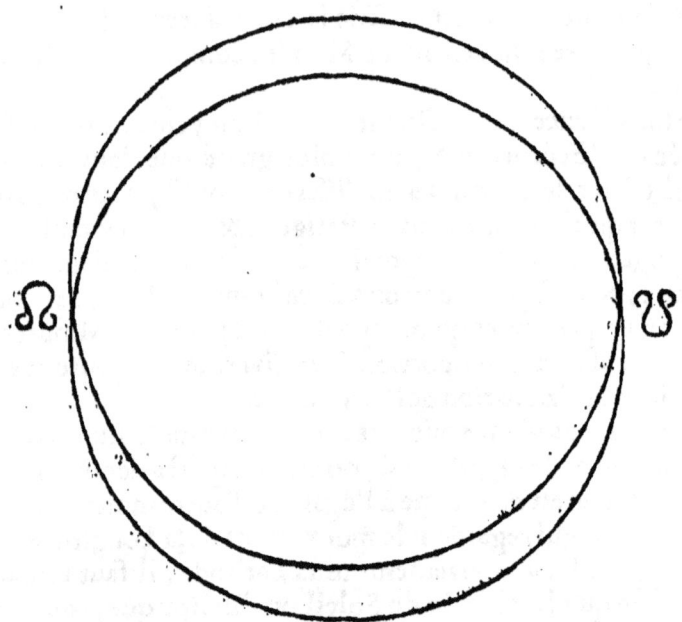

Il faut ſeulement icy remarquer deux choſes; la premiere que la Lune s'éloignant d'un Neud acquiert peu à peu de la Latitude, juſques à ce qu'elle parvienne au terme Septentrional, ou au Meridional, mais que cette Latitude ou éloignement n'eſt jamais que de 5 degrez.

La ſeconde, que les Neuds ne ſont pas fixes en de certains poincts de l'Ecliptique, mais qu'ils s'avancent peu à peu contre la ſuite des Signes, & chaque jour un peu plus de trois minutes, en ſorte qu'ils achevent leur circuit en 19 ans, ou environ; ce qui fait ce que nous avons appellé Cycle Lunaire, Nombre d'Or, & Periode de Meton. C'eſt à cauſe de cela qu'on s'imagine d'ordinaire un Orbe, ou un Cercle Concentrique au Monde, qu'on appelle le Deferent des Neuds.

CELESTES. 77
CHAPITRE VI.
De la Theorie des trois Planetes Superieures, à sçavoir Saturne, Jupiter, & Mars.

Les mouvemens de ces trois Planetes n'estant point differens quant à la forme, mais seulement quant à la quantité, cette Figure suffira generalement pour tous.

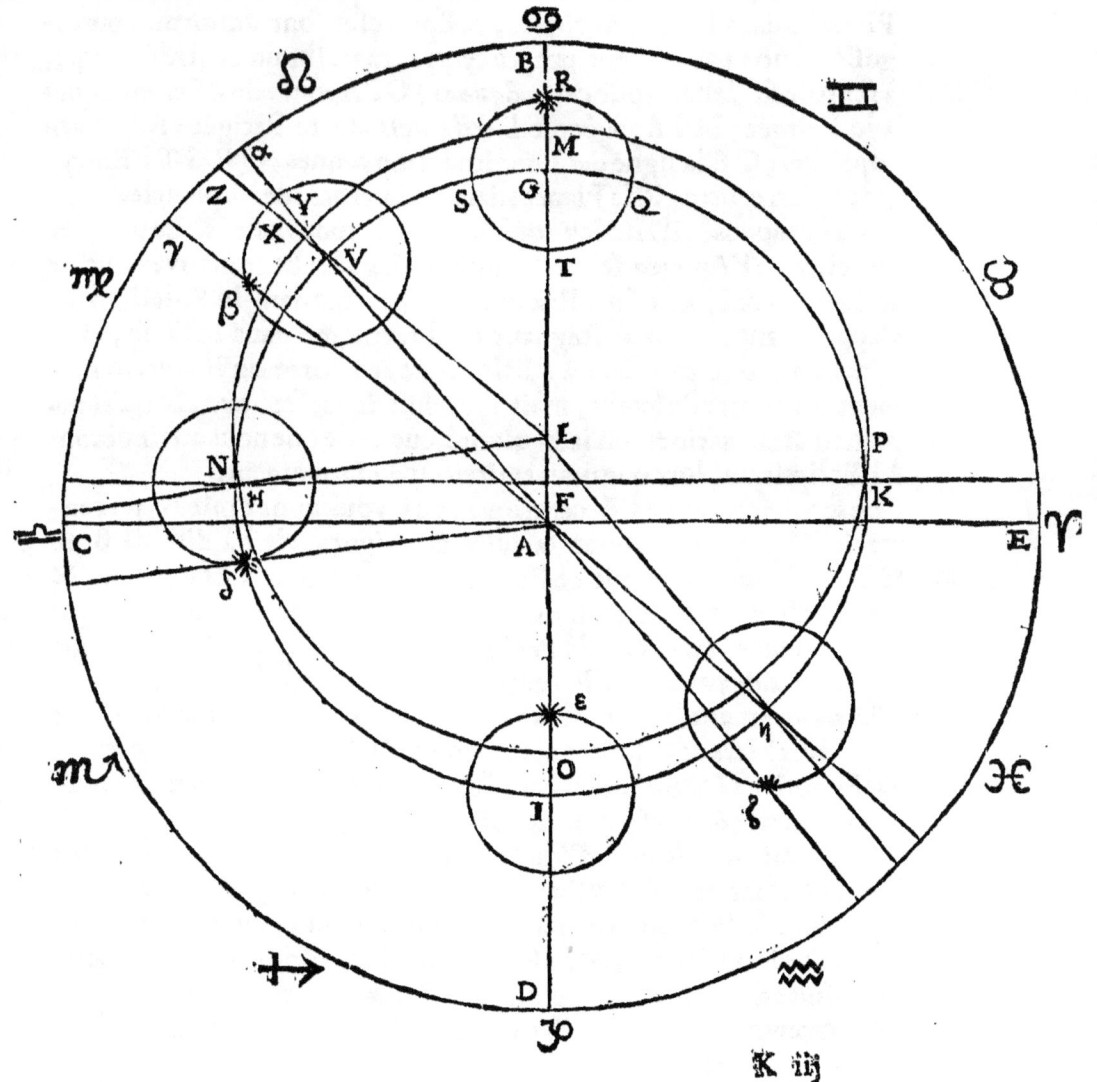

K iij

Soit A le Centre du Monde ; B C D E l'Ecliptique ; F le centre de l'Eccentrique ; G H I K l'Eccentrique ; L le centre du Cercle appellé *Æquans*, autant distant du centre de l'Eccentrique que le centre de l'Eccentrique est distant de celuy du Monde ; M N O P l'*Æquans* égal à l'Eccentrique, & en mesme plan avec luy. (Or on introduit cet *Æquans*, ou Orbe, ou Cercle, parce que les mouvemens de ces Planetes dans les Eccentriques, & Epicycles sont uniformes ou reguliers, non pas sur leur propre centre, mais sur un centre étranger, à sçavoir sur le centre de cet *Æquans*) G l'Apogée de l'Eccentrique ; I le Perigée ; M l'Apogée de l'*Æquans*, O le Perigée ; B D *linea Apsidum* ; C E la ligne des Longitudes moyennes ; Q R S T l'Epicycle ; G son centre ; R la Planete dans la superficie de l'Epicycle.

Cela supposé, il faut icy considerer trois mouvemens. Le premier est celuy de l'Apogée selon la suite des Signes : Et ce mouvement ne se fait pas toûjours sous l'Ecliptique, comme dans le Soleil, ni en s'approchant, ou en s'éloignant d'elle, comme dans la Lune, mais selon un cercle parallele à l'Ecliptique ; en sorte qu'il a veritablement un centre different, mais toutefois le mesme axe, & qu'il n'a point d'autre periode, ou irregularité, que celle que nous attribuërons à l'Ecliptique, lors que nous traiterons du Firmament.

Le second, celuy de l'Eccentrique, ou si vous aimez mieux, du centre de l'Epicycle G, selon la suite des Signes, c'est à dire de B en C D E. Celuy-cy se fait obliquement à l'égard de l'Ecliptique, & du Cercle du mouvement de l'Apogée, & coupe leur axe non pas dans le centre, mais vers le Perigée de l'Eccentrique ; d'où vient que la plus grande partie de l'Eccentrique demeure vers l'Apogée.

Le mouvement Diurne dans Saturne est de 2 minutes ; dans Jupiter de 5 ; dans Mars de 31 ½, & tout le Cercle s'acheve dans Saturne en 29 ans Egyptiens & 169 jours ; dans Jupiter en 11 ans Egyptiens & environ 316 jours ; dans Mars en un an & environ 322 jours.

Le troisiéme, celuy de l'Epicycle, ou si vous voulez, de la Planete dans la surface de l'Epicycle : Ce mouvement à l'égard de la partie superieure se fait (au rebours de la Lune) selon la suite des Signes, par exemple de Q en R, & de R en S ; & à l'égard de l'inferieure, contre la suite des Signes, sçavoir de S en T, & de T en Q.

Ce mouvement est dans Saturne chaque jour de 57 minutes ; dans

Jupiter de 5 4; dans Mars de 28 ou environ. Sa periode s'acheve dans Saturne en un an & 13 ¼ jours; dans Jupiter en 1 an & presque 34 jours; dans Mars en 2 ans & presque 60 jours.

Soit le centre de l'Epicycle en V; l'Apogée moyen de l'Epicycle X, lequel est designé par la ligne tirée du centre du Monde; la ligne du moyen mouvement sera alors L Z; la ligne du veritable A α, & l'arc ɤ B Z le moyen mouvement; l'arc ɤ B α le veritable. Et la ligne du veritable lieu de la Planete lors qu'elle est en β estant A ɣ, cela fait que le veritable mouvement de la Planete sera ɤ B ɣ.

Or comme la distance de l'Apogée de l'Eccentrique s'appelle aussi d'ordinaire en cet endroit non point tant Anomalie, ou Argument, que Centre de l'Epicycle ou moyen, comme B Z, ou vray, comme B α, l'on appelle aussi specialement Argument la distance qu'il y a de la Planete à l'Apogée de l'Epicycle, cet Argument estant dit Moyen à l'égard du Moyen Apogée, tel qu'est l'arc X β, ou vray à l'égard du vray, tel qu'est l'arc Y β.

Pour ne dire point que la Prostapherese ou l'Equation du centre, à sçavoir l'arc α ɣ; & les Minutes proportionelles deuës à la diversité apparente du Diametre de l'Epicycle; le temps auquel les Equations sont ou nulles, ou tres-grandes, & celuy auquel elles doivent estre ajoûtées, ou soustraites, &c. se prennent icy tout de mesme que dans la Lune, comme il est aisé de voir par la Figure.

Il ne faut toutefois pas s'imaginer que lors que l'Epicycle, ou son Centre est parvenu de G à V, la Planete soit seulement avancée par la superficie de l'Epicycle de R, ou Y en β; & en δ lors qu'il est parvenu à H; & en ε lors qu'il est parvenu à I; car avant que l'Epicycle, par exemple celuy de Saturne, soit parvenu de G à I, la Planete parcourt tout l'Epicycle pres de quinze fois. C'est pourquoy la Planete n'est décrite dans tous ces lieux, & dans le suivant, qu'afin qu'on entende les choses que nous venons de dire, & afin qu'on voye comment l'Epicycle estant parvenu à I, la Planete peut estre dans le Perigée de l'Eccentrique, & de l'Epicycle conjointement.

Cependant ce qui est icy d'admirable, c'est cet accord mutuel de la revolution de l'Epicycle de chaque Planete avec le Soleil; cette revolution s'achevant precisement en autant de temps qu'il y a d'une Conjonction, ou d'une Opposition moyenne avec le Soleil à une autre ; en sorte que dans toute Conjonction moyenne la Planete est dans l'Apogée moyen de l'Epicycle ; & dans toute Opposition, dans le Perigée ; la Planete estant ainsi toûjours autant distante de l'Apogée moyen de l'Epicycle, que la ligne du lieu moyen du Soleil l'est de la ligne du mouvement moyen de la Planete ; si bien qu'en ostant le moyen mouvement de la Planete du moyen mouvement du Soleil, l'Argument moyen de la Planete demeure.

D'où l'on peut entendre qu'autant que le centre de l'Epicycle parcourt plus lentement l'Eccentrique, comme dans Saturne, autant l'Epicycle ou la Planete dans l'Epicycle tourne plus viste ; car le Soleil atteint la Planete plûtost. L'on peut aussi entendre que le moyen mouvement de la Planete joint à son mouvement dans l'Epicycle, se rend égal au mouvement moyen du Soleil.

Pour ce qui regarde la Latitude, elle depend veritablement de l'obliquité de l'Orbite ou de l'Eccentrique de la Planete à l'égard de l'Ecliptique ; mais il arrive neanmoins qu'elle s'augmente, ou diminuë à cause de l'Inclination, & de l'Obliquation de l'Epicycle laquelle n'est pas fixe, mais changeante, & balançante.

Or la Latitude peut à peine parvenir dans Saturne à 2 degrez, & 50 minutes ; dans Jupiter à 1 degré, & 50 minutes aussi ; & enfin dans Mars à 7 degrez.

CHAPITRE VII.

De la Theorie des deux Planetes Inferieures, à sçavoir Venus, & Mercure.

NOus considerons aussi ces Planetes conjointement à cause qu'elles ont une forme de mouvement commune, & qui les distingue des autres.

Elles conviennent avec les trois autres en ce qu'elles ont aussi un Eccentrique, & un Epicycle, mais la ligne de leur mouvement moyen ne se depart jamais de la ligne du mouvement moyen du Soleil ; & elle est tellement une & la mesme avec elle, que les centres des Epicycles sont comme attachez à la ligne du mouvement moyen du Soleil ;

si bien

CELESTES. 81

si bien que ces Planetes ne peuvent pas s'éloigner plus loin du Soleil
que leurs Epicycles ne le permettent, au contraire des Superieures
qui à cause des diverses lignes du mouvement moyen, s'éloignent
du Soleil jusques à ce qu'elles soient en Opposition avec le Soleil.

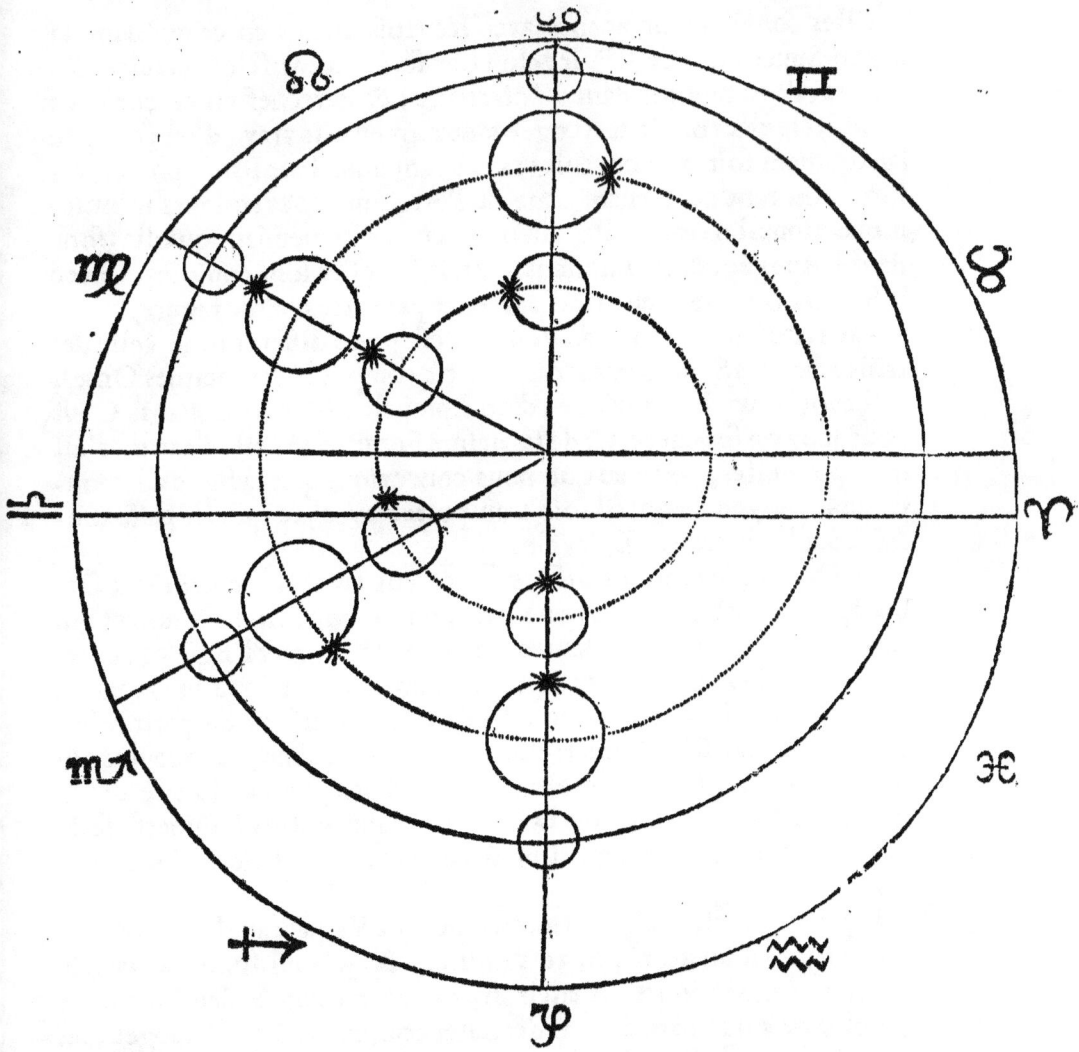

Cecy cependant nous fait voir qu'elles n'ont pas un autre mouvement moyen de Longitude que le Soleil, & qu'à raison de ce mouvement elles sont toûjours conjointes avec le Soleil ; en sorte que l'une & l'autre parcourent leur Eccentrique en autant de temps, à sçavoir en un an. Tout cecy se peut entendre par la seule inspection de la Figure precedente.

Elles conviennent encore avec les trois autres en ce que dans la partie Superieure de l'Epicycle elles se meuvent selon la suite des Signes, & au rebours dans l'Inferieure ; & derechef en ce que dans l'Epicycle elles ont leur Apogée tant moyen que vray, d'où se conte l'Argument soit moyen, soit vray, ayant aussi leur Prostapherese ou Equation tant du Centre, que de l'Argument, avec leurs minutes proportionelles ; mais elles different en ce que pendant qu'elles sont dans l'Apogée, & mesme dans le Perigée, elles sont conjointes avec le Soleil, comme il est aisé d'entendre par cette mesme Figure.

Au reste, la Theorie de Venus n'est point differente de celle des trois Planetes Superieures ; car elle est composée des mesmes Orbes, à sçavoir d'un Eccentrique, d'un Epicycle, & d'un Equans. C'est pourquoy on se peut servir de la mesme Figure que celle dont on s'est servi pour elles, pourveu que nous concevions que la ligne du mouvement moyen du Soleil soit transportée avec, & qu'elle passe toûjours par le centre de l'Epicycle.

La Theorie de Mercure differe seulement en ce qu'entre deux Orbes épais, ou Eccentriques en partie, on en conçoit deux autres qui sont aussi inégaux, & qu'entre ces deux-là on met l'Equans, entre ces deux-ci le Deferent de l'Epicycle, ou l'Eccentrique proprement appellé, dont le centre soit mobile dans la superficie du petit cercle qui atteint par son Diametre le centre de l'Equans, & le centre du Monde, & c'est de la mesme maniere, ou à peu pres qu'il a esté dit du centre de l'Eccentrique de la Lune qui tourne dans la superficie du petit cercle ; d'où vient qu'il n'est pas encore icy besoin d'une nouvelle Figure.

Je passe sous silence que le mouvement de Venus dans l'Epicycle est chaque jour d'un degré, & 36 minutes, & qu'ainsi toute sa periode s'acheve en 225 jours ou environ, ou en 7 mois & demi ; encore qu'elle ne nous paroisse pas derechef conjointe dans l'Apogée, ou derechef dans le Perigée, sinon apres 19 mois, à cause que le Soleil a cependant avancé.

Je passe de mesme sous silence que le mouvement de Mercure dans l'Epicycle est chaque jour de 4 degrez, & 5 minutes & ⅓, & que sa periode s'acheve en 88 jours ou environ, c'est à dire en 3 mois ou approchant ; encore qu'il ne retourne qu'apres 4 mois ou environ d'une Conjonction avec le Soleil à une autre, soit dans l'Apogée, soit dans le Perigée.

Quant au mouvement de Latitude, il vient aussi en partie de l'Obliquité de l'Eccentrique, & en partie de l'Inclination de l'Epicycle, se faisant une telle temperature de l'une & de l'autre, que dans Venus la Latitude est plus grande vers le Septentrion, dans Mercure plus grande vers le Midy, & que dans Venus la Latitude parvient quelquefois à 9 degrez, au lieu que dans Mercure elle ne va que jusques à 5.

CHAPITRE VIII.

De la Theorie du Firmament, & de l'vn & de l'autre Cryftallin.

TAnt qu'on n'a point observé d'autre mouvement dans les Etoiles fixes que le Diurne, le Firmament auquel elles sont adherentes a passé pour le dernier Ciel, ou Premier-Mobile, comme du temps d'Aristote, & quelques Siecles apres jusques à Hipparque, & Ptolomée. Mais depuis qu'on s'est apperceu qu'elles avancent aussi selon la suite des Signes, on a alors commencé d'ajoûter un neuviéme Ciel qu'on a fait Premier-Mobile, & auquel on a attribué le mouvement Diurne, le Firmament ne passant plus que pour Second-Mobile, auquel on a attribué ce mouvement qui est selon la suite des Signes ; & cela a esté inventé de la sorte, parce qu'on a crû qu'un mesme Mobile n'estoit pas capable de deux mouvemens par soy, comme nous avons dit plus haut.

Or parce qu'on a remarqué que ce mouvement n'estoit pas uniforme, & qu'il y en a mesme quelques-uns qui veulent qu'il soit quelquefois retrograde, à cause qu'on a d'ailleurs observé que l'Ecliptique conjointement avec les Étoiles fixes change tellement de situation, que son Obliquité, & par consequent la plus grande Declinaison du Soleil, se faisoit tantost plus grande, & tantost plus petite (car celle qui du temps de Ptolomée, ou un peu auparavant, a esté la plus grande, à sçavoir de 23 degrez & 52 minutes, a depuis decru de telle maniere que le Siecle passé qu'on l'a creuë tres-petite, elle vint à estre de 23 degrez, & 28 minutes) pour cette raison on a commencé d'ajoûter un dixiéme Ciel qu'on a fait Premier-Mobile, retenir le neuviéme Ciel que plusieurs ont appellé Crystalin, auquel on rapportast ce mouvement en long, ou selon la suite des Signes, & attribuer au Firmament ce mouvement que les Sectateurs d'Alphonse entre-autres ont appellé mouvement d'Approche, & d'Eloignement, & Mouvement de Trepidation.

Car ayant donné au Premier-Mobile, & à la neuviéme Sphere une Ecliptique immobile, ils ont fait l'Ecliptique du Firmament variable, ou deboitée de telle maniere dans la superficie de deux petis cercles décrits alentour des poincts Equinoxiaux, qu'il se formoit de là cette double Irregularité. Il est difficile de bien faire voir la chose, mais pour ne vous jetter point dans un grand embaras, & principalement à l'égard d'une chose qui n'est peut-estre pas trop seure, tâchons seulement de la concevoir par de petis cercles qui seront transportez pour plus grande facilité alentour des poincts Solstitiaux.

Soit dans la Figure suivante A B C D le Colure des Solstices dans la neuviéme Sphere; A, & C les commencemens de ♋, & du ♑ dans la mesme Sphere; E F G H, & I K L M les petits cercles décrits alentour d'eux; E, & I les commencemens de ♋ & du ♑ dans la huitiéme Sphere, lors que l'Ecliptique de l'une & de l'autre Sphere conviennent ensemble, & que l'obliquité est la plus petite. Concevez que le poinct E avance vers F au Septentrion, & le poinct I vers M au Midy, alors l'obliquité croitra jusques à ce qu'elle soit tres-grande à F & à M; & que l'Ecliptique de la huitiéme Sphere ayant avancé vers l'Orient devienne F M. Concevez que ces mesmes poincts avancent de F en G, de M en L, alors l'obliquité decroitra, iusques à ce qu'elle soit tres-petite, & que l'Ecliptique de la huitiéme Sphere ayant encore plus avancé vers l'Orient, convienne & tombe avec l'Ecliptique de la neuviéme. Concevez qu'ils avancent de G en H, de L en K, alors l'obliquité croitra derechef iusques à ce qu'elle devienne tres-grande en H, & en K, & que l'Ecliptique de la huitiéme Sphere ayant retourné vers le Couchant, devienne H K. Concevez enfin qu'ils avancent de H en E, & de K en I, l'obliquité décroîtra derechef iusques à ce qu'elle devienne tres-petite, & que l'Ecliptique de la huitiéme Sphere ayant encore retourné d'avantage vers l'Occident, convienne derechef avec l'Ecliptique de la neuviéme.

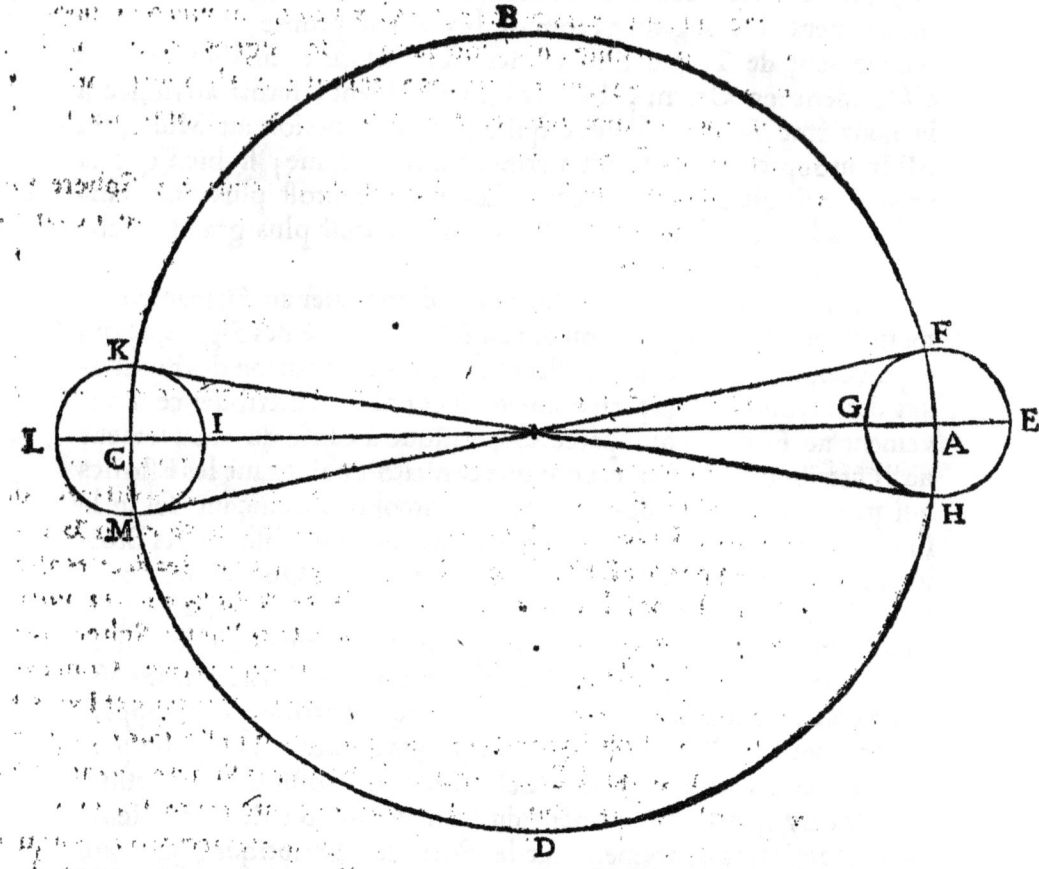

Or tout cecy se fait de maniere que la neuviéme Sphere mouvant l'Ecliptique de la huitiéme continûment & uniformément vers l'Orient, l'Ecliptique de la huitiéme rende par le moyen de de sa dislocation ce mouvement irregulier, & le fasse plus rapide

L iij

lors que l'un & l'autre mouvement conspire vers l'Orient; ces points susdits avançant par les moitiez de ces petits Cercles E F G, & I M L, & plus lent lors que l'un des deux mouvemens est vers l'Occident; ces mesmes points avançant par les moitiez opposées G H E, & L K I.

Enfin on trouva à propos de faire deux Cieux de ce neuviéme, renvoyer le Premier Mobile à l'onziéme lieu, restituer au Firmament le mouvement de Longitude, comme luy estant propre, & diviser le mouvement de Trepidation en deux Librations dont l'une qui est d'Occident en Orient, d'Orient en Occident, seroit attribuée à la neuviéme Sphere; l'autre qui est du Septentrion au Midy, du Midy au Septentrion, seroit attribuée à la dixiéme; si bien que la premiere feroit ce mouvement de Longitude tantost plus viste, tantost plus lent; & la derniere l'Obliquité tantost plus grande, tantost plus petite.

Ainsi on a presentement de coûtume d'attribuer au Firmament ce mouvement de Longitude, ou qui est selon la suite des Signes, & qui depuis Copernique est appellé Precession, ou Anticipation des Equinoxes, & on a, dis-je, déja presentement de coûtume d'attribuer ce mouvement au Firmament; parce Copernique à cause du mouvement qu'il attribuoit à la Terre, a cru que ce n'estoit point tant les Estoiles qui passoient au delà des Equinoxes immobiles avançant selon la suite des Signes, que les Equinoxes mesmes qui laissoient les Etoiles immobiles avançant contre la suite des Signes. On a aussi de coûtume d'attribuer à la neuviéme Sphere cette Libration qui est appellée Anomalie de la Precession des Equinoxes, à cause qu'elle fait le mouvement inegal de la Precession des Equinoxes. On a enfin de coûtume d'attribuer à la dixiéme Sphere cette Libration qui est appellée Anomalie de l'Obliquité de l'Ecliptique, à cause qu'elle ne permet pas que l'Obliquité de l'Ecliptique soit toûjours la mesme.

Il est vray que le mouvement du Firmament, ou de la huitiéme Sphere se fait tres-lentement sur les Poles de l'Ecliptique, puis que selon Ptolomée il n'acheve un circuit qu'en 36 mille ans, comme ne faisant qu'un degré en 100 ans; quoy que la suite des temps nous ait appris qu'il se fait plûtost en 25 mille, comme faisant un degré en 70 ans, & que d'ailleurs les Sectateurs d'Alphonse pretendent qu'il ne fait un circuit qu'en 1000 Jubilez, ou 49 mille ans.

Pour ce qui est du mouvement de la neuviéme Sphere, il se fait veritablement sur les mesmes Poles, mais ce n'est qu'un leger balancement, & non pas un circuit : Car apres que la Sphere est avancée vers l'Orient de deux degrez & un tiers, c'est à dire d'un degré & 10 minutes en deça, & d'un degré & 10 minutes au delà des poincts des Equinoxes, le retour se fait vers l'Occident, & tres-lentement, puis qu'une Libration ne s'acheve dans l'aller & dans le venir qu'en 1700 ans.

Enfin le mouvement de la dixiéme Sphere qui a comme pour Poles les poincts Equinoctiaux, se fait suivant le Colure des Solstices par une Libration qui est encore plus petite, & deux fois plus lente ; elle est plus petite en ce qu'elle se fait dans l'estenduë de 24 minutes seulement, dont il y en a 12 en deça, & 12 en delà des poincts Solstitiaux qu'on tient pour fixes dans le Premier-Mobile ; & elle est deux fois plus lente, en ce qu'une Libration ne s'acheve qu'en 3000 & 400 ans.

Pour ce qui est des petits Cercles, il est vray qu'on les décrit aussi en cet endroit pour expliquer comment les Librations paroissent plus vistes sur le milieu, & plus lentes sur le commencement & sur la fin ; mais cecy sent trop la Fiction pour nous y arrester d'avantage, comme l'on pourra en suite remarquer lors que nous ferons voir de quelle maniere Copernique a expliqué la chose.

CHAPITRE IX.

Pourquoy les Planetes paroissent tantost plus grandes, & tantost plus petites.

CE n'est pas merveille que les Planetes paroissent quelques-fois plus, & quelques-fois moins grandes ; puis qu'estant beaucoup plus esloignées de la Terre dans leurs Apogées que dans leurs Perigées, il faut de necessité qu'elles soient veuës sous un Diametre plus petit dans l'Apogée, & sous un plus grand dans le Perigée.

La chose est aisée à observer, & fort manifeste dans les Planetes superieures; car toutes les fois qu'elles sont opposées au Soleil, elles paroissent tres-grandes, parce qu'elles sont dans les Perigées des Epicycles; pour ne dire point qu'elles paroissent encore d'autant plus grandes plus l'Epicycle approche du Perigée de l'Eccentrique. Mars entre autres devient tellement grand dans l'Opposition, ou lors qu'il est Acronique, & principalement lors que l'un & l'autre Perigée conviennent, qu'il égale en grandeur Jupiter & Venus; au lieu que dans un autre temps il est à peine aussi grand que les Etoiles de la seconde grandeur.

Elle est encore aisée dans les deux inferieures, à sçavoir Venus, & Mercure, & principalement dans Venus; car quand elle est vers le Perigée on la voit quelquesfois en plein jour, & quelquesfois mesme en plein midy. Or on comprendra aisement de ce que nous dirons en parlant de ses Cornes pourquoy on ne la voit pas ainsi lors qu'elle est vers l'Apogée, quoy que pendant la nuit elle ne paroisse pas estre moindre.

Elle est un peu plus difficile dans la Lune; on a toutefois observé que lorsqu'elle est dans le Perigée soit de l'Eccentrique, soit de l'Epicycle, son Diametre est de 31 minutes, & six secondes, & que lors qu'elle est dans l'Apogée, il n'est que de 26 minutes, & 36 secondes, quoy que les autres ne le fassent pas si petit.

Elle est tres-difficile dans le Soleil; on a toutefois aussi observé que lors qu'il est dans le Perigée son Diametre est aussi grand que celuy de la Lune, à sçavoir de 31 minutes, & 61 secondes; & que lors qu'il est dans l'Apogée il est de 30 minutes, & 12 secondes, en sorte qu'il n'y a pas une minute entiere de difference.

CHAPITRE X.

Pourquoy elles paroissent tantost plus vistes, & tantost plus lentes.

CE n'est pas aussi merveille que les Planetes paroissent aller tantost plus viste, & tantost plus lentement; car encore qu'elles se meuvent d'un mouvement uniforme dans leurs Eccentriques & Epicycles, ce que nous verrions clairement si nous estions dans le centre de leur

leur mouvement; neanmoins parce que nous les regardons d'un autre centre il faut de necessité que leur mouvement nous paroisse inégal.

De là vient que le Soleil, par exemple, comme la ligne des moyennes Longitudes qui nous coupe l'Ecliptique en deux parties égales, divise de telle maniere l'Eccentrique que la portion qui est vers l'Apogée est plus grande que celle qui est vers le Perigée; de là vient, dis-je, que le Soleil nous doit paroitre employer plus de temps à parcourir une moitié des Signes que l'autre, & aller par consequent plus lentement dans un temps que dans un autre, & ainsi se mouvoir inégalement, à sçavoir tres-lentement dans l'Apogée, & tres-viste dans le Perigée.

Et parce que l'Apogée du Soleil est en ce temps-là, comme nous avons dit plus haut, sous le commencement du septiéme degré de l'Ecrevisse, & le Perigée par consequent sous le commencement du septiéme degré du Capricorne; il est aisé de voir de là pourquoy cette portion de l'année qui est de l'Equinoxe du Printemps à celuy de l'Automne en passant par l'Esté, est de 9 jours plus longue que celle qui est de l'Equinoxe de l'Automne à celuy du Printemps en passant par l'Hyver; puisque la portion de l'Eccentrique qui doit estre parcourüe pendant cette premiere portion de l'Année, est plus grande que celle qui se doit parcourir pendant la seconde.

Et c'est pour cela que le Soleil qu'on observe dans le temps moyen parcourir chaque jour par le mouvement apparent 59 minutes, n'en parcourt neanmoins que 57 dans l'Apogée, & 61 dans le Perigée, comme nous avons aussi remarqué plus haut.

Il en est au contraire à l'égard de la Lune; car le centre de l'Epicycle ne se mouvant pas regulierement sur le centre de l'Eccentrique, mais sur le centre du Monde, qui est toûjours vers le Perigée, il faut qu'il paroisse aller plus viste dans l'Apogée de l'Eccentrique que dans le Perigée; car les portions de l'Eccentrique qui répondent à des arcs égaux du Zodiaque sont plus grandes dans l'Apogée que dans le Perigée; ce que l'on doit dire à proportion du mouvement de la Lune dans l'Epicycle, d'autant qu'elle se meut regulierement non sur son centre propre, mais sur un poinct qui est opposé au centre de l'Eccentrique.

Et c'est là la raison pourquoy, encore que la Lune soit dans l'Apo-

M

gée quand elle est en Conjonction, & en Opposition avec le Soleil, elle paroit toutefois alors se mouvoir plus viste que lors qu'elle est dans les Quadratures au Perigée.

C'est aussi la raison pourquoy la Lune paroissant parcourir chaque jour par le mouvement mediocre environ 13 degrez, elle paroit neanmoins quelquefois n'en parcourir pas 11 entiers, & quelquefois plus de 15.

Il n'en est pas des autres Planetes comme de la Lune; car encore qu'elles se meuvent regulierement non alentour des centres des Eccentriques, mais alentour des centres des Equans, toutefois ces centres des Equans sont à nostre égard, ou à l'égard du centre du Monde, au de là des centres des Eccentriques; c'est pourquoy il faut qu'elles paroissent se mouvoir plus lentement tant aux environs des Apogées, qu'aux environs des Perigées.

CHAPITRE XI.

Pourquoy elles paroissent tantost Directes, tantost Retrogrades, & tantost Stationaires.

CEcy convient seulement à cinq Planetes, entant qu'elles se trouvent en diverses parties de leurs Epicycles.

Car la Planete dans la partie superieure de l'Epicycle imitant le mouvement de l'Eccentrique, ou du centre de l'Epicycle qui est toûjours selon la suite des signes, cela fait qu'elle semble avancer le double plus viste selon la suite des signes; & ce mouvement est tres-viste en passant par l'Apogée, & d'autant plus lent de part & d'autre qu'elle en est plus éloignée.

Et parce que dans la partie inferieure elle va contre le mouvement de l'Eccentrique, & que l'Epicycle l'emporte plus viste contre la suite des Signes, que l'Eccentrique ne l'emporte selon la suite des Signes; cela fait qu'elle paroit retourner, ou se mouvoir contre la suite des Signes; & ce mouvement est tres-viste en passant par le Perigée, & plus lent de part & d'autre plus elle en est éloignée.

Et parce qu'enfin dans la partie descendante, ou Orientale de l'Epicycle, & du costé que de Directe elle se fait Retrograde, & que dans l'ascendante, ou Occidentale, & du costé que de Retrograde elle se fait Directe, elle semble s'arrester, & occuper quelque temps le mesme lieu sous les Fixes; cela fait qu'elle est dite estre Stationaire, & la premiere Station est dans la partie descendante, la seconde dans l'ascendante; cette premiere Station est de plus appellée dans Venus, & dans Mercure Station du matin, & la seconde, Station du soir.

Ce n'est pas qu'alors la Planete ne se meuve comme ailleurs uniformement dans l'Epicycle, mais l'œil n'apperçoit pas qu'elle avance; parce que le mouvement se fait alors non pas selon une ligne transversale qui se pourroit faire remarquer, mais selon une ligne qui seroit tirée de l'œil vers la Planete.

Or les Stations ne se font pas lors que la Planete est dans ses plus grandes digressions ou éloignemens à l'égard du Soleil; dans ses grands éloignemens, dis-je, designez par deux lignes qui soient tirées de l'œil, ou du centre du Monde, & qui touchent l'Epicycle de part & d'autre, mais au dessous; ce qui fait que l'Arc de Retrogradation est toûjours moindre que celuy de Direction; l'Arc de Retrogradation estant d'ailleurs d'autant plus court, plus le mouvement de l'Eccentrique oste au mouvement de l'Epicycle; & celuy de Direction d'autant plus long, plus le mouvement de l'Eccentrique ajoûte au mouvement de l'Epicycle.

Pour entendre tout cecy, il ne faut que prendre garde aux Figures que nous avons apportées dans les Theories des Planetes; où il ne faut mesme que jetter les yeux sur celle-cy, dans laquelle le centre du Monde, ou l'œil de celuy qui regarde est A; le Zodiaque selon la suite des Signes B C D; l'Eccentrique E E G; l'Epicycle E H G I; les Lignes des plus grands éloignemens A B, A D; l'arc de Direction E H G; celuy de Retrogradation G L E; la premiere Station K; la seconde Station L.

Cependant ce qui vient d'estre dit presentement, & ce que nous avons touché à l'égard des mouvemens de chacune des Planetes tant dans les Eccentriques, que dans les Epicycles, nous donnera moyen d'entendre comment Saturne entre les trois Planetes superieures retrograde seulement de 7 degrez, ou quelque peu davantage; Jupiter de 10, & Mars de 20 tout au plus, (car quelquefois il ne retrograde que de 12) Venus entre les deux Inferieures de 16 ou environ, ou de 17 ; Mercure tout autant, & quelquefois de 11 ou environ.

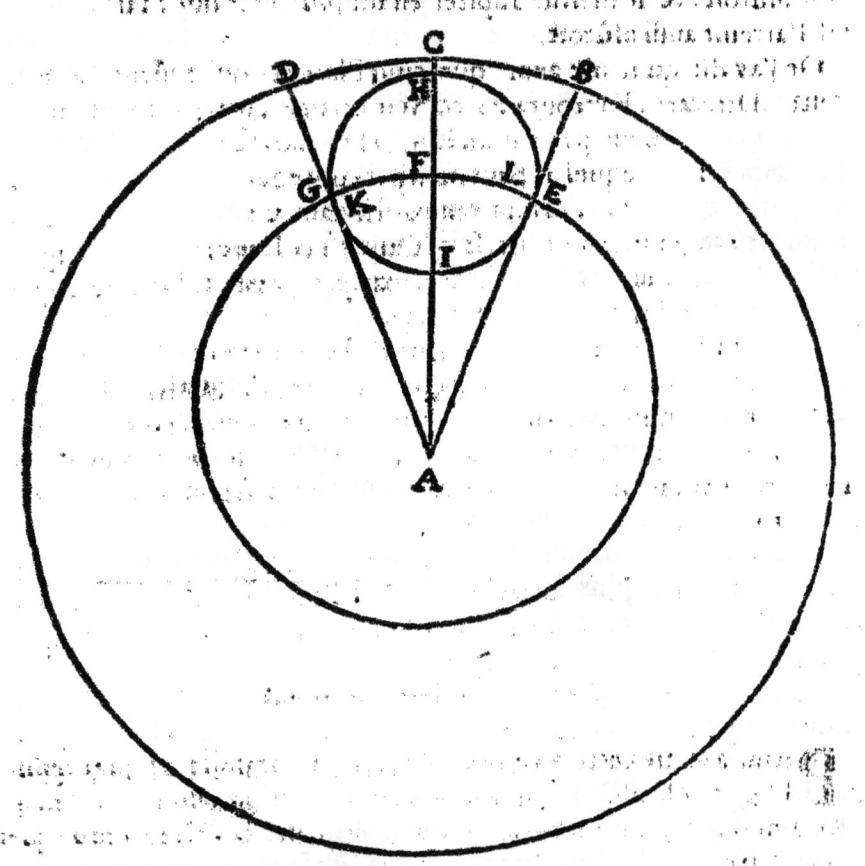

Je passe sous silence que la Conjonction avec le Soleil estant moyenne entre deux Stations dans ces deux dernieres, l'Opposition est moyenne dans les trois autres ; & que lors que les Stations se font, Saturne est distant du Soleil de plus d'un quart de cercle, Jupiter d'un tiers, & Mars de plus d'un tiers.

Je passe encore sous silence que Mercure faisant bien plus de Stations que Venus, parce qu'il parcourt bien plus viste l'Epicycle, & qu'ainsi il est bien plus souvent de part & d'autre du Soleil, il en est tout au contraire de Saturne à l'égard de Jupiter, & de Jupiter à l'égard de Mars; parce que Saturne estant plus lent que Jupiter, le Soleil l'atteint plûtost; & de mesme Jupiter estant plus lent que Mars, le Soleil l'atteint aussi plûtost.

Or j'ay dit qu'il n'y avoit que cinq Planetes qui fussent capables d'estre Directes, Retrogrades & Stationaires; parce qu'à l'égard du Soleil, il ne se meut pas par un Epicycle, mais seulement par un Eccentrique, dans lequel il peut bien par consequent paroitre se mouvoir plus lentement dans un temps que dans un autre, mais non pas jamais retrograder, ou s'arrester. Quant à la Lune, elle se meut veritablement par un Epicycle, & à l'égard de la partie superieure contre la suite des Signes; mais parce que le mouvement de l'Eccentrique (ou du centre de l'Epicycle par l'Eccentrique) est bien plus viste que le mouvement de la Lune par l'Epicycle, & qu'ainsi l'Eccentrique emporte aussi alors la Lune plus viste selon la suite des Signes, que l'Epicycle ne la ramene au contraire; cela fait qu'elle peut bien paroitre se mouvoir plus lentement, mais non pas pour cela s'arrester, ou retourner.

CHAPITRE XII.

Ce que c'est que Parallaxe.

Parallaxe est cette diversité d'Aspect par laquelle on juge qu'une Planete est plus haute, ou plus basse. On la définit d'ordinaire, la difference qu'il y a entre le lieu veritable, & le lieu veu de quelque Astre.

Or le lieu veritable d'un Astre est le poinct dans le Firmament auquel se termine la ligne droite qu'on s'imagine estre tirée du centre de la Terre, & passer par le centre de l'Astre. Le lieu veu est le poinct dans le mesme Firmament auquel se termine la ligne droite qui se tire de l'œil, & qui passe par le mesme centre de l'Astre: Et parce que ces deux poincts tombent dans le mesme cercle vertical, on la definit encore d'ordinaire, l'Arc du vertical qui est entre le veritable lieu, & le lieu veu.

Soit A, par exemple, le centre de la Terre ou du Monde; C B D la surface de la Terre; B l'œil; E F G le cercle vertical dans le Firmament. Cela estant, si on suppose que l'Astre soit dans l'Horison sensible H, alors le lieu veritable sera I, puisqu'il termine la ligne A I, & le lieu veu sera K, puisqu'il termine la ligne B K; & l'arc I K sera la Parallaxe, à sçavoir la difference qui est entre l'un & l'autre lieu.

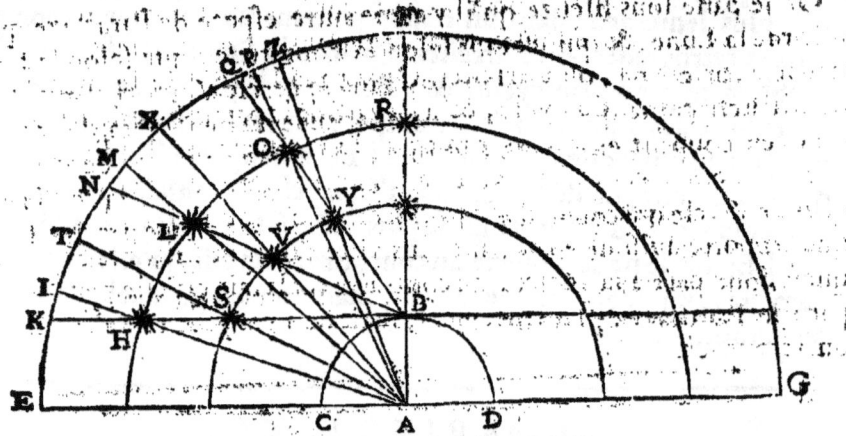

Que si l'Astre est ensuite élevé jusques à L, il est constant que la Parallaxe sera M N; si jusques à O, que ce sera P Q; & ainsi des autres lieux.

Remarquez icy cependant que la Parallaxe Horisontale est la plus grande, & qu'elle decroit de telle maniere à mesure que l'Astre monte, que si l'Astre est une fois parvenu au point vertical R, il n'y aura plus enfin de Parallaxe; parce que les lignes du lieu veritable, & du lieu veu convenant ensemble, le lieu veritable, & le lieu veu seront le mesme.

Remarquez aussi que plus un Astre est proche de la Terre, plus il a de Parallaxe; car un Astre en S, par exemple, c'est à dire dans la mesme ligne Horisontale que H, fait la Parallaxe T K; s'il est en V, c'est à dire dans la mesme ligne du lieu veritable avec L, il fait la Parallaxe N X; & s'il est en Y, c'est à dire dans la mesme ligne avec O, il fait la Parallaxe Q Z.

Il faut mesme aussi remarquer que l'Angle qui se forme dans le centre de la Planete par les lignes du lieu veritable, & du lieu veu, & auquel le demi-diametre de la Terre est opposé, tel qu'est, par exemple, l'Angle A H B, ou A L B, &c. est proprement celuy qui est dit l'Angle, & est la mesure de la Parallaxe; car selon qu'il est ou grand, ou petit, ou nul, l'Arc qu'on appelle Parallaxe est aussi ou grand, ou petit, ou nul.

Or je passe sous silence qu'il y a une autre espece de Parallaxe qui regarde la Lune, & qui est tant selon la Longitude, que selon la Latitude; car on ne la considere pas dans le cercle Vertical, mais ou dans l'Ecliptique que les cercles de Latitude du lieu veritable, & du lieu veu coupent en divers endroits, & entre lesquels cercles est l'arc qu'on appelle Parallaxe de Longitude; ou bien on la considere dans le cercle qui coupe l'Ecliptique, & qui est coupé par les deux cercles lesquels sont tirez par le lieu veu, & le lieu veritable, lesquels sont paralleles à l'Ecliptique, & entre lesquels est l'arc qui est appellé Parallaxe de Latitude.

CHAPITRE XIII.

Quelle est par consequent la distance des Planetes, & des Etoiles Fixes à l'égard de la Terre, & quel est aussi par consequent l'Ordre des Cieux.

LEs Astronomes considerant que selon que la Parallaxe est plus ou moins grande la chose veuë est plus ou moins proche, s'estudient principalement à observer si les Astres ont des Parallaxes, & de quelle grandeur elles sont, afin de pouvoir determiner de leur proximité, ou de leur éloignement de la Terre.

La Parallaxe de la Lune est fort sensible; l'Horisontale est de plus d'un degré, mais la chose est tellement subtile dans les autres Planetes, qu'elle ne sçauroit aller que jusques à la vray-semblance; à peine en remarque-t-on dans Mercure, dans Venus, dans le Soleil, & dans Mars; moins encore dans Jupiter, & dans Saturne; & à l'égard des Etoiles fixes, elles sont trop éloignées pour en faire paroistre aucune.

Nous avons déja insinué que la cause de cecy est, que le demi-Diametre de la Terre, qui est pris pour la mesure commune, & pour l'intervalle de deux Stations, est veritablement sensible à l'égard de la distance de la Lune, mais tellement petit à l'égard de la distance des autres Astres qu'il devient presque à rien, ou s'évanoüit mesme tout à fait, comme si la Terre n'estoit plus qu'un poinct, & qu'à regarder un Astre de la surface, ou du centre de la Terre, il n'y eust aucune difference. Nous ne laisserons neanmoins pas de proposer ce qu'Albategnius entre autres, & Alphraganus ont pensé de la distance des Astres conformément aux principes de Ptolomée; & pour cet effet nous dirons un mot de la grandeur du demi-Diametre de la Terre, parce que cette distance s'explique par le moyen de ce demi-Diametre repeté plusieurs fois.

Comme nous sçavons à peu pres, nonobstant la diversité des Opinions, que le circuit de la Terre est de 26255 mille d'Italie, parce que 73 mille ou environ répondent à un degré dans le plus grand Cercle sur la surface de la Terre; pour cette raison le diametre de la Terre doit estre de 8354 mille d'Italie, & le demi-diametre de 4177.

Je suppose comme une chose connuë, que le Mille contient mille pas, ou 8 Stades, la Stade 125 pas Geometriques, & le pas Geometrique qui est le double du vulgaire, cinq pieds Geometriques. Or le pied Geometrique est quelquefois d'une dixiéme partie plus petit que le pied de Paris; car si on divise le pied de Paris en mille particules, on trouve que l'ancien pied Romain contient 94 de ces particules.

Nous nous servons du Mille d'Italie plustost que de la Lieuë de France, à cause que c'est une mesure plus constante; quoy que la Lieuë mediocre de France contenant environ trois Mille d'Italie, rien n'empesche qu'on ne reduise ces mesures de maniere que le circuit de la Terre soit censé estre de 8752 Lieuës de France, son diametre de 785, & son demi-diametre de 1392.

Quoy qu'il en soit, voicy la distance que les Arabes sur les principes de Ptolomée donnent non seulement à l'égard du Soleil, & de la Lune, mais encore à l'égard des cinq autres Planetes, & mesme de la Sphere des Etoiles fixes. Dans les Planetes on entend la distance mediocre ou qui est prise lors qu'elles sont environ les Longitudes

gitudes moyennes; car elles sont plus éloignées dans l'Apogée, & plus proches dans le Perigée.

	la Terre de	49.	
	Mercure	115.	
La Lune	Venus	618.	
est distan-	du Soleil	1165.	Demy-Diametres
te de	Mars	4584.	de la Terre.
	Jupiter	10423.	
	Saturne	15800.	
	des Etoiles fixes	19000.	

Or la suite dont ces distances croissent, prouve l'ordre des Cieux qui a esté proposé dans le commencement de ce Traité, au moins jusques au Ciel des Etoiles fixes; car à l'égard de ce qui se peut dire des autres, nous l'avons touché dans la Theorie du Firmament.

Il est vray qu'on a de coûtume d'apporter quelques autres raisons outre la Parallaxe pour prouver cet ordre; mais ou elles sont trompeuses, comme celle qui se prend des ombres (car il est faux que le Corps lumineux plus éloigné jette une ombre plus courte s'il est pris en mesme hauteur sur l'Horison, c'est à dire en mesme degré que le plus proche) ou elles sont prises de la convenance, & ainsi ne persuadent pas beaucoup, comme lors qu'on dit qu'il est convenable que le Soleil soit placé au milieu de tous les Astres, parce qu'il en est le Prince, & le Moderateur.

Aussi cette raison n'a pas fort touché ni Platon, ni Aristote, & elle n'a pas empesché qu'ils n'ayent placé la Lune au plus bas lieu, & le Soleil immediatement après, & qu'au contraire Anaximander & Metrodore n'ayent placé le Soleil au plus haut lieu, la Lune au second, les Planetes au troisiéme, & les Etoiles fixes au plus bas; & il en est de mesme de plusieurs autres Astronomes qui ont aussi assigné des lieux differens au Soleil, & aux autres Astres.

Au reste, ce seroit, ce semble, icy le lieu de montrer qu'il est probable que Mercure, & Venus tournent alentour du Soleil, & que ces deux Planetes sont quelquefois plus basses & plus proches, & quelquefois aussi plus hautes & plus éloignées de la Terre que le Soleil; mais nous remettrons cela au Livre suivant lors que nous proposerons les Systemes de Copernique & de Tychon, puisque nous rapportons seulement icy l'Opinion commune de Ptolomée.

N

CHAPITRE XIV.

Quelle est la vraye grandeur des Planetes, & des Etoiles fixes.

IL est constant qu'après avoir supposé la distance d'une chose visible, & observé son Diametre apparent, on peut juger de son Diametre veritable, & de sa surface & grandeur ; c'est pourquoy les Astronomes ayant marqué la distance des Astres, & leur Diametre apparent, ils ont aussi marqué leur grandeur veritable.

Cependant c'est une chose plus difficile qu'on ne s'imagine d'ordinaire ; car quant au Soleil, soit qu'on le regarde le plus fixement qu'il est possible, ou que par quelque autre artifice on recherche la grandeur de son Diametre, sa lumiere éclatante fait toûjours beaucoup de peine ; & à l'égard des autres Astres, leurs Disques paroissent tantost plus grands, & tantost plus petis, lors mesme qu'ils sont également distans de la Terre, & qu'ils sont assez élevez sur l'Horison pour estre exempts de refraction. Ils paroissent, dis-je, ou plus grands, ou plus petis selon que l'œil les regarde de divers degrez de lumiere, & de tenebres ; car ils paroissent d'autant plus grands que les tenebres sont plus épaisses, & il est constant que la lumiere mesme qui les fait paroitre tres-petis, ne les diminuë pas assez.

Nous avons déja dit un mot des Diametres apparens de la Lune, du Soleil, & des autres Astres ; j'ajoûteray neanmoins à l'égard de celuy de Mercure, qu'encore qu'il paroisse, & qu'on le croye d'ordinaire estre de deux, ou de trois minutes, il ne paroit neanmoins pas toûjours de mesme ; car M. Gassendi l'ayant heureusement apperceu à Paris dans le disque du Soleil en 1631. le 7 Novembre sur les dix heures du matin, & ayant comparé son Diametre, qui par sa petite ombre s'estoit peint sur une fueille de papier, avec celuy du Soleil, il observa que sa grandeur n'alloit pas à plus d'un tiers de minute. Je ne diray point qu'il sortit par le bord occidental du Soleil (car il estoit Retrograde) à 10 heures, & 28 minutes, sa Latitude Boreale estant de 6 Minutes, & 20 Secondes.

Il n'est donc pas si facile de determiner du Diametre apparent des Astres comme on se pourroit peut-estre imaginer, cependant comme nous rapportons icy l'Opinion de Ptolomée, & de ses Sectateurs, voicy de quelle grandeur ils ont cru qu'estoient les Diametres apparens, principalement lors qu'ils sont dans leur mediocre distance de la Terre.

Le Diametre apparent de	la Lune est de	—	$33\frac{1}{3}$
	Mercure	—	2
	Venus	—	3
	du Soleil	—	$31\frac{1}{3}$ Minutes.
	Mars	—	$1 - \frac{1}{3}$
	Jupiter	—	$2\frac{1}{2}$
	Saturne	—	$1 - \frac{2}{3}$

Pour ce qui est des Etoiles fixes, ils n'en ont rien definy, si ce n'est qu'Albategnius donne aux Etoiles de la premiere grandeur un Diametre d'une minute & demie, qui est autant qu'à Mars.

Ils se sont en suite servi de la distance du Diametre visible de chaque Astre pour trouver le veritable, & en le comparant avec le Diametre de la Terre, & le multipliant cubiquement ils ont de telle maniere deduit la grosseur de chaque Astre, qu'ils ont designé de combien la Terre la surpassoit, ou de combien elle surpassoit celle de la Terre. Voicy la designation qu'ils en ont faite à l'égard des Planetes.

La Lune est	—	39 fois moindre que la Terre.
Mercure	—	19000
Venus	—	28
le Soleil est	—	167 fois plus grand que la Terre.
Mars	—	$1\frac{1}{2}$
Jupiter	—	81
Saturne	—	79

Quant aux Fixes, voicy ce qu'ils en ont supposé à leur phantaisie.

Les Etoiles de la	I	—	108
	II	—	90	fois plus
	III	grandeur sont	72	grandes
	IV	—	54	que la
	V	—	36	Terre.
	VI	—	18

Cecy est principalement selon la pensée d'Alphraganus ; car Albategnius veut que les Etoiles de la I grandeur soient 102 fois plus grandes que la Terre, & celles de la VI seize fois, & il enseigne qu'à considerer les corps du Monde selon la grandeur, le Soleil tient le premier lieu ; les Etoiles fixes de la I grandeur le second ; Jupiter le troisiéme ; Saturne le quatriéme ; les autres Etoiles fixes le cinquiéme ; Mars le sixiéme ; la Terre le septiéme ; Venus le huitiéme ; la Lune le neuviéme ; & Mercure le dixiéme.

CHAPITRE XV.

Des Aspects des Planetes.

LEs Aspects des Planetes qu'on nomme d'ordinaire du mot Latin *Configurations*, ne sont autre chose que de certains rapports ou habitudes mutuelles, selon lesquelles les Planetes se regardent les unes les autres, entant qu'elles se trouvent placées en diverses parties du Zodiaque.

Et parce que le nombre de douze, par lequel les Signes du Zodiaque sont distinguez, contient les parties aliquotes, à sçavoir la moitié, ou *Semissis*, qui est 6 ; le tiers, ou *Triens* qui est 4 ; le quart, ou *Quadrans* qui est 3 ; & le sixiéme, ou *Sextans* qui est 2 ; cela fait que si deux Planetes sont de telle maniere placées dans le Zodiaque que l'une soit distante de l'autre de toute la moitié du Zodiaque ; ou d'un tiers ; ou d'un quart ; ou d'une sixiéme partie ; on dit qu'elles sont en Aspect opposé ou Diametral ; Trin ; Quadrin, ou Sextil.

Il est vray qu'on devroit, ce semble, outre cela assigner un Aspect qu'on appellast Aspect d'Unité, entant que l'Unité 1 est aussi partie aliquote de 12, & qu'une Planete peut estre distante d'une autre de la douziéme partie du Zodiaque ; cependant on n'admet pas cet Aspect, & en sa place on en admet un autre qui répond au chiffre 0, à sçavoir quand une Planete n'est point distante d'une autre, mais qu'elle luy est comme conjointe ; d'où vient qu'il est dit Aspect de Conjonction.

Cecy se doit entendre par cette Figure, dans laquelle une Planete

CELESTES. 101

estant placée, par exemple, au commencement du Belier ♈, il est visible que si une autre est placée au commencement de la Balance ♎, l'Aspect est d'Opposition ; si elle est placée au commencement du Lyon ♌, ou du Sagittaire ♐, l'Aspect est Trin ; si au commencement du Cancer ♋, ou du Capricorne ♑, Quadrat ; si au commencement des Jumeaux ♊, ou du Verse-eau ♒, Sextil ; si enfin elle est au commencement du Belier ♈, l'Aspect est de Conjonction, comme montrent les lignes qui sont tracées au dedans de la Figure, & les caracteres par lesquels on dépeint d'ordinaire chaque Aspect, à sçavoir ☌, △, □, ✶, ☍.

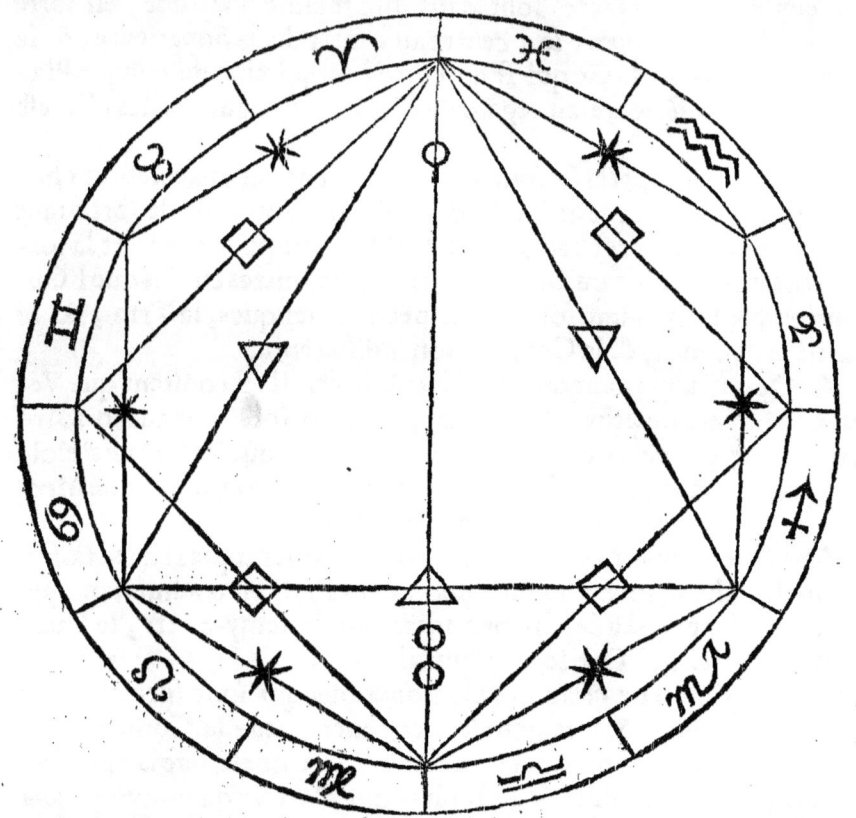

Or encore que le seul Aspect de Conjonction merite d'estre dit *Syzigia*, Accouplement, on ne laisse neanmoins pas d'attribuer ce

N iij

mot abusivement, & par ampliation à l'Opposition, & aux autres Aspects.

On pourroit icy en passant remarquer I. qu'un Aspect est dit Partil lors qu'une Planete est exactement distante d'une autre par une partie aliquote; & Platique lors qu'il s'en faut quelques minutes, ou mesme quelques degrez.

II. Que la Conjonction Partile specialement prise est celle par laquelle les Planetes sont dans la mesme Longitude.

III. Que cette Conjonction est appellée Centrale, ou Corporelle par laquelle les Planetes sont dans une mesme Latitude, en sorte que l'Inferieure oppose son centre au centre de la Superieure, & la couvre de son corps. Ce qui se doit dire à proportion de chaque Planete comme inferieure au regard des Etoiles fixes ausquelles elle est appliquée.

IV. Que ces Aspects se sont principalement rendus celebres chez les Astrologues, parce qu'ils leur attribuënt beaucoup de force tant pour causer les divers changemens de l'Air, que pour moderer la fortune des hommes, & qu'ils pretendent entre-autres choses que l'Opposition, & le Quadrat sont des Aspects malefiques, le Trin, & le Sextil benefiques, & la Conjonction indifferente.

V. Que n'admettant que ces cinq Aspects, il est constant que Venus & Mercure ne peuvent estre rapportez au Soleil par aucun autre Aspect que par celuy de Conjonction; dautant que Venus ne s'éloigne presque jamais du Soleil de plus d'un demy-Signe, & que Mercure ne s'en éloigne jamais d'un Signe entier.

VI. Que Keppler considerant qu'on ne pouvoit pas rendre raison de tous les changemens qu'on observe dans l'Air en n'admettant que ces cinq Aspects, il a depuis peu introduit le semy-Sexte, le Duodecile, le Decile, l'Octile, le Quintile, &c.

VII. Qu'il y a de certaines Conjonctions qui sont specialement appellées Grandes, & tres-grandes; car encore que la Conjonction des quatre Planetes Inferieures ensemble soit quelquefois appellée Grande, celle de Saturne & de Jupiter qui n'arrive que de vingt ans en vingt ans est plus frequemment appellée du nom de Grande; & celle des trois Superieures qui n'arrive que de cinq cent ans en cinq cent ans, comme il se rencontra la quatriéme année de ce Siecle, est encore plus frequemment, & plus proprement appellée grande, ou plûtost tres-grande.

CHAPITRE XVI.

Des diverses Phases de la Lune, selon la diversité de ses Aspects ou Configurations avec le Soleil.

SI nous supposons, comme il est indubitable, que la Lune soit un corps spherique, & opaque, qu'elle emprunte cette lumiere premiere, ou argentine du Soleil, & que le Soleil en illumine toûjours la moitié, & mesme un peu davantage selon qu'elle est plus petite; si nous supposons de plus, comme il est encore indubitable, qu'elle change continuellement de situation alentour de nous, & qu'elle se mette quelquefois entre nous & le Soleil, il sera facile de concevoir qu'elle ne doit pas toûjours nous montrer toute cette moitié qui est illuminée, mais qu'elle nous en doit faire voir tantost plus, & tantost moins, & nous paroitre par consequent sous ces diverses formes, ou Figures qu'on appelle Phases.

On conte d'ordinaire quatre Phases, qui ont differens noms selon les quatre Aspects differens que nous avons rapportez plus haut; car comme la Conjonction n'est proprement pas un Aspect, il n'y a aussi alors à proprement parler aucune Phase; parce que la partie qui est illuminée n'est pas tournée vers nous, mais vers le Soleil.

Or je ne dis point que tant que la Lune n'est pas visible, elle est dite *Sitiens*, & *Silens*; que tout ce temps-là est appellé *Interlunium*; & que le jour de la Conjonction est specialement appellé *Novilunium*, parce que la Lune ce jour-là est Nouvelle.

La premiere Phase est donc lors que la Lune sortant nouvellement de la Conjonction, se tire au soir des rayons du Soleil, & tourne vers nous une petite portion de sa partie illuminée, le reste de cette partie estant tourné vers le Ciel; c'est alors, & principalement environ l'Aspect Sextil, qu'elle est appellée *Corniculata*, ou le Croissant.

La seconde est environ le sept ou le huitiéme jour, lors que la Lune est éloignée d'un quart du Soleil, & qu'elle nous tourne la moitié entiere de la partie illuminée : Elle est alors appellée *Bisecta* coupée par la moitié, à cause que la moitié du demy-globe qui est tourné vers nous est encore obscure.

La troisiéme est lors que la Lune avance de là à l'Opposition, & qu'estant parvenuë vers le Trin Aspect, elle nous montre plus de la moitié de la partie illuminée : Elle est alors appellée *vtrimque gibbosa* bossuë de part & d'autre ; parce qu'elle paroit effectivement enflée des deux costez.

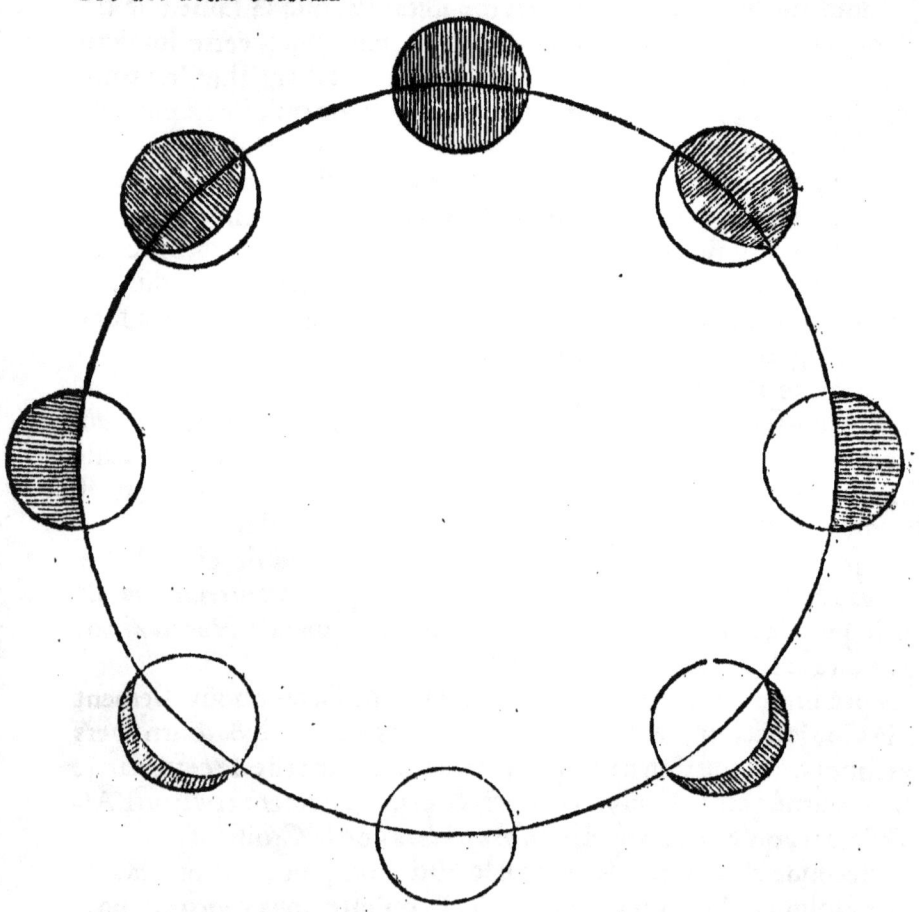

La quatriéme enfin est lors que la Lune est parvenuë à l'Opposition, &

& que noſtre œil ſe trouvant entre elle & le Soleil, elle nous tourne toute la partie illuminée; & c'eſt alors que tout ſon Diſque paroit pleinement illuminé, & qu'elle eſt appellée Pleine.

Or l'on ſçait que la Lune a les meſmes Phaſes en decroiſſant qu'elle a en croiſſant, mais que c'eſt en retrogradant.

L'on ſçait auſſi que la partie de la Lune où eſt l'ombre eſt toûjours tournée au contraire du Soleil, & que les Cornes qui dans le Declin de la Lune regardent le Couchant, dans le Croiſſant regardent le Levant.

Cette diverſité de Phaſes ſe peut repreſenter par la Figure precedente, dans laquelle la Lune eſtant ſuppoſée ſortir de la Conjonction, montre toûjours davantage de blancheur à meſure qu'elle parcourt ſon cercle, iuſques à ce qu'elle ſoit parvenuë à l'Oppoſition; le contraire arrive à meſure qu'elle avance de l'Oppoſition à la Conjonction.

L'on a auſſi de coûtume de repreſenter cette meſme diverſité par la Figure ſuivante, pour faire entendre comment le Soleil illumine veritablement toûjours la moitié de la Lune dans le tour continuel qu'elle fait alentour de la Terre, mais que de cette moitié il y en a tantoſt une plus grande partie tournée vers nous, tantoſt une moindre, & tantoſt rien du tout. Ces demy-cercles qui ſont tournez vers la Terre, ou vers l'œil, ſe doivent concevoir comme des demy-globes, & la courbure qui ne ſe peut pas repreſenter dans un plan, ſe doit ſuppléer par l'Imagination.

On doit icy remarquer deux ou trois choſes. La premiere, qu'encore que toutes les Phaſes de la Lune montrent que la Lune tourne toûjours les meſmes taches vers la Terre, on peut neanmoins admettre qu'elle tourne alentour du centre de ſon Epicycle; parce que l'on peut répondre qu'autant que l'Epicycle la tourne, autant elle ſe retourne elle-meſme par ſon propre mouvement.

La ſeconde, qu'encore que la Lune ſoit ſortie de Conjonction, il arrive neanmoins quelquefois qu'elle ne nous paroit avec ſon petit Croiſſant ordinaire qu'un ou deux jours apres, & quelquefois meſme le troiſiéme jour ſeulement. La raiſon de cecy eſt, que ſelon qu'elle va plus viſte, ou plus lentement, & qu'elle ſe doit coucher apres le Soleil plus perpendiculairement, ou plus obliquement, partie à cauſe de la ſituation du Zodiaque, partie à cauſe de ſa Latitude, elle ſe tire ou plûtoſt, ou plus tard de la clarté du Crepuſcule pour pouvoir eſtre veuë avant ſon coucher.

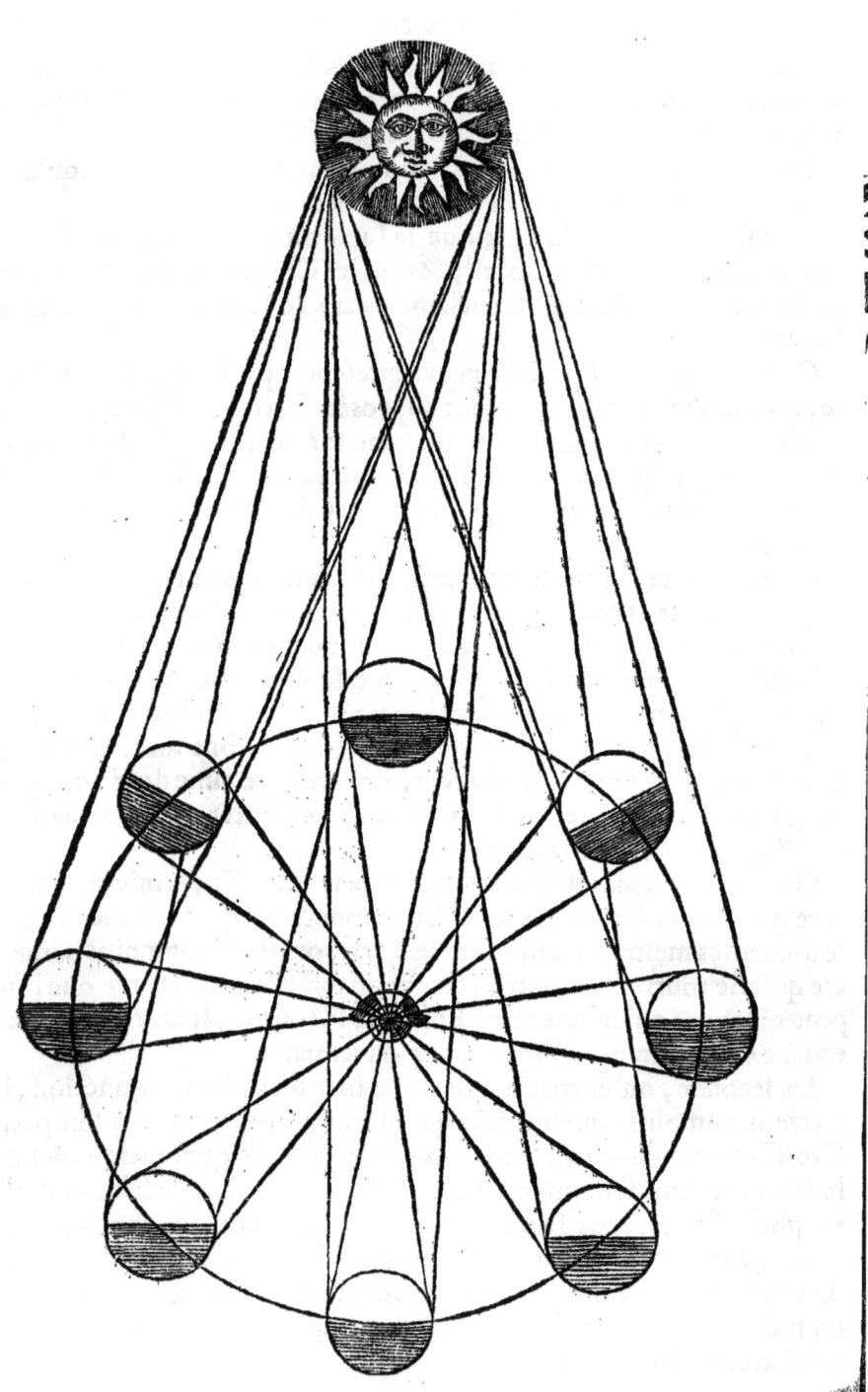

CELESTES. 107

La troisiéme, que cette petite & seconde lumiere qui dans le croissant, & dans le declin de la Lune fait paroitre le reste du Disque, n'est pas naturelle à la Lune, comme le Vulgaire pense, mais qu'elle doit estre attribuée à la Terre, en ce que la Terre reflechissant vers le Soleil, & vers la Region qui l'environne les rayons qu'elle reçoit de luy, la Lune se trouve dans cette Region, & participe aux rayons qui y sont répandus. Et une marque de cecy est que cette lumiere s'évanoüit vers la Quadrature; parce que la Lune se trouve alors trop écartée, & hors de cette Region où se répandent les rayons qui sont reflechis par la Terre.

Ce seroit, ce semble, icy le lieu de dire quelque chose des Phases de Venus, mais cela se fera plus commodement dans le Livre suivant.

CHAPITRE XVII.

De l'Eclipse de la Lune.

L'Eclipse de la Lune que les Latins appellent Defaut, ou Défaillance, Travail, ou Travaux, n'est autre chose qu'une privation de la lumiere du Soleil dans la Lune à cause de l'Interposition de la Terre; & certes la Terre estant un corps opaque, la Lune ne la peut pas avoir entre elle & le Soleil qu'elle ne soit dépoüillée de la lumiere du Soleil qui la fait luire, & qu'elle ne devienne tenebreuse.

Or ie suppose comme une chose familiere, que le corps opaque, & spherique jette l'ombre vers le costé qui est caché au corps lumineux; que cette ombre est égale ou cylindrique si le corps opaque est égal au corps lumineux; qu'elle va en decroissant ou en cone s'il est plus petit; & qu'elle va en croissant, ou en calotte s'il est plus grand; pour ne dire point cependant que dans le premier cas la moitié du corps opaque est éclairée; qu'il y en a quelque peu davantage d'éclairé dans le second, & un peu moins dans le troisiéme, comme il est aisé de voir par les Figures suivantes.

Car on entend de là que la Terre estant plus petite que le Soleil, & que jettant continuellement une ombre en cone vers le costé qui est caché au Soleil; la Lune n'est veritablement point éclipsée si lors qu'elle est opposée au Soleil elle se trouve hors de ce cone d'ombre, mais qu'il faut de necessité qu'elle le soit, si elle se trouve plongée.

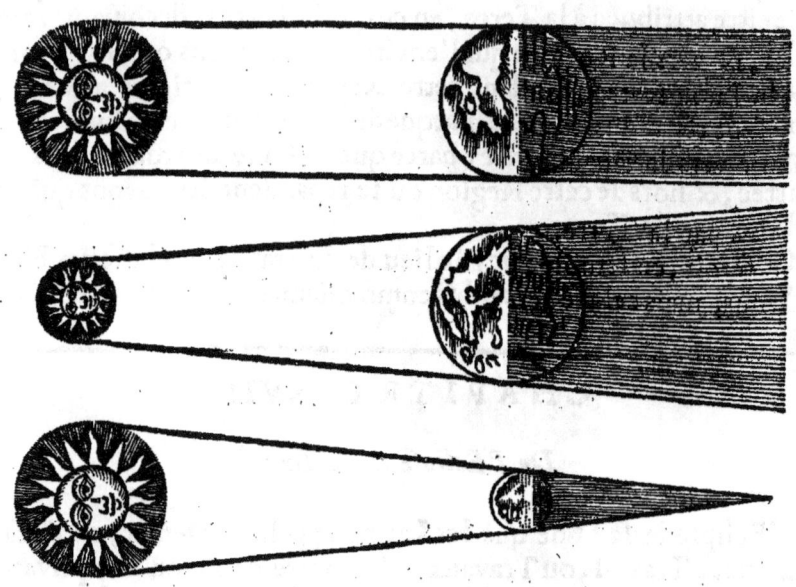

Or il est constant qu'afin qu'il se fasse une Eclipse, la Lune doit estre Pleine ou en Opposition avec le Soleil ; parce qu'autrement la Terre ne peut pas estre entre elle, & le Soleil.

Il est encore constant que l'Eclipse n'arrive pas pour cela dans toutes les Pleines Lunes ; parce que la Terre jettant toûjours son ombre dans l'Ecliptique, la Lune a souventefois tant de Latitude à cause que son Orbite s'écarte de l'Ecliptique, qu'elle évite cette ombre tantost du costé du Septentrion, & tantost du costé du Midy.

A peine toutefois la peut-elle éviter tous les six mois ; parce que le Soleil parcourant l'Ecliptique passe deux fois l'Année par les Neuds, une fois par la teste, & une fois par la queuë du Dragon ; & le Soleil estant alors proche d'un Neud, il est presque impossible que la Lune ne luy soit opposée tantost plus & tantost moins auprés de l'autre, & qu'ainsi elle ne tombe plus ou moins dans l'Ombre ou au Septentrion, ou au Midy de l'Ecliptique.

Je dis à peine, parce qu'il arrive quelquefois, quoy que rarement, que la Lune évite absolument l'ombre, pendant une année entiere.

Je dis aussi tantost plus, & tantost moins; d'autant que si le Soleil, & la Lune sont dans les Neuds, ou proche d'eux, toute la Lune est alors plongée dans l'ombre, & il se fait par consequent une Eclipse Totale; & cette Eclipse dure plus ou moins, selon que le centre de la Lune passe ou plus pres, ou plus loin du centre de l'ombre; pour ne dire pas que la vistesse, ou la lenteur du mouvement fait aussi quelque chose pour cela.

En effet comme le Diametre de l'Ombre est, ou passe pour estre environ trois fois plus grand que le Diametre de la Lune, & qu'ainsi il occupe environ un degré & demy de l'endroit par où la Lune passe (& ce quelquefois plus haut, & quelquefois plus bas selon qu'elle est à l'Apogée, ou au Perigée) la Lune ne parcourt cependant qu'un demy degré en une heure ou environ.

L'Eclipse qui est Totale, & Centrale se peut assez bien entendre par la premiere des Figures suivantes, dans laquelle A B est l'Ecliptique; C D l'Orbite de la Lune; E la Lune entrant dans l'Ombre; G la Lune dans le centre de l'Ombre.

Celle qui n'est pas Centrale s'entendra par l'autre Figure, dans laquelle le Neud n'estant pas dans le centre de l'Ombre, mais hors du centre, par exemple dans H, la Lune ne passe consequemment pas par le centre.

Remarquez que les Eclipses Totales qui sont les plus longues de toutes (ce sont principalement les Centrales) ne durent jamais guere plus de 4 heures, & que souvent elles durent moins, à cause de l'inégalité du mouvement de la Lune.

Remarquez encore que la Lune demeure presque la moitié de cet espace de temps plongée dans les tenebres totales; car le temps de l'Incidence, c'est à dire depuis le commencement de l'Eclipse jusques au moment que la Lune se trouve entierement obscurcie, n'est que d'une heure plus ou moins; & le temps du Retour, c'est à dire depuis le moment qu'elle commence à sortir des tenebres, & à recouvrer la Lumiere jusques à la fin de l'Eclipse, n'est aussi environ que d'une heure.

Que si le Soleil, & la Lune sont trop éloignez des Neuds, alors il se

110　　　　Des Choses

peut faire qu'une partie de la Lune seulement passe par l'Ombre, & qu'ainsi il ne se fasse qu'une Eclipse Partiale ; & cette Eclipse sera ou plus grande, ou plus petite selon que les Luminaires seront plus ou moins éloignez des Neuds, & que la Lune par consequent passera plus pres ou plus loin du centre de l'Ombre.

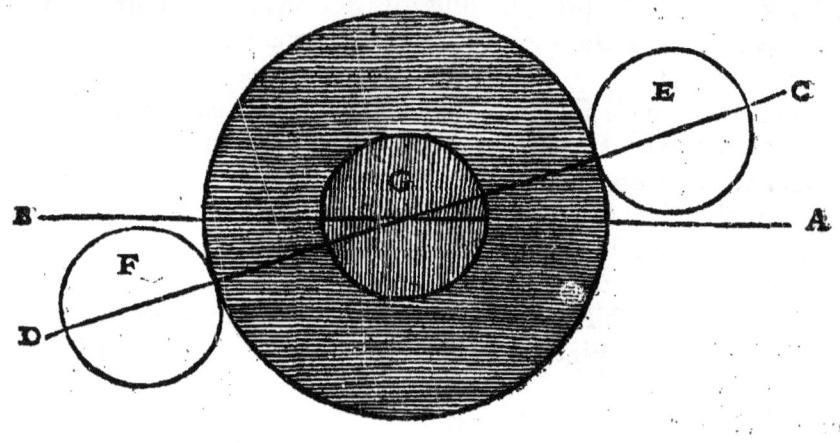

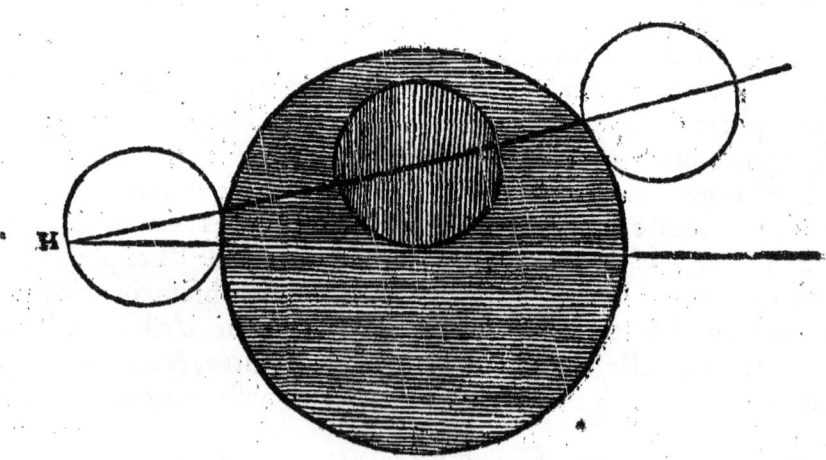

Et parce que le Diametre de la Lune est censé pouvoir estre divisé en 12 onces, c'est à dire en 12 parties égales qu'on appelle des Doigts, on represente d'ordinaire la grandeur de l'Eclipse par des Doigts, & mesme par des minutes de Doigts; si bien qu'on dit qu'elle est plus ou moins grande selon qu'il y a plus ou moins de doigts d'Obscurcissement.

L'Eclipse Partiale se peut aussi entendre par l'une, ou l'autre des Figures suivantes. Or dans chacune des Figures il y a deux Orbites de la Lune representez, afin qu'on puisse concevoir pourquoy l'Eclipse se fait tantost au Midy, & tantost au Septentrion; d'ailleurs la premiere fait voir que la Lune s'éclipse quelquefois avant qu'elle soit parvenuë au Neud; & la derniere apres qu'elle l'a passé. Les mesmes choses se doivent suppléer à proportion à l'égard de la derniere Figure des Eclipses Totales.

Je passe sous silence que cette petite lumiere qui s'observe dans la Lune lors qu'elle s'éclipse (& qui dans l'Eclipse Totale principalement devient d'autant plus rouge, ou plus obscure que la Lune est plus ou moins éloignée de l'Axe, ou du centre de l'Ombre) semble venir de la Refraction des rayons du Soleil, qui en traversant l'Atmosphere de la Terre se rompent de telle maniere vers l'Axe de l'ombre, qu'ils delayent, ou éclaircissent un peu sa noirceur, & son obscurité, & ce bien davantage proche des bords, & bien moins proche de l'Axe où il n'y a que tres-peu de rayons qui puissent parvenir ; ce qui fait quelquefois que la Lune n'est que tres-peu, ou point du tout visible.

Je passe aussi sous silence que cette Pen-ombre qui est presque imperceptible dans le commencement, & qui s'épaissit peu à peu au bord de la Lune avant mesme que l'Eclipse soit commencée, vient de ce que la Terre se trouvant peu à peu interposée entre le Soleil & la Lune, la lumiere se diminuë peu à peu dans la Lune, & ce bord devient peu à peu d'autant plus obscur que la Terre luy dérobe plus de parties du Soleil. Ce qui se doit dire à proportion de cette Pen-ombre qui reste à la fin de l'Eclipse.

112

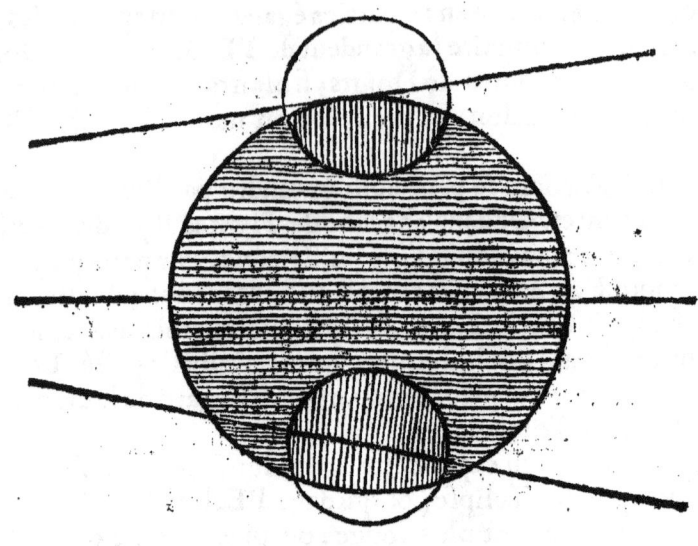

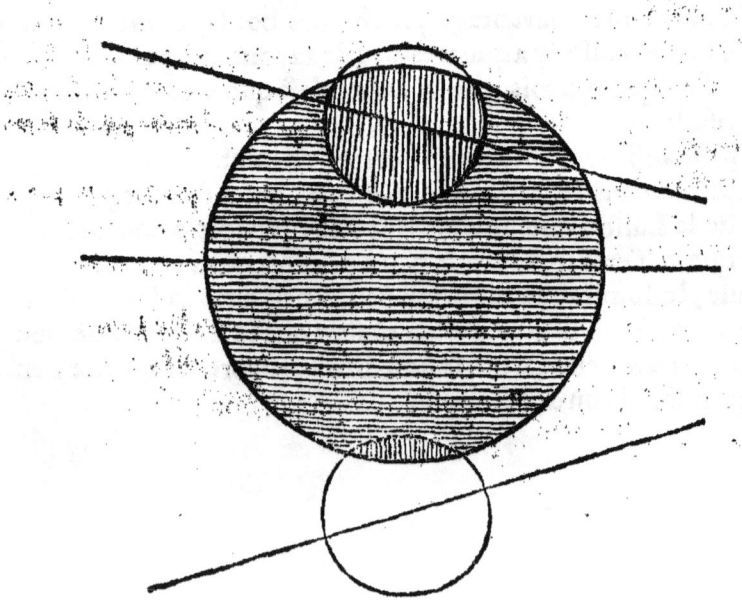

Au reste

Au reste on pourroit icy demonstrer avec Kepler que ce n'est pas l'ombre de la Terre qui fait l'Eclipse de la Lune, & que l'Atmosphere qui environne le globe de la Terre rompant les rayons du Soleil, & les approchant du rayon perpendiculaire, accourcit tellement l'ombre de la Terre qu'il s'en faut beaucoup qu'elle ne parvienne jusques à la Lune. On pourroit encore demontrer qu'il en est à peu pres de l'Atmosphere comme d'un verre convexe qui portant les rayons vers l'Axe, fait une ombre comme s'il estoit opaque, & que c'est proprement cette ombre dans laquelle la Lune entre, & qui fait ses Eclipses. Mais comme cecy demande une plus longue explication, nous renvoyerons le Lecteur à l'Autheur mesme.

CHAPITRE XVIII.

De l'Eclipse du Soleil.

CE qu'on appelle Eclipse du Soleil se devroit plûtost appeller Eclipse de la Terre; car c'est la Terre qui se trouve alors privée de la lumiere du Soleil par l'interposition de la Lune, de mesme que la Lune en est privée dans son Eclipse par l'interposition de la Terre; le Soleil conservant d'ailleurs sa lumiere toute entiere. On dit neanmoins que le Soleil s'éclipse, mais c'est entant qu'il manque de lumiere à nostre égard.

Or une marque évidente que le Soleil nous manque à cause de l'interposition de la Lune, c'est que l'Eclipse du Soleil n'arrive jamais qu'à la Nouvelle Lune, ou lors que la Lune est en Conjonction avec le Soleil.

Que s'il ne se fait pas d'Eclipse à chaque Nouvelle Lune, c'est la Latitude de la Lune qui en est cause; car c'est elle qui fait que la Lune passe ou par en haut au Septentrion, ou par en bas au Midy, & qu'elle ne traverse directement entre nous, & le Soleil que lors qu'elle est dans le mesme Neud (ou approchant) que le Soleil; & qu'ainsi l'Eclipse du Soleil n'arrive que lors que les deux Luminaires sont ensemble ou à la Teste, ou à la Queuë du Dragon, ou au moins tresproche, comme on peut entendre par cette Figure.

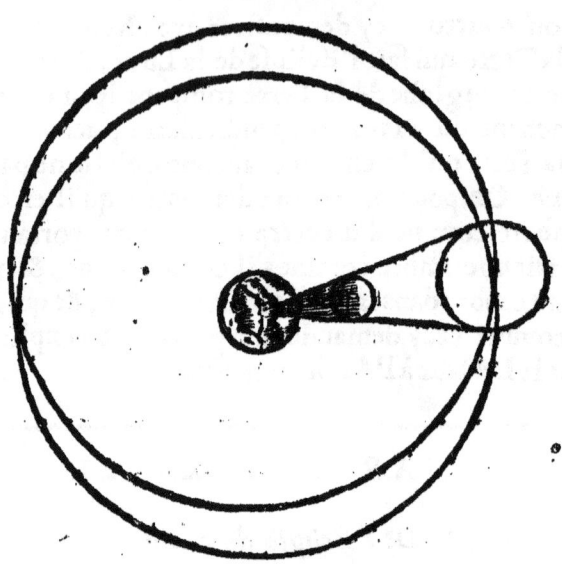

On pourroit peut-estre s'estonner de ce qu'il se voit bien plus d'Eclipses de Lune que de Soleil; mais la cause de cecy est, que le Globe de la Lune qui nous dérobe le Soleil, est beaucoup plus petit que le Globe de la Terre qui dérobe le Soleil à la Lune; de sorte qu'il est bien plus aisé que la Lune tombe dans l'ombre de la Terre, que nostre veuë dans l'ombre de la Lune.

Cecy se doit neanmoins prendre à l'égard d'un lieu determiné de la Terre, par exemple, à l'égard de celuy dans lequel nous sommes; car si l'on considere tout le Disque de la Terre, ou qu'on prenne la moitié de sa surface comme un plan, les Eclipses de Soleil ne sont pas moins frequentes que celles de Lune; car il ne se passe presque jamais six mois qu'il n'en arrive quelqu'une ça ou là en quelque endroit de la Terre.

Or cela arrive parce que la Lune estant, comme nous venons de dire, beaucoup plus petite que la Terre, elle ne peut pas dérober le Soleil à tout le Disque de la Terre qui regarde le Soleil, mais elle peut seulement transmettre l'Ombre sur quelqu'une de ses parties, tantost sur celle-cy, & tantost sur celle-là; d'où vient qu'il arrive souvent qu'il y a Eclipse Totale dans quelque endroit particulier de

CELESTES.

la Terre, lors que dans un autre elle n'est que partiale, & que dans un autre il n'y en a point du tout.

La chose s'entend aisément par cette Figure ordinaire, dans laquelle le Soleil estant A, la Lune B, la Terre C; il est constant que la Lune oste tout le Soleil à celuy qui habite dans le poinct de la Terre D; la moitié à celuy qui habite en E; & rien du tout à celuy qui habite en F; comme elle en oste aussi plus ou moins à ceux qui habitent dans les autres lieux.

Remarquez en passant dans cette Figure que la proximité de la Lune cause cette diversité d'Aspects, & qu'ainsi ce n'est pas sans raison que les Astronomes se mettent en peine de sa Parallaxe, tant de celle de sa hauteur, que de celle de sa Longitude, & de sa Latitude; afin de pouvoir definir en quel endroit se doit faire l'Eclipse du Soleil, & de quelle grandeur elle doit estre.

Lors que l'Eclipse est Partiale, on la represente d'ordinaire sous cette forme, & on la designe par des douziémes parties du Diametre, c'est à dire par Doigts, & par des minutes de Doigts.

Cependant ce n'est pas merveille que la Lune nous puisse dérober le Soleil tout entier; car encore qu'elle soit plus petite, elle est aussi plus proche de nous; ce qui fait que son Disque apparent peut égaler le Disque apparent du Soleil, & ainsi le couvrir tout entier.

Il y a toutefois cette difference entre l'Eclipse Totale du Soleil, & l'Eclipse Totale de la Lune, que celle de la Lune peut durer tres-long-temps, la Lune ne pouvant pas si viste se tirer de l'ombre de la Terre; au lieu que la durée de celle du Soleil ne peut pas estre si sensible, à cause que la Lune

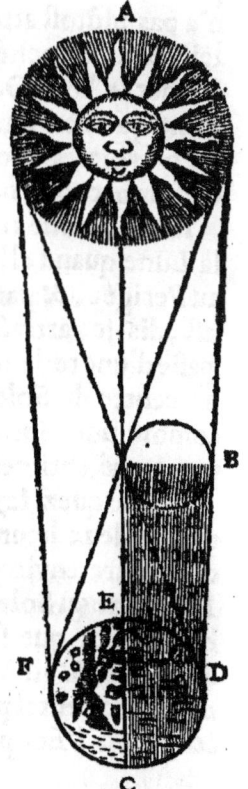

O ij

paſſant par ſon mouvement propre vers l'Orient au deſſous du Soleil, n'a pas plûtoſt atteint par ſon bord Oriental le bord Oriental du Soleil, & ainſi caché entierement le Soleil, qu'elle commence d'abandonner le bord Occidental, & ainſi nous découvrir le Soleil ; de là vient que ces tenebres qui ſe font quelquefois tellement épaiſſes qu'on voit les Etoiles meſme en plein midy, & les oyſeaux ſe cacher, ou tomber, &c. ne peuvent pas eſtre de fort longue durée.

Il eſt meſme arrivé quelquefois, à cauſe que le Diſque apparent de la Lune quand elle eſt dans l'Apogée eſt plus petit que quand elle eſt au Perigée, & par conſequent plus petit que le Diſque du Soleil, il eſt, dis-je, arrivé que lors que la Lune eſt dans l'Apogée, & qu'elle paſſe d'une telle maniere par deſſous le Soleil, que ſon centre répond au centre du Soleil, tout le bord, ou tout le tour du Soleil paroit comme une eſpece de cercle, ou d'anneau d'or, la Lune ne le couvrant pas entierement.

Remarquez icy que la plus longue Eclipſe du Soleil n'eſt jamais que de deux heures plus ou moins ; parce que la Lune parcourt chaque heure environ un demi degré, qui eſt juſtement la grandeur du Diametre du Soleil qu'elle doit parcourir ; ſi bien qu'il luy faut une heure pour que ſon bord Oriental puiſſe parvenir au bord Oriental du Soleil, & ainſi faire la moitié de l'Eclipſe ; & autant pour que ſon bord Occidental puiſſe parvenir à ce meſme bord Oriental du Soleil, & là finir l'Eclipſe.

LIVRE TROISIEME
DU SYSTEME DE COPERNIQUE.

CHAPITRE I.

Ceux que Copernique a imité dans l'invention de son Systeme.

UOY que de nostre temps le Systeme de Copernique se soit rendu fort celebre, ce que nous en dirons maintenant ne sera neanmoins que pour le faire voir tel qu'il est, & montrer de quelle maniere ceux qui le suivent ont accoûtumé de le deffendre contre les objections qu'on leur fait, ne pretendant pas au reste le soûtenir absolument, ni en estre les garans.

Comme cette Hypothese suppose que la Terre se meut, il est bon de sçavoir que ce n'est pas d'aujourd'huy qu'on attribuë le mouvement à la Terre, cette Opinion est tres-ancienne, & l'on fait voir que Pythagore & les Pythagoriciens l'ont soûtenuë ; mais elle n'a pas toûjours esté expliquée & deffenduë de la mesme maniere.

Car les uns vouloient que la Terre dans le centre du Monde tournast alentour de son essieu d'Occident en Orient, qu'elle fist un circuit entier en 24 heures, & que le Soleil & les autres Astres sembloient à cause de cela tourner dans ce mesme espace de temps d'Orient en Occident.

C'estoit-là le sentiment d'Ecphantus Pythagoricien, d'Heraclides Ponticus, de Platon dans sa jeunesse, & de quelques autres, & c'est ainsi qu'ils s'expliquoient.

Il faut remarquer que ces Anciens n'ont pas pour cela osté toute sorte de mouvement aux Astres, mais seulement le diurne, comme leur estant faussement attribué à cause du veritable mouvement de la Terre; & qu'ils leur ont laissé leurs mouvemens propres, par exemple à la Lune celuy d'un mois, au Soleil celuy d'un an, à Mars celuy de deux ans, &c. car ils ne pouvoient point antrement expliquer les Conjonctions, les Oppositions, & les autres Aspects des Planetes.

D'où vient qu'il y a sujet de s'étonner que Nicetas dans Ciceron ait cru que le Ciel, le Soleil, la Lune, les Etoiles, & tous les autres Corps superieurs fussent immobiles, & qu'il n'y eust que la seule Terre qui fust en mouvement.

Les autres faisoient principalement deux choses immobiles, d'un costé la Sphere des Etoiles fixes qu'ils consideroient comme les murailles du Monde, & de l'autre le Soleil qu'ils mettoient dans le centre du Monde, le nommant la garde de Jupiter, & le foyer, ou le feu general de l'Univers; puis ils faisoient mouvoir les Planetes dans cet espace qui est entre les Etoiles fixes, & le Soleil, & entre les Planetes ils plaçoient la Terre à laquelle ils attribuoient non seulement le mouvement diurne alentour de son propre essieu, mais encore le mouvement annuel alentour du Soleil.

C'est ainsi que Philolaus expliquoit la chose, Aristarchus Samius, Platon dans sa vieillesse, Selencus le Mathematicien, Hicetas ou Oicetas, & quelques autres.

Maintenant Nicolas Copernique Chanoine de Torne, qui vivoit il y a un peu plus de cent ans, a imité ces derniers; avec cette difference neanmoins qu'il a suppléé des choses dont il n'est fait aucune mention dans les Autheurs.

Or depuis qu'il a eu retably cette Opinion (car le Cardinal Cusa qui avoit deffendu le mouvement de la Terre environ un siecle auparavant, ne l'avoit pas pû rétablir de mesme) Rheticus l'a embrassée, Rothmannus, Mestlinus, Lansberge, Schixard, Kepler, Galilée, Vendelin, Hortense, Bouliaud, & plusieurs autres

Sans parler d'Orignan, de Longomontanus, & de quelques autres Modernes, qui s'attachant aux premiers, & mettant la Terre dans le centre du Monde, luy ont attribué le mouvement diurne; ont laissé aux Planetes leur mouvement propres plus expressement que les Anciens, & ont accordé au Firmament ou à la Sphere des Etoiles fixes cette lente revolution de vingt-cinq mille ans dont nous avons parlé dans le Livre precedent.

Nous remarquerons que par le mot de Terre on entend ce Globe formé de Terre & d'Eau, & des Corps qui s'engendrent de cette masse, comme les Plantes, les Animaux, les Pierres, les Mineraux, les Meteores, le Feu mesme entant qu'il s'engendre d'une matiere grasse qui appartient à la Terre, & enfin l'Air ou l'Amosphere en tant que ce n'est autre chose qu'une certaine tissure de petis corps exhalez de la Terre, de l'Eau, & des Corps mixtes, laquelle s'estend à la hauteur de quelque peu de mille seulement, & environne la Terre & l'Eau à peu pres comme cette espece de coton qui couvre, & environne un coin.

CHAPITRE II.
De la Situation, & de l'Ordre que Copernique à donné à la Terre, & aux Astres.

La disposition de la Terre, & des Astres selon la pensée de Copernique peut estre representée par la Figure suivante, dans laquelle la region des Fixes est considerée comme l'extremité du Monde, immobile, & orbiculaire ou spherique; ce n'est pas neanmoins que nous puissions dire au vray & avec certitude quelle est sa figure, puis qu'à l'égard de la surface exterieure nous ne la voyons pas, ni ne découvrons point où elle aboutit, ni comment elle est faite, & qu'à l'égard de l'interieure nous ne la discernons aucunement; tout ce qui est en haut au dessus de la moyenne Region de l'Air nous paroissant à la veuë dans une mesme distance, & dans une mesme concavité; & cependant les Fixes peuvent estre dans des distances fort differentes, & l'inégalité de grandeur qui paroit entre elles peut aussi-tost venir de ce que les unes soient plus éloignées que les autres, que de ce qu'elles soient en effet d'inégale grandeur.

Le Soleil dans cette mesme Figure est consideré comme le centre de cette espece de grande Voute visible, ou plûtost il en occupe le

120 **Des Choses**

centre, eſtant de luy-meſme immobile. Cette immobilité ne ſe doit neanmoins prendre qu'entant qu'il ne ſort point de ſa place; car le mouvement de ces Taches qu'on a obſervées dans ſon Diſque apres l'invention des Lunettes de longue veuë, montre qu'il n'eſt pas abſolument immobile, mais qu'il doit faire un tour ſur ſon Axe en 27 jours.

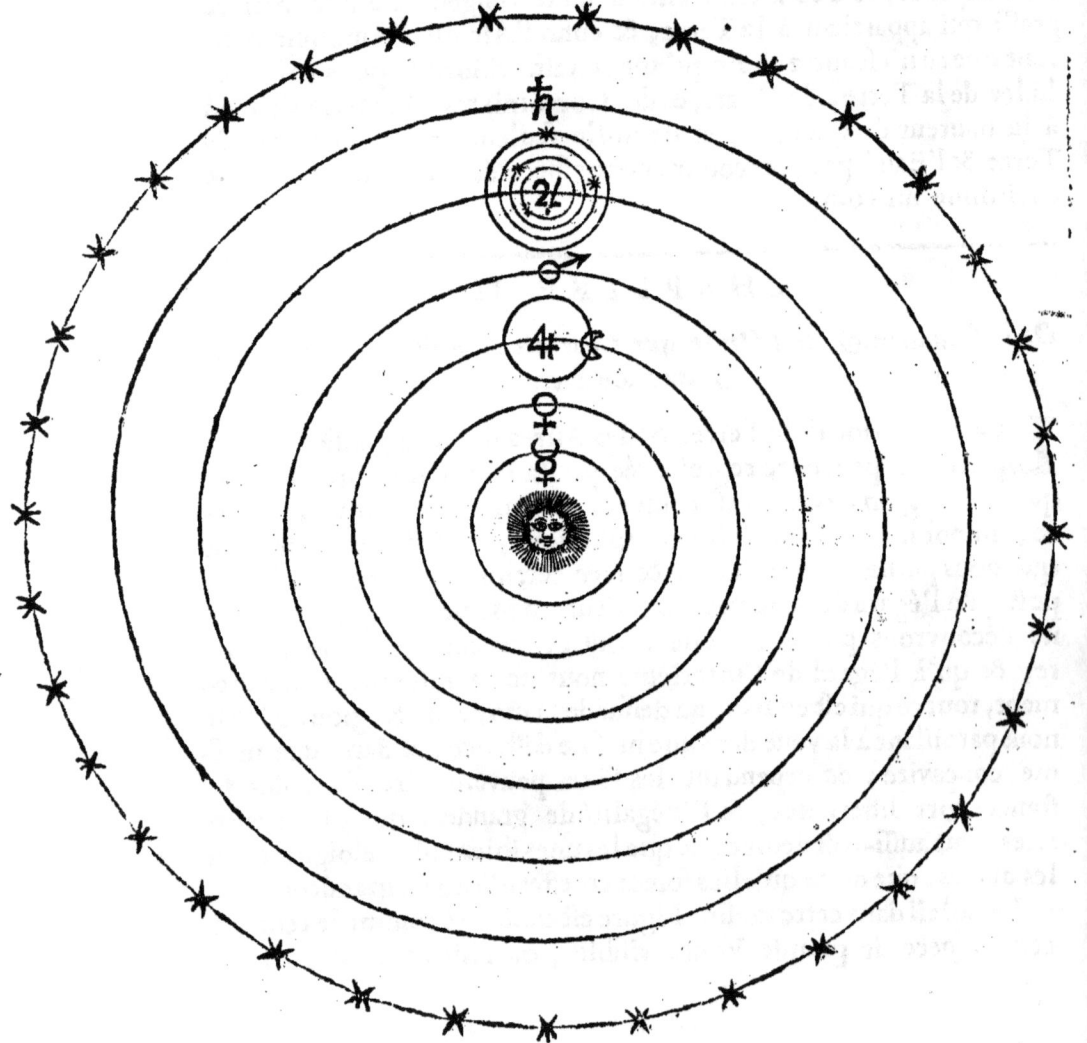

Les

Les Fixes, & le Soleil estant posez comme deux termes immobiles, l'on place les Planetes dans l'espace qui est entre d'eux, & on les fait mobiles, comme faisant divers mouvemens alentour du Soleil, & sous la region des Fixes.

Et premierement Mercure est placé plus proche du Soleil qu'aucune autre Planete, comme estant celle dont le circuit est le plus petit de toutes les autres, & le plûtost achevé, n'y employant que trois mois, ou environ.

Au second lieu on met Venus, qui surpassant Mercure en circuit, surpasse aussi les Planetes suivantes en vitesse, faisant son tour en sept mois & demy.

Au troisiéme c'est la Terre, qui comme elle embrasse Venus dans son circuit, employe aussi plus de temps à le parcourir ne l'achevant qu'en douze mois, ou une année.

Au quatriéme c'est Mars, qui tourne alentour de la Terre, & n'acheve son circuit qu'en deux ans.

Au cinquiéme Jupiter, qui tourne aussi alentour de Mars, & n'acheve son circuit qu'en douze ans.

Au sixiéme Saturne, dont le circuit embrasse tous les autres, & ne s'acheve qu'en trente ans.

Copernique ajoûte que l'espace qui est entre Venus & Mars est d'une étenduë si prodigieuse, que la Terre & la Lune y sont placées la Lune suivant toûjours la Terre comme une Suivante sa Maitresse, & estant de telle maniere emportée avec elle alentour du Soleil, qu'elle ne laisse pas cependant de faire un tour chaque mois alentour de la Terre.

On auroit pû ajoûter depuis qu'il en est à peu pres de mesme de l'espace qui est entre Mars & Saturne; car Jupiter qui y est placé a quatre especes de petites Lunes appellées les Astres de Medicis, qui sont de telle maniere emportées avec luy alentour du Soleil en l'espace de douze ans, qu'elles font cependant leurs mouvemens particuliers alentour de Jupiter mesme, comme si elles estoient de sa dépendance, & ses esclaves; l'interieure en un jour, & dix-huit heures; la seconde en trois jours & demy; la troisiéme en sept jours, & quatre heures; & la derniere, ou exterieure en seize jours, & quelque chose de plus.

On pourroit aussi ajoûter maintenant à l'égard de Saturne, qu'il a pareillement trois de ces sortes de Lunes qui l'accompagnent toûjours dans le circuit qu'il fait alentour du Soleil; ces Lunes faisant aussi cependant leurs circuits particuliers alentour de Saturne; l'interieure en quatre jours & demy; la seconde en seize jours; & la troisiéme en quatre-vingt-dix jours.

On pourroit mesme encore ajoûter à l'égard de Saturne, qu'il a alentour de soy, & à une certaine distance une espece d'anneau fort mince, mais dont la largeur est assez sensible; si bien qu'il paroit rond comme A, lors qu'il est tellement situé dans le Monde que le plan de cet anneau estant continué vient à passer par la Terre; parce qu'il n'y a alors que l'épaisseur de cet anneau qui soit tournée vers nous, & que cette épaisseur est insensible: Mais quand cet anneau est dans une autre situation, en sorte que son plan nous est visible, alors il paroit sous la figure d'une Ovale, telle que B, ou C, ou D, qui paroit d'autant plus large que nostre œil se trouve plus élevé pardessus son plan.

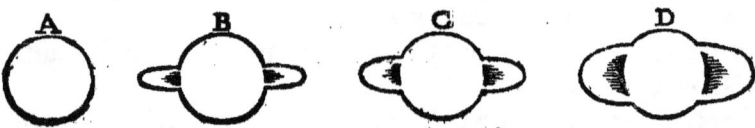

Toutes ces petites Lunes dont nous venons de parler, nous font voir qu'il y a de certaines Planetes qu'on peut appeller Principales, ou Maîtresses, telles que sont Mercure, Venus, la Terre, Mars, Jupiter, & Saturne; & d'autres qui ne sont que comme les Suivantes des premieres, telle qu'est nostre Lune, celles de Jupiter, celles de Saturne, & peut-estre plusieurs autres qu'on n'a pas encore découvert.

Enfin Copernique a cru que l'espace qui s'étend depuis Saturne jusques aux Fixes est comme infiny; car il a fait la distance de la Terre aux Fixes tellement grande, que non seulement le Globe de la Terre comparé avec la region de ces Etoiles n'est qu'un poinct, ce qui est generalement receu de tous les Astronomes; mais que ce grand Orbe que décrit la Terre alentour du Soleil, & dont le demi-Diametre est par consequent la distance de la Terre au Soleil, n'est mesme encore que comme un poinct.

CHAPITRE III.
Du Triple Mouvement de la Terre.

LE lieu de la Terre estant supposé, Copernique luy attribuë trois sortes de Mouvemens, le Diurne, l'Annuel, & celuy d'Inclination.

Le Diurne est le circuit ou la revolution que fait la Terre en 24 heures alentour de son propre essieu tendant d'Occident en Orient; ce qui fait qu'une mesme partie de la Terre, par exemple celle dans laquelle nous sommes, se trouvant tantost tournée vers le Soleil, & tantost au contraire, joüit un temps de la lumiere du jour, & se trouve en suite plongée dans les tenebres de la nuit, & que cependant les parties du Ciel qui se découvrent, & se cachent consecutivement les unes apres les autres, paroissent tantost se lever, & tantost se coucher.

L'Annuel est le chemin de la Terre dans le Zodiaque, ou plûtost sous les Signes du Zodiaque; lors que cheminant, pour ainsi dire, entre Venus, & Mars, & tendant aussi vers l'Orient, elle tourne alentour du Soleil, & acheve son circuit, comme il a déja esté dit, en un an; car lors que sa surface roule, ou tourne par le mouvement Diurne alentour de son propre centre, ce centre avance cependant peu à peu selon la suite des Signes; de mesme que le centre d'une boule qu'on a fait rouler sur un plan, avance selon la longueur du plan pendant que la surface tourne alentour du centre de la boule.

Or il arrive de là que lors que la Terre est entre le Soleil, & un certain Signe, le Soleil cache alors le Signe opposé, & est dit estre dans ce Signe; ce qui fait que lors que la Terre est, par exemple, dans la Balance, le Soleil paroit estre dans le Belier, & que lors qu'elle passe de la Balance dans le Scorpion, le Soleil paroit passer du Belier dans le Taureau, & ainsi consecutivement; si bien que c'est la Terre qui effectivement parcourt le Zodiaque, & décrit l'Ecliptique, le Soleil ne le parcourant, & ne décrivant l'Ecliptique qu'en apparence seulement.

Le Mouvement d'Inclination, ou de Declinaison n'est autre chose que la Terre entant que dans le mesme temps qu'elle fait son grand circuit annuel, & qu'elle décrit l'Ecliptique, elle retire continuellement son essieu du parallelisme avec l'essieu de l'Ecliptique, & l'entretient dans un perpetuel parallelisme avec soy-mesme en quelque lieu & situation qu'elle soit; d'où il arrive que cet essieu demeure toûjours parallele avec l'essieu du Monde, & l'Equateur de la Terre avec l'Equateur du Monde; si bien que ce n'est point tant en effet un nouveau mouvement, qu'une certaine modification des deux autres mouvemens. Ce qui se peut entendre à proportion en considerant une Toupie, qui pendant qu'elle tourne sur un plan, & qu'elle décrit avec sa pointe divers petis cercles; car son essieu s'entretient toûjours parallele à soy-mesme, & dans une situation toûjours perpendiculaire, & entretient pareillement la base de la toupie toûjours parallele à l'Horison.

Pour faciliter l'intelligence de la chose, il faut se representer ce grand Orbe dont nous avons parlé plus haut, & dans cet Orbe concevoir l'Ecliptique, & l'Equateur qui la coupe; de plus concevoir que le plan de l'Equateur soit continué jusques aux Etoiles fixes, que l'essieu de l'Equateur qui est le mesme que celuy du Monde passe au travers du Soleil, & que cet essieu soit aussi prolongé de part & d'autre vers les Fixes jusques aux Poles: Apres cela on s'imaginera que la Terre est au commencement du Belier, & que son Equateur convient avec le plan de l'Equateur du Monde; & alors l'essieu de la Terre sera sans doute parallele à l'essieu du Monde. Or il ne reste plus à concevoir autre chose, sinon que lors que la Terre avance de là vers le Taureau, & qu'elle va ainsi poursuivant sa route, son essieu se maintient cependant toûjours parallele à soy-mesme, & à l'essieu du Monde, & que c'est pour cela que son Equateur demeure constamment parallele à l'Equateur du Monde.

Cecy se pourra assez bien comprendre si on pose devant soy une Sphere ordinaire, & qu'on la prenne pour le grand Orbe, & le petit Globe qui est au milieu pour le Soleil, l'essieu pour une portion de l'essieu du Monde, & l'Equateur pour le cercle qui demeure dans le plan de l'Equateur du Monde; car il ne faudra en suite que prendre en sa main quelque petit Globe, avec son essieu, qui tienne lieu du Globe de la Terre, & l'appliquer d'une telle maniere à la Sphere au commencement du Belier, qu'il soit dans le plan de l'Equateur, & qu'il ait son petit essieu parallele à l'essieu de la Sphere ; & enfin faire peu à peu rouler ce petit Globe sur l'Ecliptique, en sorte que l'essieu demeure toûjours parallele à l'essieu, & l'Equateur à l'Equateur.

* Cecy se peut mesme encore en quelque façon representer dans un plan. Soit dans la Figure suivante A B C D la Sphere des Etoiles fixes,

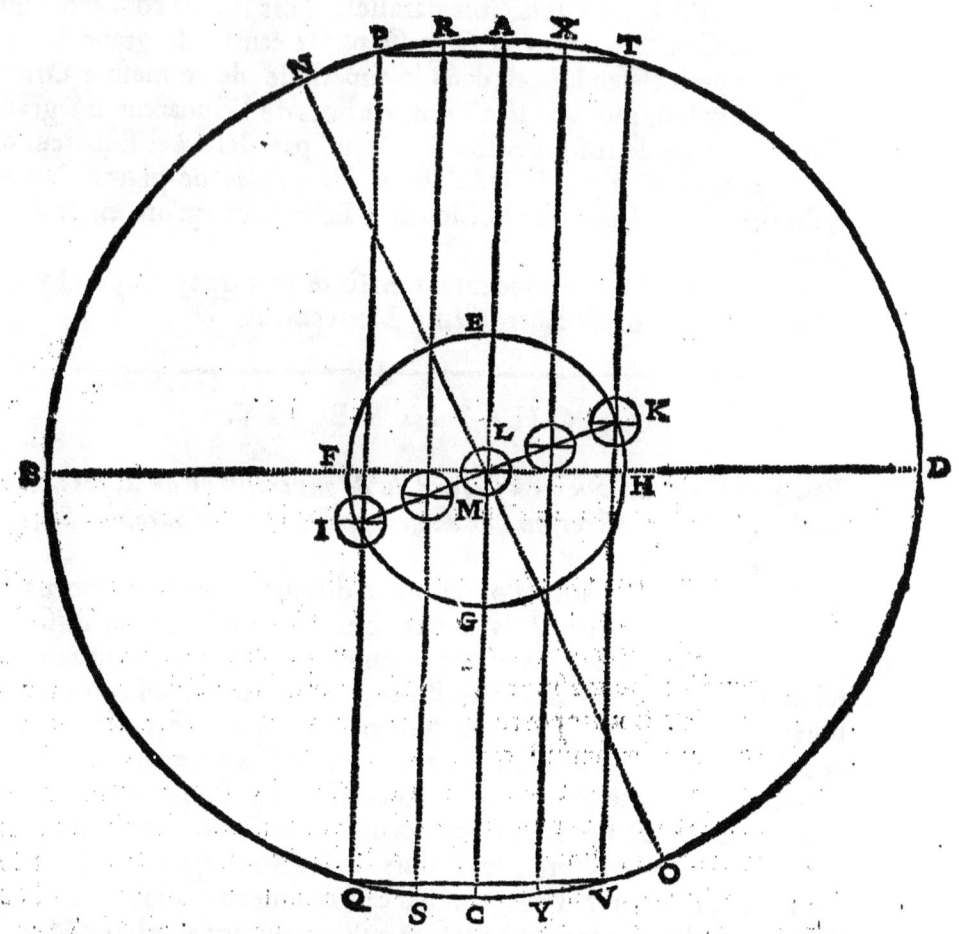

A C l'essieu du Monde, E F G H le grand Orbe, & dans sa superficie F G l'Equateur, & son essieu qui passe au travers du Soleil (qu'on entend estre dans le centre) E G. Soit I K l'Ecliptique, & la Terre qui parcourt l'Ecliptique ces petits Globes, ou plûtost ce mesme petit Globe multiplié qui ait partout son essieu, & son Equateur. Suivant cecy on peut voir que si la Terre est dans l'Equateur du grand Orbe, elle a son Equateur qui convient avec l'Equateur du Monde, & que son essieu ne convient veritablement pas avec l'essieu du Monde, mais qu'il luy est toutefois parallele (car il faut concevoir que l'essieu A C ou sa portion E G passe par le centre du grand Orbe, & que le petit essieu L M est dans la superficie de ce mesme Orbe) On peut voir de plus que si la Terre est hors de l'Equateur du grand Orbe, elle garde toûjours son Equateur parallele à l'Equateur du Monde, & l'essieu parallele à l'essieu, & qu'elle ne permet jamais qu'il se fasse parallele avec l'essieu de l'Ecliptique qu'on entend icy estre N O.

Nous dirons plus commodement en suite pourquoy Copernique a inventé, & introduit ce troisiéme Mouvement.

CHAPITRE IV.

Pourquoy il n'a pas crû qu'à l'égard du Mouvement ou du Repos tant de la Terre que des Astres, on s'en deust rapporter à ce qui paroit au Sens.

Copernique voyant qu'on estoit en dispute si ces mouvemens se devoient attribuer à la Terre ou non, a crû que la difficulté ne se pouvoit pas resoudre par le jugement des Sens; d'autant que selon le témoignage mesme d'Aristote, pour qu'une chose vûë semble se mouvoir, il n'importe aucunement ou que ce soit elle, ou que ce soit l'œil qui se meuve; car dans l'un & l'autre de ces cas l'œil impute toûjours le mouvement à la chose veuë. Pour prouver cecy Aristote se sert de l'exemple de ceux qui vont sur Mer, & dit que lors qu'ils partent d'un Port, les Tours & les Montagnes semblent se mouvoir & se retirer d'eux, au lieu que ce sont eux qui se retirent & s'éloignent des montagnes à mesure qu'ils avancent en pleine Mer.

Provehimur Portu, Terraque, Vrbesque recedunt.

C'est pourquoy, dit Copernique, pour que les Astres paroissent se mouvoir vers l'Occident, il n'importe pas s'ils se meuvent veritablement vers-là, ou si c'est l'œil du Spectateur qui conjointement avec la Terre tend vers l'Orient : Et pour que le Soleil paroisse passer du Signe de l'Ecrevisse dans celuy du Lion, il n'importe pas s'il y passe effectivement, ou si c'est le Spectateur qui avec la Terre passe du Capricorne dans le Verse-eau ; puisque le Soleil soit d'une maniere, soit de l'autre, paroîtra passer de l'Ecrevisse dans le Lion.

Il semble donc qu'il en est en cecy comme d'un homme qui seroit né au milieu des Terres, & qui n'ayant aucune experience de la Mer seroit transporté en dormant dans un Navire ; car de mesme que cet homme en s'éveillant jureroit que le Rivage s'approche, ou se retire, & que le Navire demeure immobile, parce qu'il verroit toutes les parties du navire demeurer toûjours entre-elles dans la mesme situation ; les Mariniers se reposer, ou aller çà & là comme dans une maison qui seroit sur terre, & le Rivage cependant s'approcher, ou se retirer ; ainsi nous qui sommes nez, élevez, & accoûtumez dans la Terre, ce qui est bien plus que d'y avoir esté transportez, nous jurerions volontiers que ce sont les Astres qui effectivement se levent, & se couchent, & que la Terre est immobile ; parce que nous observons que toutes les parties qui sont alentour de nous demeurent toûjours entre-elles dans la mesme situation, que nous sommes en repos, ou allons çà & là sur la Terre comme dans un domicile fixe, & que d'ailleurs les Astres qui en sont separez deviennent cependant tantost plus hauts, & tantost plus bas à nostre égard.

Il y a seulement cette difference que cet homme pourroit sortir du Navire, & se tenir sur le Port, & par ce moyen s'appercevoir de sa tromperie, au lieu que nous ne pouvons pas sortir de la Terre, & mettre le pied dans un lieu fixe, d'où nous puissions observer le mouvement de la Terre, & corriger l'erreur de nostre veuë.

De là vient que nostre œil, tant que nous demeurons en Terre, estant toûjours affecté de mesme maniere, & estant par consequent, incapable de nous servir à decider la question si la Terre se meut, ou ne se meut pas, il ne nous reste à consulter que la Raison, il n'y a qu'elle qui nous puisse éclairer, & c'est d'elle seule que nous devons esperer la decision du Probléme.

Or Copernique, & ceux qui sont de son party croyent l'emporter, & estre les plus forts en raison; & c'est ce que nous allons tâcher de reconnoistre en considerant les raisons dont ils se servent pour defendre leur Opinion, & les Réponses qu'ils donnent à leurs adversaires.

CHAPITRE V.

Les Raisons qui ont semblé les plus convenables pour établir le Mouvement Diurne de la Terre.

I. Par le moyen du Mouvement Diurne, disent les Coperniciens, on oste cette vaste, & immense Sphere du Premier-Mobile qu'on a bâtie & élevée sur le Firmament, & qui a seulement esté inventée pour faire entendre qu'elle emporte journellement, ou en vingt-quatre heures, tout ce qui est au dessous d'elle: Car la Terre par la simple revolution de sa petite masse spherique tient lieu de Premier-Mobile, soulage les Cieux & les Astres de ce grand travail, & ne permet pas que ces Corps Celestes soient ainsi emportez par une violence continuelle.

Et cela, ajoûtent-ils, est tout à fait selon le genie de la Nature, qui ne fait jamais par des embarras ce qu'elle peut faire par quelque chose de plus simple, ni par beaucoup, comme on dit, ce qu'elle peut faire par moins aussi commodement.

II. On oste par consequent cette furieuse Rapidité dont cette Sphere doit estre emportée. Et certes si l'on objecte la Rapidité du mouvement de la Terre, en ce qu'un poinct pris dans son Equateur va aussi vite qu'un Boulet au sortir d'un Canon; combien doit-on plûtost objecter la rapidité inconcevable de cette Sphere; puisqu'un poinct pris dans l'Equateur du Premier-Mobile, doit, selon l'Opinion commune, estre emporté cinquante mille fois plus viste que le poinct de la Terre.

Pour ne dire point cependant que la Nature qui fait toutes choses avec une certaine harmonie, & convenance, semble ne destiner pas les petites choses au repos, & les grandes au mouvement, mais plûtost les petites au mouvement, & les grandes au repos; & cecy est
d'autant

d'autant plus plaufible que la Terre eftant ronde, elle femble par fa figure eftre tres-propre pour tourner, au lieu qu'on ne fçait, comme il a efté dit, quelle eft la figure exterieure du dernier corps, & qu'il eft mefme plus probable qu'elle foit tres-propre pour le repos; joint qu'il n'y a aucune apparence, ni convenance aucune qu'une machine fi grande qu'eft celle de tout ce Monde, tourne inceffamment & avec une rapidité inconcevable, & que cette feule petite boule de la Terre qui n'eft que comme un poinct, demeure immobile, & invariable.

III. On ofte cette violence perpetuelle qui fe fait aux Cieux inferieurs, lorsqu'outre leur propre inclination par laquelle ils tendent vers l'Orient, il y a un principe exterieur qui par une force contraire les retire vers l'Occident. Veritablement fi la violence eftoit moindre que l'inclination de la Nature, la chofe pourroit fembler tolerable; mais qu'elle la furpaffe tellement que dans Saturne elle foit plus de dix mille & cinq cent fois plus grande, & qu'un tel excez fe multiplie dans le Firmament de plus de dix-huit cent quatre-vingt-dix mille fois, à qui eft-ce que cela pourra fembler tolerable?

Auffi y a-t-il fujet de s'eftonner comment les Autheurs de l'Opinion commune tiennent qu'il n'eft pas convenable à la nature & à la perfection des corps Divins qu'ils foient mûs irregulierement, & que cependant ils croyent qu'ils peuvent eftre violentez & tiraillez d'une telle maniere : Ils femblent reverer la Nature, & cependant ne craignent point de luy faire une fi étrange violence, eux qui profeffent d'ailleurs que tout ce qui eft violent n'eft pas de longue durée.

IV. On ofte cette abfurdité, pour ne dire pas plûtoft cette impoffibilité, à quoy ne prennent pas trop garde ceux qui veulent qu'une Sphere fuperieure en faffe tourner au dedans de foy une inferieure; car comme il faut que l'une & l'autre furface, à fçavoir la convexe de la plus baffe, & la concave de la plus haute foient & contiguës, & tres-polies, il eft certes conftant qu'en ce cas il ne fe peut faire aucune impreffion, à caufe que l'une & l'autre demeurent invariablement dans leur lieu, & qu'ainfi il ne fe fait point de preffion; car on ne fçauroit concevoir qu'un corps en preffe un autre qu'il ne forte de fa place, ou que fes parties n'entrent & ne s'emboitent entre celles de l'autre.

Pour n'ajoûter point qu'il y a des Raifons convaincantes qui montrent que les Espaces celestes sont fluides, & qu'ils ne sont point occupez par des Spheres solides qui soient entrainées & emportées. Ces Raisons se prennent des Phases de Venus dont nous allons parler en suite ; du trajet que font les Cometes par ces espaces ; du manquement de Refractions, &c.

V. On oste la contrarieté qu'il y a à faire mouvoir une mesme Planete vers des parties opposées ; & on luy laisse un seul mouvement, & qui est mesme fort moderé, vers un seul endroit. Car Saturne, par exemple, ne fera pas tous les jours le circuit alentour de la Terre, mais la Terre le soulageant de ce mouvement, il ne parcourra le Zodiaque qu'une seule fois en trente ans ; & la Lune ne tournera pas trente fois en un mois alentour de la Terre, mais une fois seulement, la Terre prenant sur soy ce mouvement ; & il en est ainsi des autres Planetes.

Par la mesme raison les Cometes ne seront point aussi en mesme temps emportées par le mouvement du Premier-Mobile, & par leur mouvement propre ; mais elles feront leur simple trajet au travers des espaces Etherées, & cependant le mouvement Diurne leur sera attribué par le tour que la Terre fera alentour d'elle-mesme. Cette mesme raison aura encore lieu à l'égard des Etoiles Nouvelles, s'il en naist quelques-unes dans le Ciel qui n'ayent point de mouvemens particuliers, comme celle de l'année 1572 qui fut veuë dans la Constellation de Cassiopée ; & cette autre de l'année 1604 qui fut veuë au pied du Serpentaire ; car ces Etoiles seront aussi bien immobiles que les Fixes perpetuelles, & la Terre par le tour qu'elle fera en 24 heures alentour de son essieu, leur transportera le mouvement Diurne de mesme qu'aux Fixes perpetuelles.

Enfin, disent-ils, comme il est plus naturel que le Navire se meuve que les Costes qu'il parcourt ; & comme il est plus convenable que l'Orateur se tourne vers les parties differentes de son Auditoire, que de faire tourner l'Auditoire alentour de l'Orateur ; de mesme il semble qu'il est plus convenable que la Terre se tourne vers les diverses parties du Ciel, que toute la Region celeste alentour de la Terre.

Et il est d'autant plus naturel, ajoûtent-ils, que la Terre tourne successivement ses diverses parties vers le Soleil, & non pas que le Soleil tourne alentour des diverses parties de la Terre, que c'est la

Terre qui a besoin du Soleil, & non pas le Soleil qui a besoin de la Terre; puisqu'il est plus naturel que l'indigent cherche celuy dont il a besoin.

CHAPITRE VI.

Les Raisons qui ont semblé plus convenables à ceux qui font la Terre Mobile pour établir le Mouvement Annuel.

PRemierement, disent-ils, comme le Soleil est le cœur, & la source de la chaleur, de la lumiere, & de la vigueur qui est répanduë dans toute la region des Planetes, & dont cette region est vivifiée & animée; aussi le met-on dans ce Systeme au milieu de toutes les Planetes, comme estant le lieu le plus convenable, & le plus commode pour exercer la fonction de Prince, & estre comme le Moderateur de leurs mouvemens,

Ad cujus numeros & Dij moveantur, & Orbis
Accipiat leges, præscriptáque fœdera servet.

Certes ce tour que fait le Soleil en 27 jours, ou environ alentour de son propre essieu, donne bien quelque sujet aux Coperniciens de s'imaginer que le Soleil par les rayons qu'il envoye, contraint toutes les Planetes à imiter le mesme mouvement, & que c'est de là qu'il arrive que plus une Planete est proche du Soleil, plûtost elle acheve son circuit, comme estant affectée plus puissamment, & par une plus grande abondance des rayons. Au reste, ajoûtent-ils, ni la foiblesse des rayons, ni la masse corporelle des Planetes n'empesche point la chose; parce que les Planetes ne sont de soy ni pesantes, ni legeres, & peuvent par consequent changer de place à la moindre impulsion ou impression. Joint que si les rayons peuvent frapper & se refléchir comme nous experimentons, penetrer, agiter, brûler, & dissoudre les corps, ils peuvent bien mouvoir, & faire tourner les Planetes qui ne font aucune resistance.

II. Si vous regardez la disposition des Planetes tant à l'égard de la grandeur, qu'à l'égard du mouvement, Mercure sera & plus petit, & plus viste que Venus, Venus que la Terre, la Terre que Mars, Mars que Jupiter, & Jupiter que Saturne, ce qui fait une suite convenable & naturelle, & qui marque l'Institution de la Nature. Or cette suite de mouvemens est veritablement indubitable, & sans controverse; mais pour ce qui regarde la suite des grandeurs, il y en a qui tiennent que la Terre est non seulement plus grande que Mars, mais encore que Jupiter: Et il ne faut pas s'étonner si les sentimens sont partagez là-dessus; car comme les jugemens qu'on en fait dépendent de la limitation de la parallaxe & du diametre apparent, la chose est par consequent tres-delicate, comme nous avons insinué plus haut, & tres-difficile à determiner.

Quoy qu'il en soit, il est au moins constant que dans le Systeme vulgaire il n'y a rien de plus mal ordonné tant à l'égard des grandeurs qu'à l'égard des mouvemens; car la Lune y est plus grande que Mercure, celuy-cy plus petit que Venus; Venus plus petite que le Soleil; le Soleil plus grand que Mars; Mars plus grand que Jupiter; Jupiter plus grand que Saturne. Et derechef la Lune fait son circuit en un mois; Mercure, Venus, & le Soleil en un an; Mars en deux, Jupiter en 12, Saturne en 30, le Firmament en 25000, la neuviéme Sphere en 1700, la dixiéme en 3400, le Premier-Mobile en 24 heures.

III. On explique tres-bien de là pourquoy Mercure & Venus ne s'écartent pas beaucoup du Soleil, & que ces deux Planetes n'ont jamais la Terre entre-elles & le Soleil; au lieu que Mars, Jupiter, & Saturne s'en éloignent beaucoup, & ont quelquefois la Terre entre-eux & le Soleil, comme on peut voir clairement par la seule inspection du Systeme; car dans l'Opinion commune il faut feindre une ligne tenduë entre la Terre, & le Soleil, dans laquelle les centres des Epicycles de Mercure, & de Venus demeurent comme attachez, en sorte toutefois que les centres des Epicycles de Mars, de Jupiter, & de Saturne soient libres de cette attache; & on ne sçauroit apporter d'autre raison de la disparité sinon la mauvaise disposition du Systeme.

Pour ne dire pas cependant de quelle prodigieuse épaisseur on a esté obligé de faire le Ciel de Venus pour y pouvoir creuser & tailler un Epicycle qui peût comprendre les grandes Digressions qu'elle fait de part & d'autre à l'égard du Soleil, & dont le diametre deust par confequent estre la Soustendante de la quatriéme partie de la circonference du Ciel, & davantage.

IV. Ce qui est encore de plus considerable, c'est que supposé le mouvement de la Terre dans le Zodiaque, tout cet embarras d'Epicycles est aboly; toutes ces Stations, & Retrogradations des Planetes sont ostées; chaque Planete va toûjours par son seul & unique mouvement d'une mesme teneur, & toûjours constamment vers un mesme endroit, comme il est certes bien convenable à des corps si grands, & si maiestueux; & cependant tout ce qu'il y a de Station, & de Retrogradation n'est qu'une pure apparence causée par le mouvement de la Terre.

En effet, pour ce qui regarde Mercure, & Venus, ces Planetes ne vont pas tantost selon la suite des Signes, & tantost au contraire; & si on les regardoit du Soleil comme du centre de leurs mouvemens, on les verroit toûjours avancer selon la suite des Signes; mais parce que nous sommes hors de leurs circuits, & que cependant nous nous tournons alentour du mesme centre ou à peu pres, mais plus lentement, il faut de necesité qu'elles nous paroissent aller, & retourner, & que ces allées & ces retours nous paroissent se faire tantost dans de certains endroits du Zodiaque, & tantost dans d'autres.

Or il est vray qu'on entend les Stations dans cette Opinion de mesme que dans la commune; neanmoins les Phases de Venus sont une marque évidente qu'elles ne paroissent pas en montant, ou en descendant par un Epicycle qui soit entre le Soleil & la Terre, mais plûtost par un cercle dont le centre soit le Soleil mesme; en sorte que ces deux Planetes viennent tantost au dessous, ou en deçà du Soleil, & passent tantost au delà, ce que les anciens Egyptiens, Martianus Capella apres eux, & quelques autres se sont imaginez.

Car Venus ne peut point paroitre pleine ou approchant comme elle fait sur le soir lors qu'elle sort des rayons du Soleil, & qu'elle s'approche de la premiere Station, si ce n'est parce qu'ayant passé au delà du Soleil, elle tourne vers nous & nous montre cette moitiée ou environ de son Globe qui est illuminée. Elle ne peut point non plus paroitre en suite à demy illuminée comme elle fait lors qu'elle est proche des moyennes Longitudes, si ce n'est parce qu'elle nous montre seulement la moitié de cette partie illuminée. Enfin elle ne peut

144 DES CHOSES

point paroitre en croissant comme elle fait, ni nous faire voir en suite toutes ces autres Phases que nous avons remarquées dans la Lune, si ce n'est que tournant alentour du Soleil qui en illumine toûjours la moitié, elle nous montre tantost plus, & tantost moins de cette moitiée illuminée, comme il est aisé de voir dans la Figure suivante.

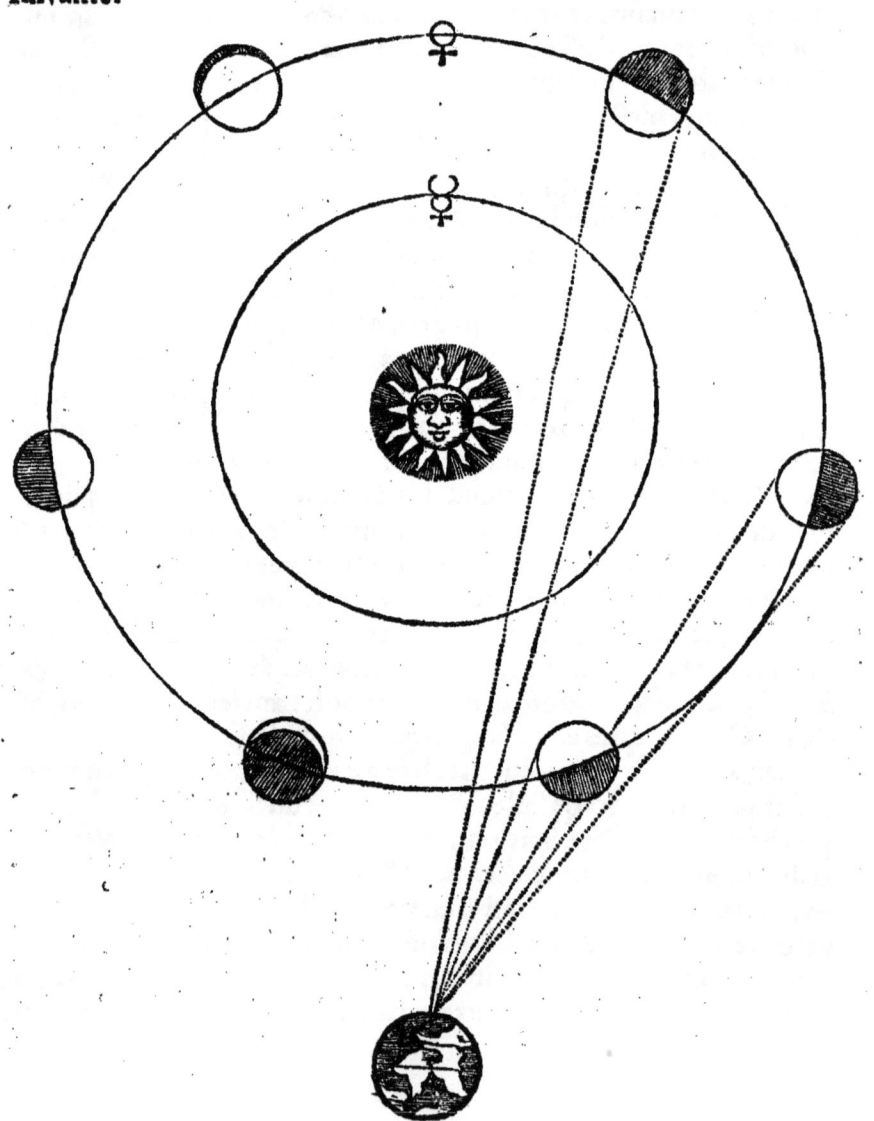

Or je passe sous silence comme une chose claire & évidente, que si Venus estoit emportée dans un Epicycle qui fust tout entier au dessous du Soleil, non seulement elle ne paroitroit jamais pleine, mais qu'on n'en verroit jamais exactement la moitié.

Elle ne paroitroit pas mesme ainsi tres-petite comme elle fait avec la Lunette de longue veuë lors qu'elle est pleine, & tres-grande lors qu'elle est en croissant. Je dis avec la Lunette, car à la simple veuë elle paroit presque aussi grande dans la Conjonction superieure, que lors qu'elle est fort proche de nous dans la Conjonction inferieure, à cause d'un certain faux rayonnement qui l'environe, lequel est osté par la Lunette.

Pour ce qui est de Mars, de Jupiter, & de Saturne, ces Planetes ne vont, & ne retournent pas aussi alternativement selon la suite, & contre la suite des Signes comme elles nous paroissent; & qui les regarderoit du Soleil, ou de la Terre mesme si elle estoit en repos, les verroit toûjours aller selon la suite des Signes; mais parce que nostre circuit est enfermé au dedans du leur, & que nous allons plus viste qu'elles, il faut de necesité que lors que nous passons entre elles, & le Soleil, elles nous paroissent retourner, comme si apres les avoir atteintes nous les laissions en suite deriere, nostre veuë ne les rapportant plus aux Etoiles fixes antecedentes, mais aux consequentes.

Il faut au contraire qu'elles nous paroissent Directes ou se mouvoir selon la suite des Signes, toutes les fois qu'ayant le Soleil & elles de mesme costé, nous les rapportons aux Etoiles fixes consequentes.

Il faut enfin qu'elles paroissent Stationnaires toutes les fois que nous allons vers elles, ou que nous nous en éloignons; parce que la Terre est alors meuë d'une telle maniere que la veuë les rapporte quelque temps aux mesmes Etoiles; ce qui se peut entendre avec tout ce que nous venons de dire par la Figure du Systeme qui a esté depeint plus haut.

V. Dans l'Opinion commune on ne sçauroit rendre raison pourquoy ces Planetes se font toûjours Retrogrades dans l'Opposition avec le Soleil, toûjours Directes dans la Conjonction, jamais en d'autres lieux, jamais en d'autres temps; au lieu que dans cette Hypothese il faut de necesité que la chose arrive de la sorte.

On ne sçauroit de mesme expliquer dans l'Opinion commune pourquoy ces trois Planetes sont bien plus grandes dans l'Opposition qu'en aucun autre temps; & dans celle-cy on voit clairement que c'est parce que la Terre passe alors tres-proche d'elles.

On voit de mesme dans cette Opinion que si les Retrogradations sont plus frequentes dans Saturne que dans Jupiter, & dans Jupiter plus que dans Mars; c'est parce que la Terre atteint plus souvent Saturne qui est tres-lent que Jupiter qui va un peu plus viste; & qu'atteignant Mars plus tard que les autres comme allant le plus viste de tous, elle l'atteint aussi plus frequemment.

On voit au contraire pourquoy l'arc de Retrogradation est plus grand dans Mars que dans Jupiter, & dans Jupiter que dans Saturne; parce que la Retrogradation de Mars à cause de la proximité commence plûtost, & finit plus tard qu'en Jupiter, & par la mesme raison dans Iupiter que dans Saturne, & ainsi des autres.

Enfin si entre toutes les Planetes il n'y a que la Lune, & le Soleil qui ne paroissent point Retrogrades, & Stationaires, n'est-il pas croyable que ce n'est que parce que la Lune, en quelque endroit que nous soyons, tourne alentour de nous comme alentour de son centre, & nous alentour du Soleil; & qu'ainsi il faut de necessité qu'il paroisse toûjours avancer selon la suite des Signes.

CHAPITRE VII.

Les Raisons les plus convenables pour introduire le troisiéme Mouvement.

POur ce qui regarde enfin le troisiéme mouvement, ou plûtost ce Parallelisme perpetuel de l'axe de la Terre dont il a esté parlé, il a esté principalement inventé pour faire l'inegalité des jours & des nuits, & la vicissitude des Saisons.

Car si l'Equateur de la Terre lors qu'elle parcourt le Zodiaque convenoit avec le plan de l'Ecliptique, & que son axe fust paralelle à l'axe de l'Ecliptique, de sorte que le Pole du Monde fust le mesme que celuy de l'Ecliptique, il y auroit un perpetuel Equinoxe; le Soleil passeroit perpetuellement sur la teste de ceux qui habitent

rent sous l'Equateur; ceux qui habitent en deçà & en delà vers l'un
& l'autre Pole, l'auroient toûjours à leur Midy à mesme hauteur;
& ceux qui habitent sous les Poles le verroient toûjours raser
l'Horison; si bien qu'il ne se feroit aucune diversité ni de jours,
ni de Saisons.

Mais parce que l'Equateur de la Terre coupe effectivement le
plan de l'Ecliptique, & que son axe se tient constamment parallele
à soy-mesme; il arrive que l'Horison de chaque lieu change de
situation à l'égard du Soleil, & que non seulement il se fait tantost
jour, & tantost nuit par la presence du Soleil, & par son absence,
mais encore que ceux qui habitent comme nous vers le Septentrion,
n'ont pas le Soleil si haut lors que la Terre est dans les Signes Septentrionaux, que lors qu'elle est dans les Meridionaux, & qu'ainsi
ils n'ont ni les jours si longs, ni la chaleur si vehemente. Ce qui
se peut aisément entendre, si aprés avoir marqué sur un petit Globe un poinct qui represente quelque lieu particulier, comme par
exemple Paris, on conduit ce petit Globe sur l'Ecliptique d'une
Sphere vulgaire en luy faisant toûjours garder ce mesme parallelisme dont il a esté parlé.

II. Ce Mouvement a esté inventé pour expliquer comment la
hauteur du Pole dans chaque lieu de la Terre demeure constamment
la mesme.

Car lors que la Terre est dans l'Ecrevisse, le Pole Septentrional nous
devroit, ce semble, paroitre bien plus haut que lors qu'elle est dans
le Capricorne; cependant ce parallelisme fait qu'il paroit également
haut en quelque part que soit la Terre. Voicy de quelle façon la chose se doit concevoir.

Reprenons icy la Figure que nous avons proposée dans le Chapitre
troisiéme, & prolongeant par nostre imagination l'axe E G qui passe
par le Soleil jusques à la region des Fixes, faisons-le aboutir aux
poincts A C qui soient appellez les Poles du Monde.

Imaginons-nous de plus que l'axe de la Terre qui est continué, ou
allongé de part & d'autre jusques aux Etoiles fixes, soit successivement P Q, R S, &c. & que par le circuit annuel qu'il fait alentour
de l'essieu du Monde, il décrive la surface cylindrique ou colomnaire
dont les bases soient les deux cercles qui sont decrits alentour des Po-

S

148 DES CHOSES

les, & dont les diametres, sont les lignes PT, QV, égales aux diametres du grand Orbe FH.

Imaginons-nous encore que la distance qu'il y a depuis le grand Orbe jusques aux Etoiles fixes est tellement grande, que la colomne estant regardée de là, & estant veuë décroitre continuellement comme font tous les paralleles qu'on prolonge, paroisse enfin de part & d'autre se terminer en pointe, & que ces deux bases ou ces deux cercles décrits alentour des Poles, soient comme des poincts.

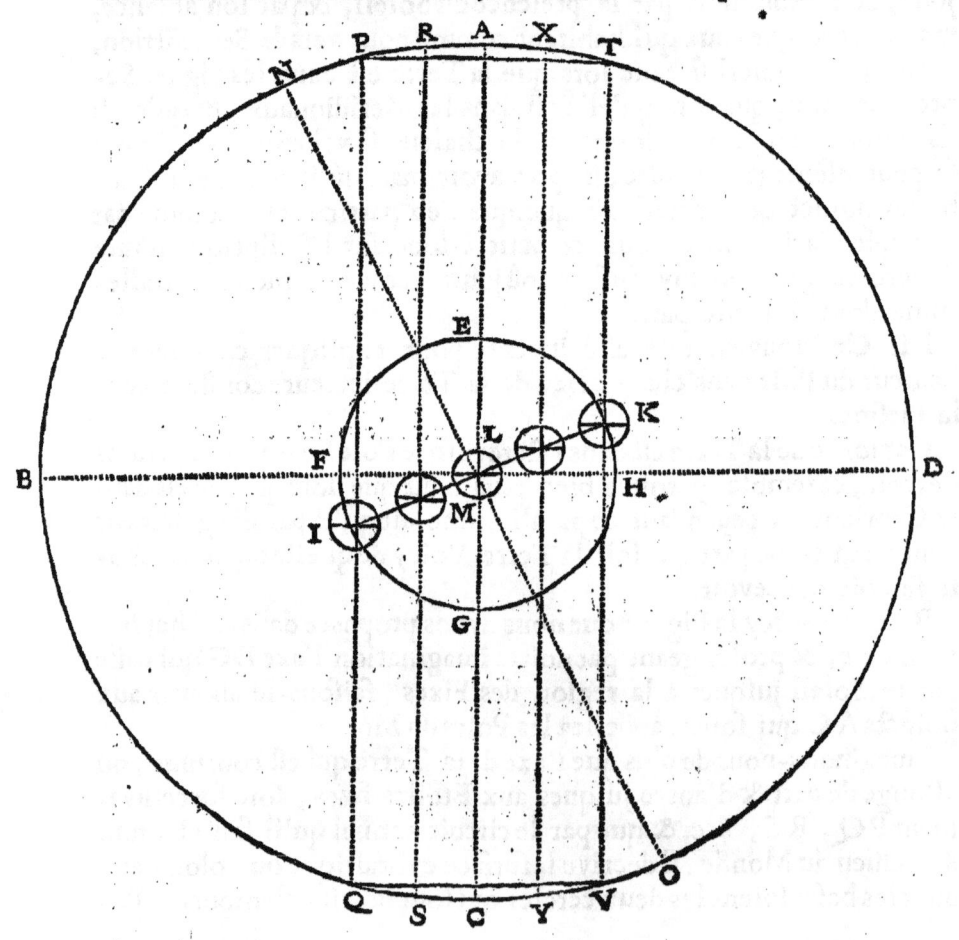

De là nous entendons qu'en quelque endroit du Zodiaque, ou du grand Orbe que soit la Terre, le Pole qui est élevé sur l'Horison demeure constamment le mesme, ou paroit toûjours en mesme elevation; parce qu'encore que l'Axe de la Terre regarde successivement diverses parties du Ciel alentour du Pole du Monde, toutefois l'intervalle qui est entre toutes ces parties, est comme un poinct à la veuë, & toute l'enceinte du cercle décrit alentour du Pole ne nous est que comme un seul & mesme Pole.

III. Pour pouvoir expliquer comment on a toûjours les mesmes Etoiles verticales, & comment elles nous paroissent toûjous de mesme grandeur.

Car il semble que si la Terre estant dans l'Ecrevisse, il y a quelques Etoiles qui nous passent par dessus la teste, les mesmes Etoiles n'y doivent pas passer, ni paroitre si grandes lors qu'elle sera dans le Capricorne.

Mais comme la hauteur du Pole demeure la mesme à cause du Parallelisme que nous avons dit, ainsi il faut à cause du mesme parallelisme que les Etoiles verticales demeurent les mesmes, comme retenant toûjours leur mesme distance à l'égard du Pole.

Il est neanmoins constant que la Terre estant dans le Capricorne, nostre teste répond à un poinct de la region des Fixes qui est autant éloigné de celuy auquel elle repond lors que la Terre est dans l'Ecrevisse, qu'il y a de distance entre les Tropiques du grand Orbe; mais si ce grand Orbe est comme un poinct estant comparé à toute la region des Fixes, à plus forte raison une sienne petite partie, à sçavoir la distance qui est entre les Tropiques, ne sera que comme un poinct.

C'est pourquoy il arrive de là que dans ces deux lieux differens nous n'avons veritablement pas en effet les mesmes parties de la region des Etoiles fixes sur la teste, mais que nous les avons toutefois eu égard au Sens, si bien que ce n'est pas merveille que les mesmes Etoiles qui sont des parties sensibles du Ciel, demeurent constamment verticales.

Il arrive aussi de là que les Etoiles paroissent toûjours de la mesme grandeur; parce qu'en quelque endroit que soit la Terre, on les régarde comme du mesme poinct.

S ij

IV. Pour pouvoir donner raison de la Precession des Equinoxes dont nous avons parlé ; c'est à dire de ce mouvement lent vers l'Orient qu'on attribuë à la huitiéme Sphere ou Firmament.

Car les Etoiles du Belier ne semblent presentement s'estre retirées de 30 degrez du poinct Equinoctial dans l'espace de deux mille ans, que parce qu'elles ont effectivement avancé selon la suite des Signes,

Toutefois, parce que la mesme chose doit paroitre, soit que les Etoiles se retirent effectivement du poinct Equinoctial selon la suite des Signes, soit que le poinct Equinoctial se retire des Etoiles contre la suite des Signes ; pour cette raison Copernique s'est imaginé que ce mouvement d'Inclination, c'est à dire cette consistance de l'axe, se fait d'une telle maniere qu'il n'atteint pas precisément le mouvement du centre ; & de là vient que l'Equateur chaque année coupe l'Ecliptique un peu en deça, en sorte que le poinct Equinoctial se trouve dans une partie de l'Ecliptique un peu antecedente.

De là vient aussi que lors que le poinct Equinoctial avance contre la suite des Signes *in præcedentia* (ce qui a fait que ce Mouvement à esté nommé Precession ou Anticipation des Equinoxes) les parties de l'Ecliptique qui sont quittées, & par consequent les Etoiles du Belier & les autres, semblent autant avancer à proportion selon la suite des Signes.

Copernique ajoûte en partie pour sauver l'inégalité de ce mouvement de la Precession des Equinoxes, & en partie pour sauver la variation de l'Obliquité, ou de la plus grande Declinaison de l'Ecliptique ; qu'il suffisoit que l'axe de la Terre décrivit une espece de Couronne entortillée de cette sorte ꭃ, parce qu'allant vers l'Orient, & retournant vers l'Occident, ce mouvement seroit avancé, & retardé ; & qu'allant vers le Septentrion, & retournant vers le Midy, cette Declinaison croitroit ; mais les Observations de l'un & de l'autre Phenomene sont trop incertaines pour nous y arrester

C'est assez qu'il luy a semblé plus convenable de rapporter tous les Phenomenes susdits au petit Globe de la Terre, que de les rapporter au Soleil, ou à cette immense Sphere des Etoiles fixes.

Ajoûtons que Galilée a crû que le Flux & le Reflux de la Mer se pouvoit plus convenablement expliquer par le mouvement de la Terre, que par l'influence de la Lune, ou par aucune autre des causes qu'on en a données jusques à present.

Car de mesme que de l'eau contenuë dans un vaisseau ne demeure pas comme accumulée au derriere du vaisseau, mais refluë ou retourne en devant si le transport du vaisseau se fait avec quelque inegalité; ainsi, disoit-il, la Mer qui est contenuë dans les cavitez de la Terre comme dans une espece de vaisseau, & qui se retire vers le Couchant quand la Terre est transportée vers l'Orient, ne demeure pas accumulée, mais elle fluë & refluë s'il arrive quelque inégalité dans le mouvement de la Terre.

Or il prouve qu'il y a de l'inégalité, de ce qu'encore que chacun des trois mouvemens de la Terre soit uniforme selon soy, toutefois le mélange de ces mouvemens fait qu'une certaine partie de la surface de la Terre qu'on prend & qu'on détermine se meut inégalement. Car cette partie, par exemple, dans laquelle est la Mer Mediteranée est de telle maniere emportée continuellement vers l'Orient par le mouvement annuel, que tournant cependant par le mouvement journalier, elle a la moitié de cette revolution qui convient avec l'annuel, & la moitié qui luy est contraire ; ce qui fait qu'elle est portée plus viste vers l'Orient lorsque les deux mouvemens conspirent, & plus lentement lorsqu'il n'y en a qu'un qui tend vers là ; ce qui fait encore que deux fois le jour elle est portée inégalement, sçavoir une fois lors qu'elle passe de la vitesse à la lenteur, & une fois lors qu'elle passe de la lenteur à la vitesse : Et c'est de cette inégalité qu'il a cru que provenoit cette double Reciprocation ou double Flux & Reflux qui arrive chaque jour.

Il tache mesme de trouver par la composition des autres mouvemens trois autres inégalitez, la premiere desquelles soit la cause de ce que les Marées sont plus grandes aux Equinoxes & aux Solstices, & à l'Equinoxe plus qu'au Solstice. La seconde, de ce qu'elles sont plus grandes à la Nouvelle & à la Pleine Lune qu'aux autres temps. La troisiéme, de ce que la Marée retarde chaque jour de plus de trois quarts d'heure. Pour ce qui est des autres diversitez qui arrivent çà & là dans le Flux & le Reflux, il pretend que cela se peut commodement rapporter à la situation, & à la condition particuliere des rivages.

Je ne m'arreste pas à faire voir tous ces divers mélanges de mouvemens ; car outre que tout cela seroit tres-long, & tres-difficile à comprendre, ces passages & mélanges se faisant petit à petit, insensiblement, & uniformément, il ne paroit pas qu'ils puissent causer le retour ou le reflux des eaux, ni par consequent de telles inégalitez d'où proviennent ces diversitez des Marées.

Ainsi l'opinion de Galilée ou son Hypothese du mouvement de la Terre d'Occident en Orient nous peut veritablement bien servir à concevoir qu'il se doit faire un certain Courant uniforme & continuel d'Orient en Occident, & qui soit tres-sensible entre les Tropiques, comme il y en a effectivement un selon le rapport de tous les Navigateurs; mais pour ce qui est du Flux & du Reflux on en doit chercher la cause ailleurs; & mesme comme il y a tant de conformité entre les mouvemens de la Mer & ceux de la Lune, il semble qu'on ne fera pas mal de l'attribuer comme on a de coûtume à l'influence de la Lune, quoy que nous ignorions la maniere dont se fait cette influence, en attendant que quelqu'un nous puisse faire voir, comme on espere, qu'il n'y a qu'une seule & unique cause des mouvemens de l'un & de l'autre, & nous montre qu'elle est cette cause. Ce n'est pas toutefois qu'on ne doive avoüer que la pensée de Galilée est tres-judicieuse, & qu'il a ouvert le chemin pour penetrer plus avant dans la connoissance de ce mistere de la Nature.

CHAPITRE VIII.

Ce que les Sectateurs de Copernique répondent aux Objections qui se tirent de l'Astronomie.

LEs Argumens qui se font contre le mouvement de la Terre se tirent les uns de l'Astronomie, les autres de la Physique, & les autres de l'Ecriture-Sainte. Or il ne seroit presque pas necessaire de nous arrester à ceux qui se tirent de l'Astronomie, parce qu'on peut voir de ce qui a esté dit jusques icy de quelle maniere les Sectateurs de Copernique s'en defendent; neanmoins pour plus grande intelligence nous proposerons ceux qui pouroient encore faire quelque difficulté.

On objecte donc aux Coperniciens que si la Terre n'estoit pas dans le centre, nous ne devrions pas toûjours voir comme nous faisons l'Hemisphere entier, ou la moitié du Ciel, ni par consequent six Signes entiers du Zodiaque. Mais ils répondent qu'en quelque endroit de l'enceinte du Ciel que soit la Terre, la partie du Ciel qui sera élevée paroitra toûjours à la veuë comme un Hemisphere entier ; parce que soit qu'on conçoive la Terre estre élevée du centre à la surface du grand Orbe, ou transportée du Tropique du Capricorne du mesme Orbe au Tropique de l'Ecrevisse, elle n'approche point si pres de la voute du Ciel que cela soit sensible, & que nous ne puissions toûjours voir l'Hemisphere entier.

Et sur l'Instance qu'on leur fait, qu'il ne seroit pas permis de dire que le Soleil fust dans son Apogée, ou dans son Perigée, ils répondent que cela se peut toûjours dire, parce que cette Astronomie ne rejette pas les termes receus pourveu qu'on sous-entende qu'on ne parle que selon l'apparence, & pourveu qu'on ne détruise pas par là l'existence actuelle & effective de la chose ; aussi les entend-on ordinairement comme les autres se servir de ces façons de parler, que le Soleil se leve, qu'il se couche, & qu'il est dans un tel Signe, n'entendant parler que selon que les choses paroissent.

Il sera donc permis de dire que le Soleil est dans l'Apogée quand la Terre sera tres-éloignée du Soleil, & qu'il sera dans le Perigée quand elle sera fort proche du Soleil ; car cela conviendra en apparence au Soleil, & en effet à la Terre, entant que son Orbite sera eccentrique, c'est à dire que ce ne sera point tant un cercle parfait qu'une espece d'Ovale dans l'un des foyers ou centres de laquelle sera le Soleil, & duquel la Terre approchera par consequent tantost plus, & tantost moins.

Car on a observé que les routes que décrivent les Planetes par les espaces Etheréez sont elliptiques ou en ovale, quoy que pour la facilité du calcul on entende que les ovales se reduisent en Eccentriques, & en Epicycles.

Que si on leur objecte de plus, que ni les mesmes Aspects des Planetes, ni leurs Latitudes, ni specialement les Phases de la Lune, ses Eclipses, & celles du Soleil ne paroitroient pas de mesme, &c. ils répondent que tous ces Phenomenes, & autres semblables paroitroient tout de mesme ; puis qu'encore que ce soit la Terre qui en effet décrive l'Ecliptique, le Soleil neanmoins paroitra toûjours la décrire ; & lors que les autres Planetes parcourront le Zodiaque, on les verra dans divers Aspects soit à l'égard du Soleil, soit à l'égard les unes des autres, & s'éloigner de l'Ecliptique, ou acquerir de la Latitude.

Et d'autant que la Lune sera toûjours portée dans son Orbite propre & particuliere alentour de la Terre, & que cette Orbite coupera tout de mesme l'Ecliptique aux deux nœuds opposez, elle aura toutes les mesmes Phases ; & comme elle paroitra tout de mesme ou en Conjonction, ou en Opposition avec le Soleil, elle s'éclipsera aussi de mesme, ou ne s'éclipsera pas, & elle causera tout de mesme, ou ne causera pas les Eclipses du Soleil.

A l'égard de ceux qui pretendent que c'est une chose ridicule de mettre la Terre qui est comme la lie des Elemens entre les Corps Celestes, & d'en faire une Planete, ils soûtiennent que la Terre ne doit pas plûtost passer pour la lie des Elemens que Mars, que Venus, ou qu'aucune autre Planete ; puisque si elle n'est point lumineuse d'elle-mesme, les autres ne le sont point aussi ; & que si les autres luisent par la lumiere du Soleil, elle luit aussi par la mesme lumiere.

Ils ajoûtent I. qu'elle n'est pas moins spherique qu'elles, & qu'ainsi elle n'est pas moins capable qu'elles d'estre transportée & de faire ses circuits dans les espaces Etherezez.

II. Qu'elle est d'une grandeur convenable ; puisque comme il y en a quelques-unes qui sont plus grandes qu'elle, il y en a aussi qui sont plus petites.

III. Que si la superficie est inégale & raboteuse, celle de la Lune l'est aussi, comme les Taches qu'on y découvre avec les Lunettes de longue veuë nous le démontrent ; & il est probable qu'il en est de mesme des autres Planetes, puis qu'elles nous reflechissent la lumiere du Soleil, non d'un seul poinct, comme il arriveroit si elles estoient parfaitement polies, mais de plusieurs poincts.

IV. Que s'il se fait des generations, & des corruptions dans la Terre, on ne sçauroit prouver qu'il ne s'en fasse pas de mesme dans les autres, encore que nous ne les voyons pas davantage que celles qui se font dans la Terre se verroient de la Lune, ou de quelqu'une des autres Planetes.

V. Qu'on

V. Qu'on ne devroit pas mesme prendre les Planetes pour des Corps imparfaits, encore qu'elles fussent sujetes à la generation & à la corruption ; car c'est veritablement une imperfection qu'une chose puisse se corrompre, ou cesser d'estre, mais ce n'est pas une imperfection que demeurant en son entier selon toute sa masse, elle puisse engendrer quelque composé de la corruption & dissolution d'un autre. Et certes c'est une bien plus grande perfection dans la Terre d'engendrer cette varieté si admirable de Fleurs, & d'autres choses, puisque cela se fait sans aucun detriment, ou diminution de sa masse, que si estant incorruptible, elle ne souffroit aucun changement dans sa superficie.

VI. Que la Terre & la Lune non seulement se rendent le change l'une à l'autre lors qu'elles s'obscurcissent, & qu'elles s'illuminent mutuellement, mais qu'il est mesme constant que tout ce que Venus ou Mercure paroissent à la Terre, la Terre le paroit à Mars, à Jupiter, & à Saturne; & que tout ce que Mars, & Jupiter, ou Saturne paroissent à la Terre, la Terre le paroit à Mercure, & à Venus; j'entens quant à ce qui regarde le mouvement, la maniere du mouvement, la variation de grandeur, & les Phases, &c.

Pour ce qui est de ceux qui trouvent si étrange que la distance qu'il y a de la Terre aux Etoiles fixes soit telle que tout ce grand Orbe ne soit que comme un poinct, ils répondent qu'il n'y a aucune raison, ni aucune experience qui convainque du contraire ; que d'ailleurs tous les Phenomenes se sauvent bien mieux & plus commodement en la supposant telle qu'en la supposant moindre selon l'Opinion vulgaire; que c'est mesme estre injurieux à la magnificence du Souverain Autheur de la Nature que de dire que cette vaste étenduë soit superfluë ; comme si parce que nous ne comprenons pas pourquoy Dieu a fait le Monde d'une si grande étenduë, il nous estoit permis de reduire sa Puissance & sa Sagesse aux bornes étroites & serrées de nostre Entendement, & de nostre petitesse.

Enfin à l'égard de ceux qui inferent que le Soleil seroit donc plus petit qu'aucune des Etoiles fixes visibles, puisque si tout le grand Orbe à cause de sa petitesse ne peut pas estre veu des Fixes, le Soleil qui n'en est que comme le centre, est encore moins capable d'estre veu, ils répondent aussi qu'il se peut faire que le Soleil ne soit pas plus petit qu'une Etoile fixe, & que quand il seroit effectivement plus petit, il pourroit neanmoins encore estre veu de la region des Fixes; parce que comme une petite flamme veuë de loin dans les tenebres se dilate, & paroit extrémement grande, ainsi les petis disques des Etoiles, qui sans cette dilatation ne seroient que de petis poinéts invisibles, se dilatent dans les tenebres de la Nuit d'une telle maniere qu'ils sont visibles; si bien, disent-ils, que le Soleil estant veu d'un lieu tenebreux, il se dilateroit de mesme, & deviendroit visible comme une Etoile, encore que sans cette dilatation il seroit comme un poinét entierement invisible.

CHAPITRE IX.

Ce qu'ils répondent aux Objections qui se tirent de la Physique.

LA premiere des Objections Physiques qui se fait contre les Coperniciens est, que le Globe de la Terre estant le plus pesant de tous les Corps, il ne doit point estre placé ailleurs que dans le centre ou le milieu du Monde.

Mais ils répondent premierement selon le sentiment de Platon, que s'il y a dans le Monde une Extremité, & un Milieu, il ne s'ensuit pas pour cela que l'Extremité soit le haut, & le Milieu le bas; d'autant que le haut, & le bas se disent seulement par rapport à la situation des parties de l'Animal, & principalement de celles de l'Homme, qui en quelque endroit du Monde qu'il soit, tient pour haut ce qui est sur sa teste, & pour bas ce qui est sous ses pieds.

Ils disent en suite que les parties de la Terre sont, ou peuvent estre veritablement dites pesantes, entant qu'elles se portent à la Terre comme à leur Tout dont l'integrité & la conservation dépend de l'union des parties; mais que toute la Terre selon soy n'est pas davantage ou pesante, ou legere que la Lune, que Venus, ou que quelqu'un des autres Globes celestes dont les parties retourneroient de mesme à leur Globe, si quelque force les en avoit detachées.

De plus, qu'il y a veritablement un centre dans la Terre vers lequel toutes les choses pesantes tendent & se portent, mais que ce n'est que par accident, & entant que tendant par soy au Corps de la Terre auquel elles desirent & affectent de s'unir comme à leur Tout par la ligne la plus courte, il arrive que cette ligne regarde le centre de la Terre; si bien qu'il ne s'ensuit pas que le centre de la Terre soit le mesme que le centre du Monde; & il est à croire qu'en quelque endroit du Monde que la Terre pûst estre placée, les choses pesantes pourroient toûjours tendre vers son centre.

On leur objecte en second lieu, qu'un corps simple comme est la Terre, n'est capable que d'un seul & unique mouvement simple, & qu'ainsi le mouvement droit estant propre & particulier à la Terre, comme ses parties qui tombent en droite ligne vers le bas nous le font voir, il semble qu'elle ne peut pas avoir le mouvement circulaire.

Mais ils répondent que la Terre n'est point un corps simple, & qu'il est constant par l'experience que c'est bien plustost un corps tres-heterogene, & un mélange de mille sortes de corps differens.

De plus, qu'il ne repugne pas qu'un corps simple ait divers mouvemens, pourveu que ces mouvemens ne se fassent point vers des parties opposées, mais qu'ils conspirent vers un mesme endroit, comme il a déja esté dit à l'égard d'un Globe qui roule sur un plan.

D'ailleurs, que ce qui convient à la Partie ne doit pas pour cela convenir au Tout s'il luy convient entant que partie; puis qu'autrement tout homme devroit estre rond, parce que sa teste est ronde; c'est pourquoy encore que toutes les parties de la Terre se meuvent en droite ligne, il ne s'ensuit pas que toute la Terre s'y doive aussi mouvoir; parce que ses parties ne se meuvent de la sorte que pour se joindre & s'unir avec elle, & la Terre n'affecte point d'estre unie à aucune autre chose.

Enfin ils disent qu'encore que les parties de la Terre se meuvent en droite ligne, rien n'empesche qu'elles n'ayent en mesme temps le mouvement de leur Tout, à sçavoir le mouvement circulaire, & que lors qu'elles tombent elles peuvent estre cependant transportées conjoinctement avec leur Tout, de la mesme maniere que la main se meut en haut, en bas, en devant, en derriere, en rond, &c. & ne laisse pas cependant d'estre transportée avec tout le corps qui marche.

La troisiéme Objection est, que la Terre se dissiperoit par un mouvement si viste & si rapide, & que l'Air que nous fendrions avec tant de rapidité nous seroit comme un vent intolerable.

Mais ils répondent premierement, que la Terre est doüée d'une certaine vertu Magnetique par laquelle elle attire à soy toutes les choses terrestres depuis le centre jusques à la circonference, & les retient jointes & unies ensemble, de sorte qu'il n'est pas possible que sa masse se dissipe; d'autant plus que son mouvement pour rapide qu'il soit, est uniforme, sans choc, & sans secousse, & qu'ainsi il n'ébranle point ses parties, ni ne peut causer la separation.

Joint que l'Air estant aussi d'une matiere terrestre, & qui envelope toute la masse de la Terre comme une espece de Coton, il tourne avec elle de telle maniere que nous trouvant au dedans de luy, & estant transportez avec luy, nous ne le coupons pas, ni ne le sentons pas comme un espece de vent contraire.

Cependant, que l'Air estant d'une substance plus fluide que le reste de la Masse solide & interieure, & que ne pouvant par consequent pas estre emporté avec tant de rapidité qu'elle, c'est apparemment de là qu'il arrive que sous l'Equateur, & aux environs où le mouvement de la Terre vers l'Orient est tres-viste, l'Air resiste tellement, & va, pour ainsi dire, de telle maniere vers l'Occident, que les Nautonniers le sentent comme un vent continuel, & uniforme.

Pour ne dire rien de la Mer, qui estant aussi tant soit peu retardée à cause de sa fluidité, coule ou fluë, & refluë en suite parce qu'elle s'est accumulée, ou qu'elle a rencontré les rivages, comme nous avons déja touché plus haut.

La quatriéme Objection est, qu'aucun corps soit de ceux qu'on jette en haut, soit de ceux qu'on laisse aller en bas, ne tomberoit perpendiculairement, si pendant qu'il est en l'air, l'endroit de la Terre qui est directement au dessous de luy se retiroit, de mesme que la poupe d'un Navire d'où l'on a tiré une fléche en haut se retire de dessous la fléche pendant qu'elle est en l'air.

Mais ils répondent premierement, que c'est une erreur de croire qu'une fléche qu'on auroit directement tirée vers le haut de dessus la poupe, ne retomberoit pas sur la poupe mesme, & ils soûtiennent que cette objection ne s'est faite jusques à present que par ceux qui n'ont pas experimenté la chose. Joint que la raison en est évidente;

CELESTES. 159

car le Navire imprime son mouvement à toutes les choses qui sont transportées par le Navire, & par leur entremise à toutes celles qu'elles jettent en haut, ou qu'elles laissent tomber en bas; d'où vient que lors que l'arc imprime à la fléche le mouvement vers le haut, il luy imprime en mesme temps un mouvement progressif ou en avant qu'il tient du Navire, ou de l'homme qui est transporté par le Navire; si bien que la fléche qui est en l'air répond toûjours à la poupe, & y retombe enfin à cause de ce mouvement.

Et il en est de cecy comme d'une pierre qu'on jette directement du pied du Mas vers le haut, ou qu'on laisse tomber directement en bas du haut du Mas; car si on laisse tomber cette pierre du costé de la poupe, elle n'est point abandonnée par le Mas, de mesme qu'elle n'en est point choquée si on la laisse tomber du costé de la prouë, mais elle tombe au pied du Mas comme si le Navire estoit en repos. Ce qui doit necessairement arriver de la sorte, parce qu'encore que celuy qui laisse tomber la pierre ne fasse point de soy aucun mouvement particulier, il luy imprime neanmoins le mouvement general qu'il tient du Navire, & qui luy a esté imprimé par l'entremise du Mas.

Ainsi ils se servent de l'exemple mesme qu'on leur objecte, & soûtiennent que la Terre imprime de mesme son mouvement à toutes les choses qu'elle emporte avec elle, & que la pierre qui est jettée en haut tombe dans le mesme endroit de la Terre, parce que celuy qui la jette ne luy imprime pas seulement sa propre force par laquelle il la contraint de monter en haut, mais encore celle qu'il tient de la Terre, & par laquelle il est porté en avant; si bien que lors qu'elle est en l'air, elle regarde toûjours directement le mesme lieu, & y tombe justement.

Et c'est ainsi qu'une pierre qu'on laisse tomber du haut d'une Tour en bas, tombe dans le mesme endroit de la Terre qui est directement au dessous d'elle; parce qu'encore que celuy qui la laisse tomber ne se meuve point par aucun mouvement qui luy soit particulier, il luy imprime neanmoins le mouvement que la Terre luy a imprimé par le moyen de la Tour.

Deplus, de mesme que le mouvement de la fléche qu'on a tirée en haut de dessus le Tillac du Navire, ou celuy de la pierre qu'on a lais-

T iij

sé tomber en bas du haut du Mas, n'est effectivement pas droit, mais en arc, & à peu prés selon cette ligne qu'on appelle Parabolique, & que cependant il paroit droit ou perpendiculaire à tous ceux qui sont dans le Navire, parce que l'œil n'apperçoit pas le mouvement par lequel il est luy-mesme porté, & qui est commun à la flèche, & à la pierre, mais seulement celuy que le bras, ou l'arc imprime de plus, & surajoûte ; ainsi le mouvement d'une pierre qui aura esté jettée de la Terre vers le haut, ou laissée tomber du haut d'une Tour vers le bas, n'est effectivement pas droit, mais dans les espaces du Monde il est fort courbe, & approchant d'une parabole tres-ouverte ; & cependant il paroit droit ou perpendiculaire à tous ceux qui sont portez par la Terre, parce que l'œil n'apperçoit point aussi le mouvement par lequel il est luy-mesme emporté par la Terre, lequel est commun à la pierre, mais seulement cet autre qui est de plus imprimé à la pierre, ou par celui qui la jette, ou par la pesanteur & par l'attraction.

Il est vray qu'il y a cette différence, que quelques-uns peuvent se tenir hors du Navire, & observer comment ce mouvement qui semble perpendiculaire aux Mariniers, est effectivement courbe ; au lieu qu'il n'y a personne qui puisse mettre le pied hors de la Terre, & qui puisse par conséquent voir que le mouvement qui paroit perpendiculaire aux habitans de la Terre, est effectivement en arc, ou Parabolique.

On leur objecte en cinquiéme lieu, que de deux Canons braquez l'un vers l'Orient, & l'autre vers l'Occident, le boulet de celuy qui auroit tiré vers l'Occident iroit bien plus loin, parce que ce Canon iroit en mesme temps & suivroit vers l'Orient : Et derechef, que le boulet d'un Canon tiré vers le Midy, ou vers le Septentrion, manqueroit toûjours le but, parce que pendant que le boulet seroit en l'air, le but seroit cependant emporté vers l'Orient.

Mais ils répondent premierement, qu'il en est des deux Canons comme de deux Hommes qui joüent sur le Tillac d'un Navire ; l'un & l'autre imprime de soy une pareille force à la balle, d'où vient que la bale à l'égard des parties du Navire parcourt autant d'espace vers la Proüe qu'elle en parcourt vers la Poupe : Ainsi les Canons impriment de soy une pareille force à leurs boulets, ce qui fait que ces boulets parcourent autant d'espace l'un que l'autre à l'égard des parties de la Terre.

Cependant, de mesme que la bale jettée vers la Proüe parcourt dans l'air, ou à l'égard de l'espace du Monde deux fois autant d'espace qu'est celuy du Navire (ce que ne fait pas la bale jettée vers la Poupe) parce que le joüeur qui est à la poupe, outre son propre mouvement, imprime à la bale celuy qu'il a du Navire, & qu'il va suivant la bale vers la proüe tandis qu'elle est dans l'air; ainsi le boulet d'un Canon tiré vers l'Orient parcourt par la mesme raison deux fois autant de cet espace du Monde, que celuy du Canon tiré vers l'Occident; j'entens si on suppose, ce qui peut estre permis pour plus grande facilité, que les deux Canons tirent de mesme force, & que le mouvement des deux boulets soit aussi viste que celuy de la Terre, comme on peut supposer que les deux joüeurs poussent la bale de mesme force, & que le mouvement de la bale est aussi viste qu'est celuy du Navire.

Et certes, ajoûtent-ils dans cette supposition, de mesme que si quelqu'un estoit assis fixe & immobile hors du Navire, il verroit que la bale jettée de la proüe à la poupe n'avanceroit point du tout dans l'air, ou à l'égard de l'espace du Monde, & qu'estant jettée de la poupe à la proüe elle parcourroit dans l'air deux fois autant d'espace qu'elle en parcourt à l'égard du Navire; ainsi, concluent-ils, si quelqu'un pouvoit estre en repos hors de la Terre, il verroit que le boulet tiré d'Orient en Occident n'avanceroit point du tout à l'égard de l'espace de l'air, & que celuy qui seroit tiré d'Occident en Orient parcourroit deux fois autant d'espace qu'est celuy que chacun des boulets parcourt sur la Terre.

Ils répondent enfin, que soit qu'on tire un Canon vers le Septentrion, ou qu'on le tire vers le Midy, le boulet atteint le but tout de mesme que si la Terre estoit en repos; parce que pendant que le Canon, & le but sont portez vers l'Orient, le boulet qui traverse l'air y est aussi porté a cause de la force qui luy a esté surajoûtée par la Terre; d'où vient que ces trois choses, le Canon, le but, & le boulet, demeurent toûjours dans une mesme ligne droite.

La sixiéme Objection est, que les Nuës, les Oiseaux, & les autres choses qui sont suspenduës en l'air, paroitroient toûjours estre emportées avec une tres-grande impetuosité vers l'Occident.

Mais ils répondent, que de mesme qu'un Homme qui saute de banc en banc dans une Galere, a non seulement pendant qu'il est en l'air son propre mouvement, mais encore le mouvement qui luy a esté imprimé par la Galere par lequel il est conjoinctement transporté avec elle, vers quelque endroit qu'il puisse sauter par son mouvement propre; ainsi un Oiseau, par exemple, lors qu'il vole sur la surface de la Terre, & qu'il traverse l'air, il a outre son mouvement propre, le mouvement general qui luy a esté imprimé par la Terre, par lequel il est conjoinctement transporté avec elle, vers quelque endroit qu'il puisse cependant voler, & soit qu'il s'arreste, ou semble estre suspendu en l'air : Ce qui se doit dire à proportion d'une Nuë, & des autres choses.

Ils ajoûtent, que pour mieux comprendre la chose, il faut considerer des poissons dans une cuve pleine d'eau emportée par un Navire; car de mesme que les poissons sont emportez conjointement avec l'eau par le mouvement general du Navire, & ne laissent pas cependant de s'arrester, ou d'aller çà & là au dedans de la Cuve tout de mesme que si l'eau estoit en repos, & n'estoit point emportée avec le Navire; ainsi les Oiseaux, & toutes les autres choses qui sont dans l'air, sont de telle maniere emportées par le mouvement de la Terre, qu'elles s'arrestent, ou se meuvent çà & là dans l'air tout de mesme que si l'air estoit en repos, & n'estoit point emporté avec la Terre.

Enfin, on leur objecte que si on met un Globe d'Ayman sur une petite Gondole, en sorte que son Pole Meridional regarde le Zenith, & le Septentrional le Nadir, & que la gondole nâge librement sur l'eau; on remarquera que cet Aiman tournera sur son axe, & qu'apres quelques reciprocations, une certaine partie qu'on aura marquée sur son Equateur affectera toûjours de regarder une mesme partie du Ciel; d'où ils concluent que la Terre estant un grand Aiman, elle doit aussi avoir, outre ces deux Poles, des parties qui affectent de regarder certaines parties determinées du Ciel, & qui la rendent par consequent fixe & immobile, ou l'empeschent de tourner sur son essieu.

Mais ils répondent que si le petit globe d'Aiman outre ses deux
Poles

Poles a des poincts qui affectent de regarder certains endroits determinez du Ciel, ce n'est que parce qu'il est partie du Globe de la Terre, & qu'il est enfilé & attiré par ses rayons magnetiques d'une certaine maniere. Car il faut, disent-ils, se representer la Terre comme un espece de grand Aiman qui par sa vertu magnetique attire à soy toutes ses parties, les tient jointes, & liées ensemble, & les ramene mesme à leur Tout lors qu'elles en ont esté separées, comme nous avons déja marqué.

Il faut de plus s'imaginer que cette vertu magnetique consiste dans une infinité de rayons, petis crocs, ou petites mains insensibles, infiniment fines & deliées, qui sortant des parties centrales de la Terre, se repandent non seulement vers les Poles, mais generalement vers tous les poincts de la superficie; & que ces rayons en traversant la Terre, renversent les parties tres-subtiles des pores ou petis canaux insensibles par où ils passent d'un certain biais, & les couchent d'un certain sens; si bien qu'on se les doit imaginer comme de certains petis poils tres-fins & tres-deliez qui soient couchez & renversez du centre vers la circonference; & qui par consequent donnent aisement passage aux rayons lors qu'ils tentent d'entrer par les mesmes pores, & suivre leur route ordinaire, & tres-difficilement s'ils tentent une entrée, & une route opposée, parce qu'ils trouvent alors les petis poils couchez au rebours.

Or cela estant, concluent-ils, il faut de necessité que le petit Aiman dont il est question, soit attiré de la mesme maniere que lors qu'il estoit dans la Terre, & qu'ainsi il soit contraint de prendre la mesme situation qu'il avoit alors, en sorte que ces mesmes parties qui autrefois regardoient le Septentrion, le Midy, & le centre de la Terre, les regardent encore maintenant; les rayons magnetiques de la Terre s'insinuant dans sa substance par la mesme entrée qu'ils avoient accoûtumé, comme estant la plus commode & la plus aisée, & l'enfilant de la mesme maniere, ou dans le mesme sens qu'ils faisoient, & non pas à contre-sens, ni pour ainsi dire à contre poil. Mais il n'en est pas de mesme de la Terre; car n'estant ni partie d'aucun autre Tout, ni attirée par aucun autre Globe, elle n'a point de parties qui affectent ou puissent estre contraintes à regarder invariablement certaines parties determinées du Ciel; si

V.

bien qu'elle n'a rien de foy qui la rende immobile, ou qui l'empefche de tourner fur fon effieu ; & il eft à croire que fi Dieu tranfportoit la Terre quelque part dans l'immenfité des efpaces vuides bien loin du lieu où il l'a placée, elle s'y trouveroit auffi bien que dans le lieu où elle eftoit, & n'affecteroit point foit à l'égard de fes Poles, foit à l'égard de fes autres parties de regarder plûtoft certains endroits du Monde que d'autres.

Ils ajoûtent qu'il en eft du petit globe d'Aiman dans fa gondole comme d'une Aiguille Aimantée fur fon pivot dans une Bouffole, d'autant que la mefme attraction du Pole qui fait tourner l'Aiguille, & la tient tournée vers un certain endroit, la mefme fait tourner l'Aiman, & le tient auffi tourné vers un certain endroit ; d'où ils concluent derechef que le globe de la Terre n'étant point attiré par aucun autre globe, il eft indifferent à regarder quelque partie du Monde que ce foit, de mefme que le petit globe d'Aiman eft de foy indifferent à regarder quelque endroit du Ciel que ce foit, n'ayant cette verticité que de l'attraction du Pole Septentrional qui eft le plus proche, & qui l'attire par confequent avec plus de force. Et tout cecy eft fi vray que fi l'experience fe faifoit directement fur l'Equateur de la Terre, ou fur le Pole, & que l'Aiman pûft eftre mis perpendiculairement fans pancher aucunement ni d'un cofté ni d'autre, il ne tourneroit auffi ni d'un cofté ni d'autre ; mais il fe tiendroit dans la fituation qu'on l'auroit mis ; tant il eft vray que ce petit globe, & par confequent toute la Terre, eft de foy indifferent à regarder quelque endroit du Ciel que ce foit, & qu'il n'a cela qu'entant qu'il eft partie de la Terre, & qu'il eft attiré par le Pole de la Terre.

CHAPITRE X.

Ce qu'ils répondent aux Objections qui fe tirent de la Sainte Ecriture.

ENtre les Paffages de la Sainte Ecriture qu'on leur objecte, les uns femblent affirmer expreffement le Repos de la Terre, comme ceux-cy, *La Terre demeure toûjours stable. Vous avez fondé la Terre sur sa stabilité,* &c. *Terra in æternum stat. Fundasti Terram super stabilitatem suam,* &c. Les autres semblent l'affirmer tacitement, entant que le mouvement est attribué au Soleil, & non pas à la Terre, comme ceux-cy, *Le Soleil se leve, & se couche. Le Soleil est retourné de dix lignes. Soleil arreste-toy devant Gabaon,* &c. *Oritur Sol, & occidit. Regressus est Sol decem lineis. Sol contra Gabaon ne movearis,* &c.

Mais ils répondent entre autres choses, que le dessein de la Sainte Ecriture n'est pas de faire les Hommes Physiciens, ou Mathematiciens, mais de les rendre pieux, & religieux, & de les mettre en estat de faire leur salut, de recevoir les graces divines, & de parvenir à la gloire surnaturelle. Elle parle des choses selon qu'elles paroissent vulgairement aux Hommes, afin que comme il importe à un chacun d'estre sauvé, un chacun les puisse entendre ; & elle se met peu en peine de ce que les choses sont en soy, & en effet, veu que les notions vulgaires des choses sont suffisantes pour le salut ; d'autant plus que si nous n'interpretions de la sorte plusieurs Passages, & que nous ne dissions que l'Ecriture Sainte s'est abbaissée à la maniere de concevoir du Vulgaire, ou que les Ecrivains Sacrez s'y sont temperez & accommodez, nous serions fort éloignez du veritable sens selon lequel le Saint Esprit a voulu estre entendu.

Ainsi elle tient qu'il importe peu que la Terre comparée avec le Ciel soit un poinct, ou non ; & on voit qu'elle parle du Ciel, & de la Terre comme des deux parties principales du Monde, parce qu'elles semblent estre telles, & que le Ciel paroit comme la voute, & la Terre comme le plancher de l'Edifice du Monde.

Elle tient de mesme, qu'il importe peu que les moindres Etoiles qui luisent au Firmament soient des Luminaires plus grands que la Lune, ou non ; & c'est pour cela qu'elle parle de la Lune comme du Luminaire qui en grandeur tient le second lieu aprés le Soleil ; parce qu'encore que la Lune soit plus petite, & moins lumineuse en elle-mesme que les Etoiles, comme elle est neanmoins plus proche de nous, elle ne laisse pas de paroitre & plus grande, & d'une lumiere plus étenduë.

Ainsi ils concluent que la Sainte Ecriture tient qu'il importe peu que ce soit la Terre qui se meuve, & que le Soleil se repose, ou non, & que c'est pour cela qu'elle parle de la Terre comme estant en repos, & du Soleil comme estant en mouvement; parce qu'il n'y a personne à qui la Terre ne paroisse se reposer, & le Soleil se mouvoir.

C'est pourquoy, à l'égard des derniers Passages, ils s'en tirent en peu de mots ; car lors que le Sage a dit que *le Soleil se leve, & se couche*, ils soûtiennent qu'il a simplement pretendu marquer la vicissitude apparente dans le lever, & dans le coucher du Soleil, soit que cette vicissitude arrivast ou par le mouvement de la Terre, ou par celuy du Soleil : Que lors que le Prophete a dit que *le Soleil retourna de dix lignes*, il n'a pas voulu qu'on entendist autre chose que ce qui eust paru, soit que le Soleil eust retourné, ou que c'eust esté la Terre : Et que lors que le Patriarche commanda au Soleil de *ne se mouvoir pas*, il ne se mit en peine d'autre chose sinon que le Soleil parust estre arresté.

A l'égard des derniers Passages, ils pretendent qu'on les doit entendre, non de cet estat qui est opposé au mouvement, mais de celuy qui est opposé à la corruption ou dissolution. Et parce qu'il s'agit principalement de ces paroles qui sont en la bouche de tout le monde, *La Terre est toûjours stable. Terra in æternum stat*, il faut, disent-ils, remarquer que le Passage entier est énoncé de cette sorte, *Vne Generation passe, & une Generation vient, mais la Terre demeure toûjours stable. Generatio præterit, & Generatio advenit ; Terra autem in æternum stat.*

Car comme en appliquant divers Cachets sur une masse de cire, il se fait diverses empreintes qui se succedent les unes aux autres, sans que pour cela la masse de cire se corrompe ou se diminuë; ainsi quoy que dés le commencement du Monde il se soit fait diverses Generations dans la Terre, qu'il s'en fasse tous les jours, & qu'il s'en doive faire à l'avenir, il ne s'ensuit pas pour cela que lors que les Generations passent, & qu'il en vient de nouvelles, ou que lors que les formes des Corps terrestres perissent, & qu'il en succede d'autres en leur place; il ne s'ensuit pas, dis-je, que la masse de la Terre se corrompe, ou qu'elle soit augmentée ou diminuée, mais elle demeure constamment la mesme, & presentement elle est encore,

& fera à l'avenir aussi grande qu'elle estoit au commencement.

C'est pourquoy, puisque ce celebre Passage se doit apparemment interpreter de la sorte, il ne semble point tant affirmer la Consistance de la Terre dans son lieu, que la Constance de la Terre dans son integrité.

Pour ce qui regarde la Sentence de la Congregation des Cardinaux qui sont commis pour l'Inquisition, & qui ont condamné cette Opinion du mouvement de la Terre dans Galilée, les Orthodoxes répondent (car les autres tranchent bien plus court) que cette Sentence a esté particuliere à l'égard de Galilée, contre lequel elle a pû avoir des raisons particulieres qui ne doivent pas avoir lieu contre les autres. Ils ajoûtent que cette Sentence est veritablement d'un grand poids, mais que cela n'oblige neanmoins pas absolument à la tenir comme un Article de Foy, tels que sont ceux qui ont esté establis par les Conciles Generaux : Qu'après tout il ne semble au moins pas qu'elle doive obliger tous les Fideles jusques à ce qu'elle ait esté promulguée, c'est à dire legitimement declarée comme Article de Foy; & qu'au reste si elle vient à estre legitimement prescrite ou commandée, ils sont préts à se retracter.

CHAPITRE XI.

Ce qu'ils definissent de la Distance des Astres à l'égard de la Terre, & absolument de leur Grandeur.

COpernique s'estant contenté de dire que la Sphere ou la Region des Fixes estoit tellement éloignée de la Terre, que le grand Orbe comparé avec elle ne devoit estre censé que comme un poinct; il n'a rien voulu particulierement determiner de cette distance; & à l'égard de la grandeur, il s'est contenté de dire que le Soleil estoit presque 162 fois plus grand que la Terre, & la Lune environ 43 fois, sans vouloir aussi rien determiner à l'égard de tous les autres Astres, soit Planetes, soit Fixes.

Mais Philippe Lansberge est survenu depuis quelques années, & comme il a defini la distance, & la grandeur des Planetes par comparaifon à la Terre, il a auſſi deſigné la diſtance, & la grandeur des Fixes par comparaiſon au grand Orbe qu'il a nommé la Sphere de la Terre.

Pour ce qui eſt donc premierement de la Diſtance, voicy de quelle maniere il a determiné celle des Planetes.

	la Lune		59	
	Mercure		1500	
La diſtance	Venus	à la Terre	1500	Demi-Diametres
mediocre	du Soleil	eſt de	1500	de la Terre.
de	Mars		2275	
	Jupiter		8091	
	Saturne		14880	

Quant aux Etoiles fixes, ſuppoſant le demy-diametre du grand Orbe eſtre de 1500 demy-diametres de la Terre, il a auſſi ſuppoſé que la Parallaxe des Etoiles fixes au grand Orbe excedoit à peine une huitiéme ou une neuviéme partie d'une minute; & conſequemment il a determiné que les Fixes, ou la Sphere des Fixes eſtoit éloignée de la Terre de 28000 demy-diametres du grand Orbe, ou ſi vous aimez mieux, de 42000000 demy-diametres de la Terre.

Pour ce qui regarde la Grandeur, il a premierement ſuppoſé à l'égard des Planetes, que le diametre apparent de la Lune eſtoit à peu prés de 33 minutes, celuy du Soleil de 35, & que ceux des autres eſtoient tels que nous l'avons dit plus haut ſelon Albategnius, & Alphraganus.

A l'égard des Fixes, il a cru que leurs diametres eſtoient plus petis qu'on ne penſoit d'ordinaire, à cauſe de cette fauſſe lumiere que les Lunettes de longue veuë retranchent; en ſorte que celles qui ſont de la I grandeur l'ont d'une minute; celle de la II de 40 ſecondes; celles de la III de 30; celles de la IV de 20; celles de la V de 10; celles de la VI de 4. Et ſuivant cela voicy ce qu'il a determiné de la Grandeur des Planetes.

La Lune est	——	$45\frac{1}{2}$	fois plus petite	
Mercure	——	12	plus petit	
Venus	——	$5\frac{1}{2}$	plus petite	que la Terre.
le Soleil	——	434	plus grand	
Mars	——	8	plus petit	
Jupiter	——	$25\frac{2}{5}$	plus grand	
Saturne	——	$46\frac{2}{3}$	plus grand	

Voicy aussi ce qu'il a determiné de la Grandeur des Etoiles fixes.

Les Fixes de la	I	grandeur sont	67	fois plus grandes
	II		20	que le grand Orbe.
	III		8	
	IV		$2\frac{1}{2}$	
	V		3	fois plus petites
	VI		25	

Or parce qu'on découvre avec les Lunettes de longue veuë non seulement que le diametre des Etoiles fixes est plus petit qu'on ne le croit d'ordinaire; pour cette raison Martin Hortense Disciple de Lansberge, averty par l'Observation de Mercure que M. Gassendy luy adressa, il a supposé à l'égard des diametres apparens des Planetes, que celuy de Mercure estoit de 19 secondes; celuy de Venus de 57. celuy de Mars de $36\frac{1}{3}$; celuy de Jupiter de 50; celuy de Saturne de 38. Et consequemment il a déterminé à l'égard de leur Grandeur, que

Mercure est plus petit	——	6510	fois que la Terre.
Venus	——	1109	
Mars	——	1534	
Jupiter	——	$1\frac{1}{4}$	
Saturne plus grand	——	$2\frac{1}{5}$	

Il a aussi supposé à l'egard des Diametres des Etoiles fixes, que celuy du grand Chien estoit de 10 secondes; & que ceux des autres Etoiles de la I grandeur estoient de 8 secondes; de la II de 6; de la III de 5; de la IV de 4; de la V de 3; de la VI de 2; & alors il a crû le grand Chien $3\frac{1}{2}$ fois plus petit que le grand Orbe, & les autres Etoiles fixes aussi plus petites, comme il s'ensuit.

Les Fixes de la III grandeur sont
I 6½
II 15
III 25½ } fois plus petites que le grand Orbe.
IV 50
V 122
VI 412

Et mesme, parce qu'il a aussi supposé, comme Lansberge avoit déja fait, que la Parallaxe des Fixes au grand Orbe estoit de 30 secondes; & qu'ainsi leur distance estoit de 6875 demy-diametres du grand Orbe; pour cette raison il a inferé que le grand Chien estoit plus petit 217 fois que le grand Orbe, & les autres aussi comme il s'ensuit.

Les Fixes de la III grandeur sont
I ——— 422
II ——— 1012
III ——— 1725 } fois plus petites que le grand Orbe.
IV ——— 3385
V ——— 8245
VI ——— 27826

Mais c'est trop s'arrester sur cecy.

LIVRE QUATRIÉME
DU SYSTEME DE TYCHO-BRAHÉE.

CHAPITRE I.

Expofition du Syfteme.

CE que nous venons de dire du Syfteme de Copernique fait aifément comprendre celuy que ce nouvel Hipparque Tycho-Brahée Gentilhomme Danois a introduit fur la fin du Siecle paffé. La Figure fuivante en fait voir la difpofition.

Le Firmament, ou la Sphere des Etoiles fixes eft dans cette Figure la derniere & plus éloignée partie du Monde; la Terre occupe le centre de cette Sphere; & le refte de l'efpace qui eft entre-deux, & qu'il fuppofe eftre tres-libre, & tres-fluide, eft le lieu où les Planetes font leurs mouvemens.

Car ç'a principalement efté Tycho qui a brifé, pour ainfi dire, & renverfé les Spheres folides, aprés avoir obfervé le premier, & demontré que les Cometes traverfent les efpaces Ethereez; & aprés avoir verifié que Mercure, & Venus font tantoft en deçà du Soleil, & tantoft au delà, & autres chofes femblables.

On voit en fuite dans cette mefme Figure trois Mobiles qui font leurs circuits alentour de la Terre comme alentour de leur centre; la Lune qui en eft la plus proche, en un mois; le Soleil qui eft le plus éloigné, & comme au milieu, en un an; & le Firmament, ou la Sphere des Fixes qui eft tres-eloignée, en vingt-cinq mille ans.

X

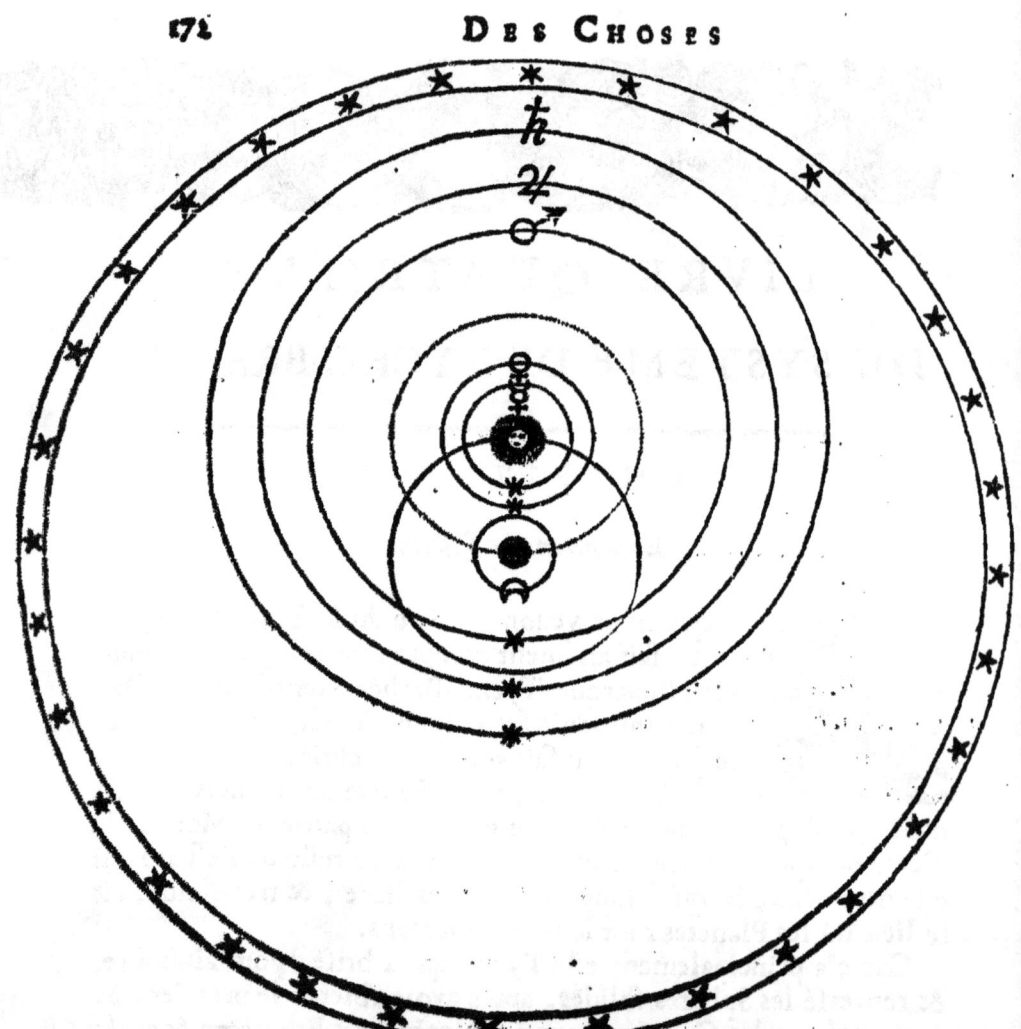

On voit de plus qu'il y a cinq Planetes qui font leurs mouvemens particuliers alentour du Soleil comme alentour de leur centre; sçavoir Mercure en trois mois; Venus en huit; Mars en deux ans, &c: Que c'est le Soleil qui en parcourant le Zodiaque par son mouvement annuel les fait ainsi tourner alentour de soy : Que Mercure, & Venus dans le circuit qu'ils font alentour du Soleil n'embrassent pas la Terre, au lieu que Mars, & Jupiter l'embrassent : Que Mars particulierement s'approche quelquefois plus prés de la Terre que ne fait le Soleil mesme. Enfin que ne se faisant icy aucune mention du mouvement journalier, on se doit imaginer que lors que ces trois mesmes Mobiles, la Lune, le Soleil, & la Sphere des Fixes parcourent le Zodiaque, ils tournent cependant chaque jour d'Orient en Occident par un mouvement qui leur est comme propre ; & que les cinq Planetes, outre leurs mouvemens propres alentour du Soleil, & selon le Zodiaque, tournent aussi journellement d'Orient en Occident, non d'elles-mesmes, mais transportées par la force du Soleil qui leur tient lieu de Premier-Mobile ; car il faut que le Soleil qui les tient toutes comme attachées à soy, les fasse tourner chaque jour alentour de la Terre autour de laquelle il tourne luy-mesme.

Or j'ay dit que ce Systeme se pouvoit aisément entendre de ce qui a esté dit de celuy de Copernique ; d'autant que si au lieu du cercle qui passe par le Soleil, on en tire un autre qui passe par la Terre, tel qu'est celuy qui est ponctué, il n'y aura point de difference entre ce Systeme & celuy de Copernique ; car pour lors le Soleil sera au milieu, ou dans le centre du Systeme, & les Planetes se trouveront placées comme dans celuy de Copernique ; si bien que Tycho semble n'avoir fait autre chose que renverser le Systeme de Copernique.

CHAPITRE II.

Les Raisons qui ont porté Tycho à inventer ce Systeme.

TYcho avoit bien promis de s'expliquer plus au long sur ce Systeme, & d'en apporter les preuves dans ce grand Ouvrage qu'il destinoit de faire, & qu'il devoit intituler *Le Rétablissement de l'Astronomie* ; mais comme il a esté prévenu de la mort, il n'a pû s'acquitter de sa promesse, & il a seulement laissé par écrit que ce qui l'avoit obligé à établir cette sorte de Systeme, estoit que celuy de Ptolomée, & celuy de Copernique ne se pouvoient pas souffrir, & que selon celuy-cy on sauvoit aisément tous les Phenomenes.

Il objectoit à celuy de Ptolomée la distribution ou disposition disconvenante des Orbes celestes, & la superfluité de tout ce grand nombre d'Excentriques d'une grandeur prodigieuse qu'on prend pour sauver les Phenomenes des Retrogradations, & des Stations.

Il ajoûtoit que dans le Systeme de Ptolomée l'égalité du mouvement circulaire se fait non pas alentour du propre centre, mais alentour d'un centre étranger, à sçavoir celuy de l'*Equant*, ce qui est pecher contre les principes de l'Art; pour ne dire rien de la solidité des Spheres celestes qu'il demontroit ne se pouvoir aucunement accorder avec les dernieres Observations.

A l'égard de celuy de Copernique il objectoit principalement trois choses. La premiere, qu'encore que dans ce Systeme on évite fort judicieusement ce qui paroit superflu & disconvenant dans celuy de Ptolomée, & qu'en effet on ne peche aucunement contre les principes Mathematiques; on admet neanmoins cette absurdité contre les principes Physiques, qui est que la Terre estant un corps grossier, paresseux, & inhabile au mouvement, il ne laisse pas de la faire mouvoir de trois mouvemens avec autant d'uniformité que les Luminaires celestes. La seconde, qu'il ne s'accorde pas avec les Saintes Ecritures qui en plusieurs endroits semblent établir la Stabilité de la Terre. La troisiéme, que cette capacité qui est entre l'Orbe de Saturne, & la huitiéme Sphere est comme immense, & que cependant il la suppose sans aucuns Astres.

Enfin il dit principalement en faveur de son Systeme, qu'il évite tous ces inconveniens; que sans Epicycles il sauve les Phenomenes des Stations, & des Retrogradations; qu'il fait voir pourquoy Mercure, & Venus paroissent s'éloigner si peu du Soleil, au lieu que Mars, Jupiter, & Saturne en sont quelquefois tellement éloignez que la Terre se trouve entre-deux; pourquoy ces Planetes passent alors tres-proche de la Terre, & paroissent tres-grandes; & pourquoy dans la supputation qu'on fait de leurs mouvemens, le mouvement simple du Soleil s'y trouve toûjours mêlé, & ainsi de plusieurs autres choses semblables.

Pour ce qui est des autres differences de l'inegalité apparente que les Anciens sauvoient par des Excentriques, & des *Equans*, & Copernique par un Epicycle dans la circonference d'un Excentrique, il a dit qu'elles se pouvoient aussi aisément sauver dans son Hypothese, soit par un petit Cercle dans un Orbe Excentrique alentour du Soleil, soit par un double petit Cercle dans quelque Orbe Concentrique, comme il expliqueroit plus clairement, & plus au long dans cet Ouvrage qu'il destinoit de faire.

CHAPITRE III.

De quelle maniere les Sectateurs de Tycho defendent ce Systeme.

COmme on a enfin clairement découvert de nos jours que la disposition des Planetes est telle, qu'il faut absolument que le Systeme de Copernique soit veritable, ou celuy de Tycho-Brahée, & que d'ailleurs il y en a plusieurs qui ont de l'aversion pour Copernique; cela fait que la pluspart des Astronomes suivent presentement Tycho, emportez par la renommée des Observations de ce grand Homme, & persuadez que les Objections qui se tirent de l'Astronomie, & de la Physique, & principalement de la Sainte Ecriture contre les Coperniciens, subsistent toûjours, quelque réponse qu'on y puisse donner.

Neanmoins parce qu'on ne laisse pas aussi de leur faire diverses difficultez, il est bon de voir de quelle maniere ils les previennent & comment ils suppléent mesme à ce que Tycho auroit peut-estre répondu.

On leur objecte donc premierement, qu'il est ridicule de donner à un corps deux mouvemens propres, comme on fait à l'égard de la Lune, du Soleil, & du Firmament, lors qu'on dit qu'ils font leurs circuits particuliers suivant le Zodiaque, ou vers l'Orient, & que cependant ils tendent par le mouvement diurne au Couchant.

Mais quelques-uns répondent qu'il ne s'ensuit pas pour cela que ces trois corps ayent chacun deux mouvemens, mais qu'ils n'en ont qu'un seul & unique lequel est spiral, & vers le Couchant. Cecy se peut entendre de ce qui a esté dit dans le Livre precedent touchant la diversité des Hypotheses. Il faut seulement remarquer que la Sphere des Fixes doit par consequent se mouvoir tres-viste vers le Couchant, & décrire des Spires tres-proches les unes des autres ; que le Soleil se meut moins viste, & décrit des Spires moins serrées ; que la Lune se meut tres-lentement, & décrit des Spires encore moins serrées ; & qu'il arrive de là premierement que le Soleil plus tardif que les Fixes d'un degré, & la Lune de treize, semblent se mouvoir vers le Levant ; & puis, que le Soleil decline en un an, & la Lune en un mois de telle maniere vers le Septentrion, & vers le Midy, qu'ils achevent leurs circuits au dessous des Fixes.

Or parce que ceux-cy ne sçauroient dire à l'égard de quoy le Firmament est aussi censé decliner vers le Septentrion, & vers le Midy, il y en a d'autres qui répondent qu'il faut admettre au dessus du Firmament un Premier-Mobile qui ramene journellement le Firmament vers le Couchant ; que cependant le Firmament par son propre mouvement se meuve vers le Levant suivant le Zodiaque, & que selon son obliquité il tende au Septentrion, & au Midy ; car il faut d'ailleurs, disent-ils, reconnoitre au dessus du Firmament une autre Sphere dans laquelle on entende que soient les *Dodecatemories*, ou les Signes immobiles du Zodiaque, pendant que les mobiles, c'est à dire les Constellations, poursuivent leur route vis à vis d'elle.

On leur objecte en second lieu, que le Firmament, ou mesme le Premier-Mobile qui est encore au delà, estant d'une grandeur prodigieuse, & dans un éloignement immense, il n'est pas convenable de luy attribuer le mouvement diurne qui seroit d'une vitesse incroyable, & qui ne sçauroit servir pour faire tourner les Spheres des Planetes ; parce que n'estant pas solides, elles ne peuvent estre emportées ni recevoir d'impression.

Mais ils répondent que ni le Firmament, ni le Mobile qui peut estre au delà, ne sont point d'une si vaste étenduë que dans l'Opinion de Copernique, & que son mouvement, quoy que tres-rapide, ne doit pas estre censé disconvenable, puis qu'il répond à la masse, & à la grandeur du Corps ; & que de mesme que le mouvement d'un Cheval qui parcourt un certain espace, ne doit point estre censé incroyablement rapide à l'égard du Cheval, quoy qu'il le soit à l'égard d'une Fourmy, ou d'une Tortuë si elle parcourt le mesme espace dans le mesme temps ; ainsi un mouvement qui pourroit estre censé incroyable dans quelque petit Globe, ne doit point estre reputé incroyable dans le Firmament ou dans une Sphere plus éloignée.

Et à l'égard de ce qu'on leur dit qu'il est impossible qu'il se fasse de l'impression sur des Mobiles inferieurs au Firmament à cause de la fluidité des espaces qui sont entre-deux, ils répondent que cette sorte d'impression n'est pas necessaire si on suppose que les mouvemens des Mobiles inferieurs se fassent en Spires; & qu'au reste quand on voudroit soûtenir que sans toutes ces Spheres solides il se peut faire de l'impression sur les Globes des Planetes, on le fairoit avec autant de droit que les Coperniciens, lors qu'ils admettent que le Soleil peut par les rayons qu'il envoye faire tourner les Planetes dans la Region Etherée quoy que tres-liquide.

La troisiéme Objection qu'on leur fait est, que tout ce grand assemblage des Planetes semble tres-mal concerté, en ce qu'il se deboite, pour ainsi dire, journellement, tant alentour de la Terre comme à alentour d'un centre qui n'est pas sien, que sous la Sphere des Fixes de laquelle il est inégalement distant, ou à laquelle il n'est pas concentrique.

Mais ils répondent qu'il ne peut rien y avoir de mal concerté dans l'Ouvrage que le tres-sage Ouvrier du Monde a disposé: Que d'ailleurs il ne se fait aucun deboitement lors que le Soleil fait tourner les Planetes alentour d'un autre centre que le leur; & qu'il n'y a personne qui n'admette que les circuits des Planetes sont excentriques au regard de la Sphere des Fixes.

Qu'au reste on ne leur doit point objecter comme une chose extravagante, que lors que les Planetes font leurs mouvemens particuliers alentour du Soleil, elles sont cependant détournées par un mouvement tres-rapide, & contraintes à faire leurs circuits diurnes; d'autant que selon Ptolomée, lors que les Planetes font leurs propres mouvemens, elles sont cependant emportées & détournées par un autre Mobile; & que selon les Coperniciens, lors que la Terre tourne par son mouvement propre, elle est cependant contrainte par la force des rayons du Soleil de tourner alentour du Soleil; & lors que la Lune fait son circuit alentour de la Terre, les petites Lunes de Jupiter alentour de Jupiter, & celles de Saturne alentour de Saturne, elles sont aussi cependant emportées par les rayons du Soleil, &

contraintes de faire leur circuit par le Zodiaque.

On leur objecte en dernier lieu, qu'il n'est aucunement probable qu'il y ait un si grand espace vuide entre Venus & Mars, & qu'avec tout ce grand espace Mars ne puisse pas estre reculé assez loin pour que son circuit ne coupe pas le circuit du Soleil.

Mais ils répondent, que comme l'Autheur du Monde a fait les intervalles des Fixes tellement inegaux entre-eux, il a aussi fait que les intervalles des Planetes fussent inegaux ; que la diversité est agreable, & que le Monde tire mesme sa perfection de cette varieté que nous observons dans les choses de la Nature : Que pour ce qui est du circuit de Mars qui coupe celuy du Soleil, il n'y a en cela aucun inconvenient ; tant à cause que ces circuits se font dans des espaces qui sont tres-libres, & qui ne se voyent que par la pensée, que parce que le Soleil, & Mars ne peuvent pas se rencontrer l'un l'autre dans ces endroits-là ; d'autant que Mars ne s'y trouve que lors qu'il est Acronique, ou environ le temps qu'il est en Opposition avec le Soleil.

CHAPITRE IV.
La Grandeur, & la Distance des Astres selon Tycho-Brahé.

Tycho ayant non seulement rejetté cette vaste étendüe du Systeme de Copernique, mais ayant mesme fait le sien beaucoup plus petit, & plus reserré que celuy de Ptolomée, il nous reste à voir ce qu'il a pensé non seulement de la distance, & de la grandeur des Planetes, mais encore de la distance, & de la grandeur des Etoiles fixes.

Pour ce qui regarde donc les Planetes, après qu'il eut recherché autant qu'il luy fut possible leurs Parallaxes, voicy de combien il crût qu'elles pouvoient estre éloignées de la Terre lors qu'elles sont environ les moyennes Longitudes.

	la Lune		56 ½	
	Mercure		1150	
La distance	Venus	à l'égard de	1150	Demi-Diametres
mediocre	du Soleil	la Terre	1550	de la Terre,
de	Mars	est de	1745	
	Jupiter		3290	
	Saturne		10550	

Et après

CELESTES. 179

Et aprés avoir obfervé avec autant d'exactitude qu'il fe pouvoit leurs Diametres apparens fans l'aide des Lunettes de longue veuë qui n'eftoient pas encore inventées, voicy ce qu'il en determina.

	la Lune		32
	Mercure		2 $\frac{1}{6}$
Le Diametre apparent de	{ Venus du Soleil Mars } dans la Diftance mediocre eft de		3 $\frac{1}{4}$
			31
			1 $\frac{1}{...}$
	Jupiter		2 $\frac{1}{...}$
	Saturne		1 $\frac{1}{3}$

Voicy en fuite ce qu'il determina à l'égard de leur Grandeur.

La Lune eft	42	fois plus petite	
Mercure	19	plus petit	
Venus	6	plus petite	}
le Soleil	139	plus grand	} que la Terre.
Mars	13	plus petit	}
Jupiter	14	plus grand	
Saturne	22	plus grand	

Quant aux Etoiles fixes, aprés avoir pris garde qu'elles doivent eftre plus élevées que Saturne, non feulement lors qu'il eft dans la Diftance mediocre, comme eft celle que nous avons dit, mais lors qu'il eft mefme dans la plus grande qu'il faifoit de 12300 Demy-Diametres de la Terre, & qu'elles doivent mefme encore eftre plus élevées que l'Apogée d'une efpece de fecond Epicycle auquel il accorde une diftance de 129000 Demy-Diametres; pour cette raifon il dit que la Sphere des Fixes peut à peine eftre moins éloignée de la Terre que de 13000 Demy-Diametres Terreftres.

Et comme on ne fçait pas bien fi toutes les Etoiles font également diftantes de la Terre, & qu'il eft plus vray-femblable que les unes font plus hautes, & les autres plus baffes; ce fera, dit-il, en ufer plus judicieufement, fi on ajoûte encore mille Demy-Diametres à la premiere fomme totale.

C'eft pourquoy il determine que la Diftance des Fixes à l'égard

Y

de la Terre est à peu prés de 14000 Demy-Diametres de la Terre. Il dit à peu prés, car il avoüe qu'il n'est pas possible de mesurer ces choses exactement.

Il prit en suite les Diametres apparens des Etoiles fixes qu'il jugea estre de cette grandeur.

Le Diametre apparent des Fixes de la { I — 2 ; II — $1\frac{1}{2}$; III Grandeur — $1\frac{1}{11}$; IV est de — $0\frac{1}{4}$; V — $0\frac{1}{2}$; VI — $0\frac{1}{3}$ } Minutes.

Ainsi de cette Distance des Fixes à l'égard de la Terre, & de leurs Diametres apparens, il infera que la grandeur de chaque Etoile fixe selon son ordre estoit telle.

Les Fixes de la { I 68 ; II $28\frac{1}{2}$ fois plus grandes ; III Grandeur sont 11 ; IV $3\frac{1}{2}$; V $1\frac{1}{18}$; IV 3 fois plus petites } que la Terre.

Et d'autant que toutes les Etoiles de la premiere Grandeur ne paroissent pas égales entre elles, & que la grandeur designée convient proprement aux Mediocres ; il ajoûta qu'il se pouvoit faire que celles qui dans le premier Ordre sont les plus grandes, comme le grand Chien, & la Lyre, fussent cent fois plus grandes que la Terre, & celles qui sont plus petites, quarante-cinq fois.

LIVRE CINQVIÉME.
DIVERSES QVESTIONS
QUI REGARDENT LA NATURE,
ET LES PROPRIETEZ DES ASTRES.

CHAPITRE I.

De la Subſtance des Cieux.

Ette vaſte & immenſe capacité que nous comprenons icy ſous le nom du Ciel, de Region Etherée, d'Eſpaces Etheréez ; cette immenſe capacité, dis-je, dans laquelle tous les Aſtres, ſoit Fixes, ſoit Errans font leurs circuits & leurs divers mouvemens, n'eſt pas occupée par une matiere dure & ſolide telle que pourroient eſtre tous ces Cieux, & tous ces Orbes Cryſtalins qu'Ariſtote, & avant luy Anaximander, Empedocle, & pluſieurs autres ſe ſont imaginez. Car depuis que l'on a trouvé les Lunettes de longue veuë, & que l'on s'eſt appliqué à faire des Obſervations avec plus d'exactitude, & avec de meilleurs Inſtrumens qu'on n'avoit fait auparavant, on a obſervé au deſſus de la region de la Lune des Cometes qui traverſoient ces eſpaces Etheréez ; ce qui ne pourroit ſe faire ſi ces eſpaces eſtoient occupez par des Spheres ſolides.

On a auſſi obſervé par le moyen des meſmes Lunetes, que Venus croiſt & décroiſt comme la Lune, d'où l'on a conclu qu'elle doit tourner alentour du Soleil, en sorte qu'à nostre égard elle est tantost au delà ou au dessus, & tantost en deça ou au dessous du Soleil ; ce qui sans doute ne se pourroit aussi pas faire si le Soleil estoit attaché à une Sphere solide qui en enveloppast une autre dans laquelle Venus fust semblablement attachée, ou plûtost s'il n'y avoit alentour du Soleil des espaces libres dans lesquels Venus pûst se mouvoir sans aucun empechement.

On a observé enfin que ces especes de petites Lunes que l'on voit proche de Saturne, tournent alentour de luy, & que celles qui sont proche de Jupiter tournent alentour de Jupiter, comme les Taches que l'on voit dans le Soleil tournent alentour de son corps ; d'où l'on a aussi conclu que les espaces où se font tous ces mouvemens circulaires doivent estre tout à fait libres.

A quoy on peut ajoûter contre ceux particulierement qui croyent que ces espaces sont occupez par des Spheres solides qui s'embrassent, & qui s'enveloppent immediatement les unes les autres, que ces Spheres estant tres-polies, & faites pour tourner alentour d'un mesme centre, les superieures ne feroient simplement que toucher les inferieures, & ne pourroient ainsi jamais faire aucun effort, ni aucune impression sur elles, ni par consequent les emporter ou les faire tourner avec elles ; ce qui est cependant contraire à la fin pour laquelle on les a destinées. Joint que si la superficie concave d'une Sphere superieure s'emboitoit par des inegalitez dans la superficie convexe de celle qui luy est inferieure, il est évident que la Sphere inferieure ne pourroit, comme on le suppose, retourner sur ses pas par un mouvement contraire à celuy de la superieure.

Nous disons de plus que tant s'en faut que les Espaces dont nous parlons soient occupez par ces sortes de Spheres solides, qu'ils ne sont pas mesme remplis de cette substance fluide que les Anciens ont appellée Æther ; car quelque rare, & quelque tenuë qu'elle pûst estre, elle ne laisseroit pas d'estre composée de petis corpuscules dont chacun seroit capable de repercuter un rayon de lumiere, & de le detourner de son droit chemin, ce qui feroit que dans une aussi prodigieuse longueur que celle là chaque rayon rencontreroit toûjours quelqu'un de ces petis corpuscules qui le detourneroit. Et certes si nostre Air qui nous paroit si pur ne laisse pas de former une certaine opacité si on le prend selon la suite de l'Horison, parce que ses corpuscules les plus éloignez bouchent & occupent peu à peu les petis passages que les premiers ou ceux qui sont les plus proches du Soleil avoient laissé libres & ouverts ; que ne devons-nous point croire de cette pretenduë substance Etherée, veu la distance immense qu'il y a entre les Etoiles fixes & nous ?

Ajoûtons que les Astres estant destinez à un mouvement tres-viste & tres-rapide, n'est-il pas juste que les espaces dans lesquels ils se meuvent soient tres-libres, & qu'il ne s'y rencontre rien qui puisse faire la moindre resistance ? car il n'en est pas des Astres comme des Oiseaux qui sont pesants, & qui ont besoin pour voler d'un milieu qui les soûtienne, les Astres n'ayant ni pesanteur ni lieu qu'on puisse dire estre au dessous d'eux, & où ils puissent tomber. Il est donc tres-probable que ces grands espaces dans lesquels les Etoiles, & les Planetes se meuvent, ne sont remplis d'aucune matiere soit compacte, soit fluide, & que de plus l'extremité de nostre Atmosphere qui n'a que peu de mille, & au delà de laquelle nos yeux ne découvrent aucun corps jusques aux Etoiles fixes, n'est qu'un pur Vuide, ou une capacité dans laquelle il n'y a aucun corps, à la reserve des rayons des Astres qui la traversent ça & là en plusieurs manieres, & qui y font une espece de tissure tres-rare, & tres-subtile.

CHAPITRE II.
Ce que c'est que ce Bleu-d'Azur, & ce Cercle large & blanc, qui paroissent au Ciel.

ON demeure aisément d'accord que cette belle couleur Bleuë qui repaist si agreablement nos yeux dans un temps serain, & principalement pendant le jour, n'est pas adherante à aucune substance Celeste comme elle l'est dans l'Azur, ou dans la Nielle, mais qu'elle est seulement apparente, de mesme que celle qui paroit interieurement dans une Nuë qui forme l'Iris, ou celle qui se voit peinte sur les Objets qu'on regarde au travers d'un Prisme : Cependant cette couleur ne laisse pas d'estre prise comme si elle estoit propre, & particuliere au Ciel ; d'où vient que si une chose est bleuë, on dit d'ordinaire qu'elle est de couleur Celeste.

Il n'eſt pas neceſſaire d'expliquer en quel ſens on dit que cette couleur eſt ou apparente, ou veritable, cela s'entend aſſez par ce qui a eſté dit en general en parlant des Couleurs; je remarque ſeulement que de ce qu'elle paroit ſi conſtamment il ne faut pas inferer qu'elle ſoit adherante à la Subſtance Celeſte plûtoſt que celle que le Priſme peint ſur les objets ; d'autant que cela ſe peut rapporter à la cauſe qui fait qu'elle paroit conſtamment, & qu'il en peut eſtre de cette cauſe comme d'un Priſme qui ſeroit toûjours tenu entre l'œil & l'objet, & qui feroit par conſequent que la meſme couleur paroitroit toûjours invariablement dans les choſes.

Or une marque evidente que cette couleur bleuë n'eſt pas inherante dans la Subſtance du Ciel, c'eſt que ſi le Ciel eſtoit effectivement bleu, tous les Aſtres qui ſeroient veus au delà paroitroient bleus, de meſme que les objets qui ſe voyent au delà d'un verre coloré paroiſſent teints de la meſme couleur que le verre. Joint que tout le Ciel avant l'Aurore paroit entre-mêlé d'Etoiles brillantes d'une couleur tout-à-fait differente de celle du reſte du Ciel, & que le Soleil eſtant levé on obſerve que ce meſme Ciel paroit par tout de couleur bleuë, ſoit dans les endroits où il y avoit des Etoiles, ſoit dans les endroits où il n'y en avoit point; ce qui nous doit faire conjecturer que cela depend de quelque affection nouvelle de la Veuë, & que l'on attribuë au Ciel un changement qui s'eſt fait dans l'œil : Et cecy eſt d'autant plus croyable que ceux qui ſont plus Occidentaux que nous, & auſquels le Soleil n'eſt pas encore levé, voyent encore les Etoiles comme nous faiſions avant le Soleil levé.

Nous expliquons ailleurs que c'eſt ce changement de l'œil qui fait que les Etoiles qui pendant la nuit ſont viſibles, s'évanoüiſſent peu à peu à l'approche du jour ; il ſuffit icy de ſçavoir que dans l'obſcurité de la nuit, & meſme lors que l'œil eſt dans l'ombre, la Prunelle eſt extrémement dilatée, ſe reſſerrant à meſure que la lumiere devient plus grande, de maniere que lors qu'il eſt grand jour, elle ſe trouve extrémement étroite & reſſerrée ; ce qui fait que la nuit il entre une ſuffiſante quantité de rayons des Etoiles dans l'œil pour faire que l'œil ſoit tellement meu & affecté qu'on puiſſe voir les Etoiles, au lieu que pendant le jour que la prunelle eſt tres-reſſerrée, il n'y en entre pas ſuffiſamment pour faire cet effet: Mais on demande ce que cela fait pour que les Cieux où sont les Etoiles prennent aussi ce beau bleu, en sorte que tout le Ciel en soit comme teint & coloré.

Pour expliquer cet admirable Phenomene, ne pourrions-nous point icy raisonner de la mesme façon que nous avons fait en parlant des Couleurs, lors que considerant que le Prisme de verre pour faire les couleurs ne demande autre chose que de la lumiere & de l'ombre entre-mêlées de diverses refractions, nous avons conjecturé que les diverses couleurs s'engendrent du mélange divers de la lumiere avec les ombres ou tenebres ? En effet, puisque selon les consequences que nous avons alors tirées, le pur Noir n'est autre chose que les pures tenebres, il semble que de ces quatre principales & ordinaires Couleurs c'est la bleuë qui approche le plus de la noirceur, & qu'ainsi elle s'engendre principalement dans les endroits tenebreux où il y a beaucoup d'ombre, & d'où il parvient peu de rayons à nos yeux. Or ces Espaces Celestes estant d'une profondeur immense à nostre égard, si nous concevons que tous les Astres qui seuls terminent nostre veuë en soient tirez, il sera en mesme temps aisé de concevoir qu'il ne restera autre chose qu'un espace sans bornes, & comme une espece de Caverne immense, qui estant privée de lumiere sera tenebreuse, & paroitra par consequent tres-noire. Que si nous concevons en suite que bien loin & bien avant dans ces Espaces on répande çà & là une quantité innombrable d'Etoiles, que nous ne puissions veritablement pas appercevoir à cause de leur petitesse apparente, mais qui nous envoyent neanmoins quelque peu de rayons qui dissipent tant soit peu les tenebres, & les dilayent, pour ainsi dire, & les éclaircissent ; nous concevrons en mesme temps qu'il se peut engendrer une couleur bleuë qui se fasse voir à l'œil quand il se tournera vers ces Espaces.

Il est vray cependant que sans ces grandes Etoiles, il y en a d'autres qui se voyent ordinairement, mais ce ne sont pas celles dont les rayons font cette couleur pendant la nuit ; parce que ces rayons font seulement que l'œil soit meu avec plus de force, & qu'ainsi les Etoiles luy soient renduës visibles. Je dis pendant la nuit, car pendant le jour il entre si peu de leurs rayons dans l'œil à cause du retressissement de la prunelle, comme nous l'avons déja dit, que ne suffisant pas pour rendre les Etoiles visibles, ils suffisent neanmoins pour dilayer & éclaircir les tenebres qui sont entre-elles & l'œil; d'où vient que dans les endroits où elles sont il se fait du bleu comme ailleurs.

Je ne m'arresteray pas à prouver ce qu'il semble que je viens de supposer, sçavoir qu'il y a un nombre innombrable d'Etoiles répandues dans ces Espaces Etherééz; puisque les Lunettes de longue veüë, en quelque endroit du Ciel qu'on les dirige, ne nous permettent plus d'en douter, nous faisant voir que le nombre des Etoiles qui se voyent sans Lunettes n'est rien en comparaison de celles que l'on découvre avec une bonne Lunette; aussi en a-t'on plus découvert par leur moyen dans la seule Constellation de l'Orion qu'on n'en conçoit auparavant dans tout le Ciel; & c'est ce qui nous donne lieu de conjecturer que si nous avions de Lunettes incomparablement meilleures que celles dont nous nous servons, nous en découvririons un nombre innombrable d'autres; & que si nous pouvions nous transporter, & avancer toûjours de plus en plus dans ces Espaces, il en seroit à nostre égard comme de ceux qui marcheroient & avanceroient continuellement dans une grande & immense Forest, en ce que comme ceux-là découvriroient toûjours de nouveaux arbres, & se trouveroient toûjours entourez de la mesme ceinture d'Arbres quelque part où ils pûssent penetrer, ainsi nous découvririons toûjours de nouveaux Astres de tous costez à mesure que nous avancerions, & nous nous trouverions toûjours comme entourez de la mesme ceinture d'Astres; si ce n'est peut-estre que comme dans une grande Forest on rencontre de certains endroits où les Arbres sont plus épais, d'autres où ils sont plus clairs semez, & d'autres où il y en a plus d'une certaine espece que d'une autre, nous trouverions aussi à proportion des endroits où les Astres seroient plus proches les uns des autres, & plus serrez, d'autres où ils seroient plus rares, d'autres où ils seroient plus petits, d'autres où les Etoiles seroient plus frequentes, & d'autres où les Planetes se trouveroient en moindre ou en plus grand nombre qu'ailleurs.

Concluons donc sans nous arrester à la preuve d'une verité qui doit desormais passer pour incontestable, que cette couleur bleuë dans le Ciel semble estre teint & coloré, n'est apparemment autre

chose

chose que le mélange des rayons de ce nombre innombrable de petites Etoiles invisibles sans Lunettes, avec la noirceur tenebreuse de cette immense & profonde region Etherée; que ce n'est, dis-je, autre chose que ces rayons qui ne viennent à nos yeux qu'en petite quantité, & qui en traversant cet espace en dilayent, & en diminuent ou éclaircissent tant soit peu l'obscurité & les tenebres.

Je sçais bien qu'il y en a qui disent que c'est la lumiere ou des Etoiles visibles, ou du Soleil qui dissipe ainsi tant soit peu ces tenebres, & qui estant melée avec ce qui en reste fait une couleur bleuë; mais cela n'a aucune vray-semblance, parce que cette sorte de lumiere ne rencontre rien dans ces espaces qui la puisse faire reflechir vers nous, si ce n'est peut-estre qu'on dise qu'elle nous est reflechie par la rencontre de ces petites Etoiles, ce qui seroit revenir à ce que nous disons, & le mesme que si on disoit que c'est l'effet de la lumiere qui vient de ces petites Etoiles invisibles comme nous le pretendons.

Ce qui confirme cecy, & qui montre que ce n'est pas la lumiere des Etoiles visibles qui dissipe ainsi tant soit-peu ces tenebres, c'est que la lumiere qui les rend visibles la nuit, degenere le jour en couleur bleuë, parce que la prunelle estant resserrée il entre trop peu de rayons pour dissiper entierement les tenebres qui se rencontrent, quoy qu'ils suffisent pour les dissiper en quelque façon. Et ce qui montre d'ailleurs que ce n'est pas le Soleil qui les dissipe, c'est qu'il n'en dissipe que dans les espaces par où ses rayons soit directs ou reflechis passent d'une telle maniere qu'ils parviennent à l'œil, ce qui fait que mesme en plein midy ceux qui sont dans des Puits tres-profonds voyent les Etoiles de mesme qu'en pleine nuit, parce que les rayons du Soleil ne parviennent pas à leurs yeux pour en faire retressir la prunelle, & qu'il en est à leur égard comme s'il n'y avoit aucuns rayons répandus dans l'air exterieur.

J'ajoûterois par proportion à cecy, qu'il semble que l'Eau paroit d'autant plus bleuë qu'elle est plus profonde, & qu'il retourne moins de rayons du fonds de l'eau aux yeux. J'ajoûterois de mesme que les Montagnes, les Rochers, & les autres lieux qui sont veus de loin paroissent d'autant plus tirer sur le bleu qu'ils sont veus par moins de rayons, en sorte que leur couleur semble quelquefois se confondre avec celle du Ciel; mais il ne faut pas s'arrester davantage sur cette matiere.

Disons un mot de cette blancheur du Ciel qui paroit comme un Cercle de lait pendant la nuit, & qui pour cette raison est vulgairement appellée avec Ovide la Voye de lait.

Est via sublimis Cælo manifesta sereno
Lactea nomen habet, candore notabilis ipso.

C'est une chose admirable de voir les diverses imaginations des Anciens sur cette blancheur circulaire du Ciel; car pour laisser là les Poëtes dont les uns en ont parlé comme du chemin que tenoient les moindres Divinitez pour aller au Conseil du grand Jupiter.

Hac iter est Superis ad magni tecta Tonantis,
Regalemque Domum, &c.

Les autres, comme du lieu où les Ames des Heros apres la dissolution de leurs corps s'envoloient.

Huc migrant fortes Animæ, dignataque Cœlo
Numina, hic Eacidas, hic & veneramur Atridas,
Tydidemque ferum, &c.

Et les autres, comme du lait répandu des mammelles de Junon.

―――― è niveo lactis fluxisse liquorem
Pectore Regina Divum, Cælumque colore
Infecisse suo, &c.

Pour laisser, dis-je, à part les diverses imaginations des Poëtes, on remarque sur ce sujet une tres-grande diversité d'Opinions entre les Philosophes mesmes; mais comme toutes ces Opinions, à la reserve de celle de Democrite, se trouvent fausses, ce seroit perdre le temps que de s'arrester à les rapporter, & à les refuter: Je dis à la reserve de celle de Democrite; car il a esté assez heureux pour voir par la seule force de son genie ce que nos yeux découvrent maintenant par le moyen des Lunettes de longue veuë. Nous découvrons donc, pour dire la chose en un mot, & nous voyons sensiblement que cette blancheur n'est autre chose qu'un amas ou une multitude innombrable de petites Etoiles; de petites Etoiles, dis-je, qui n'envoyant pas assez de lumiere jusques à nous pour se faire voir à l'œil tout nud & denué du secours des Lunettes, & qui d'ailleurs en envoyant trop pour faire cette couleur bleuë que nous venons d'expliquer, en envoyent suffisamment pour faire cette couleur blanche dont il s'agit.

Que si quelqu'un apres cecy desire sçavoir pourquoy cet amas de petites Etoiles est plûtost disposé en Cercle qu'autrement, ou pourquoy les Etoiles sont plus serrées, & plus proches les unes des autres dans un endroit que dans un autre ; ce qui fait que ce Cercle n'est pas également blanc par tout ; qu'il consulte l'Autheur des Etoiles, cet Estre souverain qui les a faites & disposées comme il luy a pleu, & qui seul connoit son Ouvrage.

CHAPITRE III.

De la Substance des Astres.

ON remarque qu'entre les Planetes il n'y en a aucune qui tienne la mesme route, aucune qui ait la mesme impetuosité, aucune qui sorte de sa region, ou qui change de lieu & de demeure avec une autre, ni par consequent aucune qui ne se trouve mieux dans la distance où elle est à l'égard du Soleil & des Etoiles fixes que dans aucune autre. C'est ce qui nous donne sujet de croire qu'elles ne sont pas entre-elles de mesme substance, & que Mercure, par exemple, qui est tres-proche du Soleil, ne differe pas moins de Saturne qui en est tres-éloigné, que les Plantes, & les Animaux qui naissent sous la Zone torride different de ceux qui naissent sous l'une des deux Zones froides. Le mesme jugement se fera à l'égard de Jupiter, & de Mars ; car comme le premier a de petites Planetes qui l'environnent, & qui se meuvent continuellement alentour de luy comme fait la Lune alentour de la Terre, & qu'on n'en decouvre aucune alentour du second, c'est une marque que ces deux Planetes sont de diferente nature ; comme si Jupiter avoit la force & la vertu de mouvoir, d'entretenir, s'il est permis de parler de la sorte, de nourrir, & de gouverner une famille, & que Mars, comme une terre sterile, n'eust rien, ni ne fist rien de semblable.

Cette diversité de nature qui se trouve entre les Astres semble encore estre marquée par la lumiere, par la couleur, & par la chaleur. Car en premier lieu il est constant qu'il y a de certains Astres, comme le Soleil, & les Etoiles fixes, qui luisent par leur propre lumiere, & d'autres, comme la Lune, Venus, & les autres Planetes, qui ne luisent que par une lumiere empruntée. Or qui a-t'il qui marque davantage la diversité de substance que d'estre de soy lumineux, ou d'estre de soy tenebreux ? L'on doit inferer la mesme chose de la lumiere brillante & active du Soleil, & des Etoiles fixes, comparée avec la lumiere immobile, lente & obtuse de la Lune, & des autres Planetes ; car cette mobilité ou agitation perpetuelle de la lumiere du Soleil & des Etoiles marque une certaine substance comme vivante & animée, & au contraire la lenteur & la foiblesse de celle de la Lune, & des autres Planetes, marquent une substance comme morte & sans vigueur.

Quant à la Couleur, puis qu'entre les Astres les uns sont d'un certain jaune d'or & brillant, les autres pâles & sans éclat, les autres d'un certain rouge fort & éclatant, & les autres de quelque autre differente couleur de la sorte ; il faut assurément que pour faire & engendrer cette varieté, la contexture de leur substance soit differente, afin que s'ils luisent par leur propre lumiere, cette lumiere puisse estre diversement poussée au dehors, ou que s'ils luisent par des rayons empruntez, ces rayons puissent estre diversement reflechis. Et certes pour peu qu'on prenne garde à cette blancheur douce & éclatante de Venus, & à la rougeur de Mars, à la couleur particuliere de la Canicule, & à celle de la petite Ourse, à celle de la Lyre, & à celle du cœur du Scorpion ; pour peu, dis-je qu'on prenne garde à la diversité de ces couleurs, & qu'on les compare les unes avec les autres, il n'y a personne qui ne juge que leur substance doit estre differente par la mesme raison qu'il juge que celles d'un Diaman, d'un Rubis, d'une Perle, & d'une Amathiste, ou si vous aimez mieux, celles de la Craye, du Vermillon, du Platre, du Charbon, &c. sont differentes entre-elles.

Quant à la Chaleur, encore que la lumiere de la Lune, aussi bien que celle des autres Planetes, semble estre chaude d'elle-mesme, quoy que tres-foible pour se faire sentir ; neanmoins, parce qu'il en est du Soleil à l'égard des Planetes qu'il illumine de ses rayons, comme d'un grand feu qui du milieu d'une Sale illumineroit les murailles, il n'y a personne qui ne doive juger que de mesme que la substance du feu est differente de celle des murailles, ainsi la substance du Soleil est differente de celle des Planetes.

L'on pourroit peut-estre icy ajoûter en comparant le Soleil avec Mercure, soit à l'égard de la grandeur, soit à l'égard des effets, que ces deux corps doivent autant estre differens l'un de l'autre quant à la substance, qu'un Elephant est different d'une Souris. L'on pourroit peu-estre mesme encore ajoûter qu'il est de la beauté de l'Univers que ses parties principales, & qui selon leur Tout demeurent toûjours en mesme estat sans se corrompre, & sans se dissoudre, soient dissemblables entre elles, mais c'est assez d'avoir donné quelque probabilité à la chose; car ces corps sont d'ailleurs tellement éloignez de nous que ce n'est pas peu de bonheur si nous en pouvons philosopher par quelques conjectures vray-semblables.

Mais je veux que les divers accidens des Astres marquent quelque diversité dans leur substance, quelle peut estre cette substance? & par quelles conjectures pouvons-nous en venir à connoitre en particulier quelle elle est dans chacun d'eux, ou du moins generalement en tous? Aurons-nous l'arrogance de soûtenir sans raison & sans experience, comme font les Chymistes, que les sept Planetes president à la generation des sept Metaux, & que le Soleil pour cette raison tient de la nature de l'Or, la Lune de celle de l'Argent, Saturne de celle du Plomb, & ainsi des autres, & generalement que les Etoiles fixes tiennent de la nature des Pierres precieuses, des Marchasites, des Sels, & des autres Mineraux qu'elles engendrent?

Pourrons-nous dire avec les Cabalistes, qu'il n'y a *aucune Herbe, ou Plante icy bas que quelque Etoile particuliere du Firmament ne frappe, & à laquelle elle n'ordonne de croitre?*

Oserons-nous bien avec les Astrologues entreprendre de décrire la nature de chaque Planete, & determinant de leur vertu particuliere, soûtenir hardiment que le Soleil échauffe au souverain Degré, & qu'il seche moderément; que Mars brûle en sechant; que Saturne rafraichit puissamment, la Lune beaucoup, Venus mediocrement; que Jupiter humecte tant soit peu; que Mercure est indifferent à tous ces effets; que Venus, & Jupiter ont une mesme nature douce & benigne; Mars, & Saturne une nature maligne; que certaines Constellations tiennent de la nature du Feu, d'autres de celle de l'Air, celles-là de celle de l'Eau, & celles-cy de celle de la Terre, & ainsi de ces autres sortes de badineries que nous refuterons en suite?

Sera-ce bien satisfaire à la difficulté que de dire simplement en general avec Aristote, que les Astres sont de la mesme substance que les Cieux, & que cette substance est simple, inalterable, ingenerable, incorruptible, & mobile alentour du milieu du Monde ? Ou avec plusieurs autres, que la substance des Astres est une substance Elementaire ? Avec Thales, que les Astres sont des Corps Celestes qui ont pris feu ? Avec Anaxagore, que le Soleil est une Lame, ou une Masse de Fer ardente ? Avec Xenophanes, que les Astres ne sont autre chose que des Nuës enflammées ? Avec les Stoïciens, que le Soleil est un certain Feu artificiel qui augmente, & conserve les choses comme dans les Plantes & dans les Animaux, un Feu pur, intelligent, & sage ? Avec S. Basile, & S. Ambroise, que *les Opinions de ceux qui nient que le Soleil soit chaud sont folles & fabuleuses, & que c'est se tromper lourdement de croire que le Soleil ne soit pas de nature ignée ?*

Enfin, croirons-nous que ceux-là ont mieux rencontré qui ont dit avec Democrite, Metrodore, Diogene Appolloniate, Anaxagore, & Epicure, que le Soleil est une certaine Masse troüée, poreuse & caverneuse à la maniere d'une Pierre-ponce, ou comme une Eponge, & qui brûlant au dedans comme quelque Ethna, ou quelque Vesuve perpetuel, lance continuellement de ses entrailles des feux & des flammes par des pores ou canaux que la force du feu a faits & rongez ? *Solem esse glebulentum quoddam spissamentum pumicis instar, & intra excesos meatus ignitum. Solem esse pumicis ac spongia instar. Solem esse pumiceum ac per quædam foramina splendorem ejaculari ?*

Certes cette grande diversité d'Opinions nous doit faire connoitre combien il est difficile de rien determiner sur la nature de ces Corps qui sont si fort éloignez de nous; neanmoins pour ne nous en taire pas tout-à-fait, il semble entre autres choses, qu'on ne sçauroit nier que le Soleil ne soit effectivement chaud, & qu'ainsi il ne soit formé de substance ignée (quoy qu'il ne soit pas possible à l'Homme de dire quelle est cette substance) car la chaleur se produit & se transmet de telle maniere depuis le Soleil jusques à nous, qu'il n'y a rien qu'on puisse dire estre plus manifeste par le Sens, & par l'Experience.

Je sçais bien que les Sectateurs d'Aristote enseignent que le Soleil n'est veritablement pas chaud formellement, ou au toucher, comme si quelqu'un en approchoit la main ; mais qu'il est neanmoins chaud éminemment, ou virtuellement, entant que sa lumiere a une telle vertu, que trouvant une matiere propre comme est la matiere Terrestre, elle y engendre & fait naistre la chaleur, de mesme que le Poyvre, ou le Vin produisent dans la bouche, ou dans l'estomach la chaleur que la main ne sent pas au toucher. Mais je leur demanderois volontiers s'ils ont touché le Soleil comme ils ont touché le Poyvre & le Vin, & s'ils ont experimenté qu'il ne soit pas chaud au Sens ? Quoy, nous observerons que la lumiere du Soleil est de mesme nature que celle du Feu, sans y pouvoir remarquer aucune difference, & nous n'argumenterons pas que de mesme que le Feu est effectivement chaud au toucher, parce que la chaleur accompagne sa lumiere, ainsi le Soleil se sentiroit chaud au toucher si quelque Eudoxe parvenu à la fin de ses souhaits le touchoit ?

Il semble de plus qu'on ne doit pas asseurer que tous les autres Astres soient de nature ignée, ou quelque substance enflammée comme le Soleil, mais que cela se doit seulement conjecturer des Etoiles fixes. Car premierement à l'egard de la Lune, il n'y a aucun argument qui prouve qu'elle soit ignée, puis qu'elle ne luit point d'elle-mesme, & que toute la lumiere qui paroit dans son Disque luy vient du Soleil, & est reflechie vers la Terre, comme nous montrerons ensuite. A l'egard de Venus, ses Phases semblables à celles de la Lune sont une marque asseurée qu'elle ne luit aussi que par la lumiere qu'elle emprunte du Soleil ; & à l'egard de Mercure, de Mars, de Jupiter, & de Saturne, il semble qu'il en doit estre comme de Venus, quoy que les Phases de Mercure ne se remarquent que difficilement à cause du voisinage du Soleil, & que celles de Mars, de Jupiter, & de Saturne ne se puissent point observer ; parce que faisant leur circuit alentour de Venus, & du Soleil, ils ne tournent pas vers nous la partie qui est tenebreuse, ou qui n'est pas veuë du Soleil, comme nous expliquerons ailleurs.

Joint que la lumiere qu'on observe dans toutes ces Planetes n'est point brillante, active & vivante comme est celle du Soleil, mais immobile & comme morte, telle qu'est celle de la Lune ; d'où l'on doit inferer que leur lumiere, aussi bien que celle de la Lune, n'est qu'estrangere & empruntée, & que ce ne sont point des feux ou des corps allumez & enflammez non plus que la Lune, quoy que la blancheur de Venus, la rougeur de Mars, & la couleur particuliere de chacune des autres, montrent qu'elles sont toutes de diverse substance entre elles, puisque la lumiere du Soleil qui tombe sur chacune d'elles n'est pas receuë, rompuë, modifiée, ni renvoyée à la Terre de mesme maniere.

J'ay excepté les Etoiles fixes; parce qu'il est probable que leur substance est ignée comme est celle du Soleil, qu'elles luisent par leur propre lumiere aussi bien que luy, & qu'elles n'empruntent pas de luy leur lumiere pour nous la renvoyer comme font les Planetes. Une marque de cecy est qu'elles brillent de mesme que le Soleil, ce qui nous montre que leur lumiere sort comme une Source vive de leur propre substance. Et d'ailleurs elles sont tellement éloignées du Soleil qu'il ne peut pas suffire pour les illuminer, puisque le Soleil veu des Etoiles fixes, ou reculé jusques aux Etoiles fixes, ne paroitroit pas plus grand que la plus petite des Etoiles; comme au contraire une des Etoiles, par exemple la Canicule, rapprochée jusques à l'endroit où est le Soleil, paroitroit aussi grande, & aussi eclatante que le Soleil mesme.

Au reste, ce n'est pas sans raison que nous avons dit qu'encore que le Soleil soit quelque substance ignée & enflammée, & qu'on n'en puisse douter, les Hommes ne peuvent neanmoins pas dire au vray quelle est cette substance ou matiere à laquelle une si belle & si precieuse Espece de feu ou de flamme est attachée; ce qui se doit entendre des Etoiles, & se doit mesme dire à proportion des Planetes, quoy que ce ne soient pas des Corps enflammez. Car si en regardant d'une tres-petite distance un Bucher enflammé, nous ne pouvons pas deviner de quelle sorte de bois ce bucher est fait, ou quelle est la matiere ou l'aliment particulier de la flamme; comment pourrons-nous sçavoir quelle sorte de substance entretient depuis tant de Siecles ce Feu tres-pur qui est tellement éloigné de nous? Aussi est-ce pour cela que lors que Democrite, & Epicure ont comparé le Soleil à une Pierre-ponce, ils n'ont pas pretendu que ce fust une veritable pierre-ponce, & que sa substance fust Terrestre; mais ils ont seulement voulu indiquer qu'il avoit des pores, des trous &

des

des canaux ou soûpiraux par où le feu, la lumiere, ou la chaleur interieure estoit vomie, & lancée bien loin au dehors.

Quoy, direz-vous, n'est-ce pas une fureur insupportable d'avoir de tels sentimens du Soleil? Mais considerez la chose avec un peu plus d'attention, & vous ne la trouverez peut-estre pas si frivole. Premierement il n'y a personne qui puisse jurer que la surface du Soleil soit parfaitement polie ; puisque dans un si grand éloignement les plus grandes inegalitez peuvent estre entierement applanies à l'égard de la veuë, comme il arrive mesme à la Terre dont l'ombre qui se peint dans la Lune quand elle s'éclipse, paroit avec une circonference égale & unie, quoy que les Montagnes, & les Vallées la rendent tres-inegale ; ce qui se pourroit dire de la Lune dont la face anterieure paroit par le moyen des Lunettes de longue veuë tres-inegale, & le bord tout autour diversement interrompu, encore qu'à la regarder sans Lunettes elle paroisse tres-polie, & unie.

D'ailleurs, il n'est pas probable que de tout le corps du Soleil il n'y ait que la seule surface qui soit lumineuse & chaude, mais il est à croire que sa substance interieure est de mesme nature ; & cela estant, il faut que cette substance, & principalement celle de la superficie ait des pores par où se puisse faire la transpiration des parties interieures : Et certes ni la chaleur interieure de nostre corps ne parviendroit pas jusques à nos vestemens, ni la sueur ne se ramasseroit pas sur nostre peau, si tout nostre corps n'estoit percé d'une infinité de pores, & de petis canaux propres à transmettre la chaleur, & la sueur. Or il faut se representer la grandeur prodigieuse & excessive du Soleil non seulement à l'égard de nostre corps, mais à l'égard mesme de toute la masse de la Terre, afin que si on veut, on reconnoisse des pores non seulement de la grandeur de ceux qui sont dans nostre peau, mais bien plus grands mesme que ceux qui se voyent dans la Pierre-ponce.

De plus, les Taches que les Lunettes de longue veuë nous font voir dans le Soleil, ne semblent-elles pas marquer quelque chose de la sorte? Certainement puis qu'il est constant ou qu'elles sont dans le Soleil, ou que la distance qui est entre-elles & le Soleil est insensible ; & que d'ailleurs on observe ordinairement qu'elles naissent,

& perissent dans le Disque du Soleil, de sorte qu'on ne peut pas dire que ce soit de nouvelles Planetes comme quelques-uns se sont imaginez ; on ne sçauroit, ce semble, rien dire qui ne donne quelque probabilité à l'Opinion de Democrite, & d'Epicure ; car si on soûtient que ces Taches sont comme des Nuës & de certaines Fumées épaisses que le Soleil pousse de ses entrailles, il faut de necessité concevoir le corps du Soleil poreux, & plein de trous & de sinuositez comme la Terre ; & si on veut que ce ne soit autre chose que de certains Antres, ou des Cavernes larges & profondes qui s'entr'ouvrent de temps en temps, & qui s'affaissent & se remplissent successivement, il faut encore de necessité le concevoir comme une espece de Pierre-ponce.

CHAPITRE IV.

Si dans le Ciel, & dans les Astres il se fait des Generations, & des Corruptions.

IL ne s'agit pas icy de sçavoir si les Cieux periront quelque jour ; tous les Saints Peres en demeurent d'accord, & la Sainte Ecriture y est formelle, *les Cieux vieilliront comme un Vestement, ils s'useront, & periront.* La question donc est de sçavoir precisement si la substance ou la matiere du Ciel, & des Astres est sujette à la generation & à la corruption, en sorte que le Monde subsistant il s'engendre & perisse des Astres entiers, ou si plusieurs choses s'engendrent & perissent dans les Astres comme dans la Terre.

Aristote qui veut que les corps Celestes soient formez d'une certaine Quintessence tres-simple, & absolument differente de l'Elementaire, tient pour la negative, & le reste des Philosophes qui les forment d'une matiere Elementaire semblable à la nostre, tiennent pour l'affirmative.

Ce qu'Aristote apporte pour prouver son Opinion est, que le corps du Ciel doit estre quelque chose de simple : Mais en verité cette grande diversité de parties qui se voit dans la face de la Lune ; le bleu de toutes ces pretenduës Spheres Celestes ; l'opacité de quelques

Astres; la lumiere & l'éclat brillant de quelques autres ; la difference qui est entre le Soleil & la Lune, entre Venus & Mars, entre la Canicule & la Lyre, ou le cœur du Scorpion, luy devoient plûtost faire conclure pour la composition & pour l'heterogeneïté du Ciel, que pour sa simplicité.

Une seconde preuve d'Aristote est, que le mouvement du Ciel estant circulaire il n'a rien qui luy soit contraire, d'où l'on doit conclure, dit-il, qu'il n'en est pas du corps celeste comme des Elemens, dont les mouvemens sont contraires, joint que les qualitez contraires comme la pesanteur & la legereté, la chaleur & la froideur, l'humidité & la secheresse d'où suivent l'alteration & la corruption, ne conviennent aucunement à un corps celeste : Mais selon luy-mesme les mouvemens de bas en haut, & de haut en bas sont contraires, & cependant rien n'empesche que ces mouvemens ne se trouvent dans le Ciel ; car encore que le globe de la Lune selon toute sa masse soit porté alentour de la Terre, il se peut neanmoins faire que ses parties soient diversement transposées, & que les unes s'éloignent de son centre, & que les autres s'en approchent ; puis que le mouvement par lequel un Navire, & tout ce qui est dedans est porté vers un certain endroit, n'empeche pas que les Mariniers, outre cent mouvemens differens qu'ils font, ne montent aux voiles, & n'en decendent : Et ceux qui veulent que la Terre tourne alentour de son propre centre, & alentour du Soleil, conçoivent tres-bien que le mouvement du Tout n'empesche point le mouvement particulier des parties.

Or il est ridicule de s'imaginer que si une partie de la Lune estoit tirée & détachée de son Tout, elle deust incontinent descendre vers la Terre ; car tout de mesme qu'une pierre qui est separée de la Terre ne s'en éloigne pas beaucoup, mais y retourne incontinent, soit que cela se fasse par la vertu magnetique & attractrice de la Terre, soit que la pierre affecte d'estre jointe à la Terre comme à son principe, ou à son Tout ; ainsi cette partie qui auroit esté détachée de Lune tendroit apparemment à la Lune, & ne desireroit pas plus de se joindre à la Terre que la pierre desire de se joindre à la Lune.

Et certes, qui ne concevra pas cecy, ne concevra pas qu'il y ait des Antipodes ; car il faut s'imaginer pour cela que la nature de chaque

A a ij

Tout est telle, qu'encore que toute sa masse soit portée vers quelque endroit, ses parties neanmoins le regardent particulierement, & ont au dedans de luy un centre qui est comme une espece de neud & de lien pour leur propre conservation, & pour la conservation du Tout.

D'ailleurs, par quelles raisons Aristote pourra-til prouver qu'il n'y a point de pesanteur, ni de legereté dans le Ciel ? S'il dit que c'est parce que ces qualitez sont propres & particulieres aux Elemens, ce sera une pure petition de Principe. Sera-ce donc parce que la Lune ne descend point à la Terre, ni ne s'éleve point vers les Fixes ? Mais la pesanteur & la legereté ne sont point des proprietez particulieres aux Touts, & elles ne regardent que les parties entant qu'elles sont separées de leurs Touts ; car la Terre selon toute sa masse n'est point pesante, puis qu'elle est soûtenuë de soy-mesme & sans violence dans l'immensité de l'Espace, & il n'y a que ses parties qu'on puisse dire estre pesantes, en ce qu'estant détachés de leur tout, elles y retournent incontinent : C'est pourquoy la Lune peut aussi de soy n'estre ni pesante, ni legere, & ses parties cependant avoir une telle connection avec elle qu'elles y retournent quand elles en ont esté separées. D'où l'on doit comprendre que la Terre, ou le milieu de la Terre peut bien estre pris pour le centre des choses pesantes terrestres, mais non pas pour le centre des choses pesantes Lunaires, Solaires, &c.

Je sçais bien qu'Aristote retournant sur ses principes, dit que la generation & la corruption sont dans les Contraires, & que n'y ayant point de contraires dans le Ciel, il n'y a par consequent point de generation, ni de corruption. Mais il n'a pas prouvé jusques à present qu'il n'y ait point de contraires dans le Ciel, tels qu'il pretend estre la chaleur, & la froideur, l'humidité & la secheresse ; & il n'a point montré quel inconvenient il y ait que quelque chose s'engendre & se corrompe dans le Ciel ; & il est mesme obligé de nier que le Soleil soit chaud, ce qui repugne manifestement au Sens, & à l'Experience.

Joint qu'il ne sçauroit dire pourquoy la chaleur du Soleil qui échauffe tellement la Terre lors qu'elle la frappe, ne doive pas aussi échauffer la Lune lors qu'elle la frappe de mesme ; puis que la Lune est un corps opaque, compacte, & inégal comme la Terre, & qu'elle peut par consequent recevoir les rayons du Soleil, les reflechir,

& les ramasser tout de mesme que fait la Terre.

D'ailleurs, s'il est vray-semblable, comme il n'y a rien qui doive empêcher de le croire, que ces Taches Lunaires ne soient autre chose que quelque espece d'Element fluide qui s'insinuë entre les Continens de la Lune, & quelque chose d'analogue à nos Montagnes & à nos Vallons, à nos Forests & à nos Campagnes, à nos Mers, à nos Lacs, & à nos Isles, comme on n'en peut presque douter, puisque les Lunettes nous y font appercevoir certaines noirceurs ou obscuritez inégales, qui resemblent aux ombres que font nos Montagnes dans les Vallées, lesquelles diminuent & se dissipent enfin tout à fait quand le Soleil regarde ces lieux-là moins obliquement; s'il est vray-semblable, dis-je, que ces Taches Lunaires ne soient autre chose que des parties de la Lune qui pour estre de differente nature, inégales & differemment polies, nous reflechissent diversement les rayons, & nous paroissent diversement illuminées & colorées comme feroient les diverses parties de la Terre si elle estoit veuë de la Lune; n'y aura-t-il pas sujet de s'imaginer que dans ces especes de Mers, de Lacs, & d'Isles, de rases Campagnes, de Montagnes & de Vallons Lunaires il y ait de la chaleur & de la froideur, de l'humidité & de la secheresse, & par consequent des generations & des corruptions particulieres tout de mesme comme dans nostre Terre ? Je dis particulieres, parce que de mesme que nostre Terre ne laisse pas de subsister selon son Tour, & demeurer en son entier selon toute sa masse quoy que ses parties soient diversement transposées ; ainsi, quoy qu'il se fist des generations & des corruptions dans la Lune, ce qui ne se peut faire sans que quelques-unes de ses parties soient diversement transposées, le corps total de la Lune ne laisseroit pas de subsister, & de demeurer en son entier.

Je sçay bien encore qu'Aristote, pour confirmer son Opinion, dit que dans les Siecles qui l'ont precedé on n'a jamais observé aucun changement dans tout le Ciel, ni dans aucune de ses parties: Mais en premier lieu cet Argument est negatif, & il est constant qu'il y a plusieurs choses qui sont, & qui cependant ne s'observent, ni ne peuvent pas mesme estre observées par le Sens. Et pour ne nous éloigner pas de ce que nous venons de toucher ; si quelqu'un estoit dans la Lune, & qu'il jettast les yeux sur la Terre, il est certain qu'il ne pourroit jamais voir, ni découvrir par aucun de ses Sens les Animaux, ou les autres choses qui y naissent & qui y perissent ; & cependant parce qu'il n'appercevroit aucun changement, Aristote auroit droit d'inferer veritablement & legitimement que rien ne change, & que rien ne naist, ni ne se corrompt dans la Terre !

Ne sçait-on pas mesme qu'il arrive souvent des choses dans le Ciel qui se pourroient observer par les Sens, & qui ne s'observent neanmoins pas, parce qu'il y a tres-peu de gens qui s'appliquent avec soin & plaisir à ces sortes de choses ; & que la pluspart des Hommes, comme des Ames courbées vers la Terre, n'élevent jamais les yeux au Ciel si quelque Comete, ou quelque Eclipse ne les réveille, & ne les frappe fortement ?

Combien d'ailleurs y a-t'il de choses qui s'observent par les Sens, & qui ne se mettent pas par écrit, ou ne passent pas de main en main, ou ne viennent pas à la connoissance d'un chacun, ou ne demeurent pas long-temps dans la memoire des Hommes ?

Mais je veux qu'avant Aristote on n'ait point veu de corps s'engendrer, ou se corrompre dans le Ciel ; si on en a neanmoins depuis observé plusieurs, ne doit-on pas chanter la Palinodie ? Et Aristote s'il estoit en vie ne changeroit-il pas luy-mesme de sentiment ? Or on ne sçauroit plus douter que depuis le temps d'Aristote il ne se soit fait plusieurs de ces sortes d'Observations qui sont absolument contraires à son Opinion. Car quant à la Sphere des Etoiles fixes, Hipparque environ deux cent ans aprés luy y découvrit une Etoile nouvellement née, ce qui luy donna occasion de douter si les Etoiles fixes ne seroient point aussi sujettes à la generation & à la corruption. Un Siecle aprés la Naissance de N. S. Jesus-Christ on en découvrit trois ou quatre autres. Sur la fin du dernier Siecle on en découvrit une dans la Constellation de Cassiopée que Tycho-Brahée observa estre au dessus de Saturne. Dans la premiere année du Siecle où nous sommes on en découvrit une autre plus petite dans la Constellation du Cygne, laquelle dura plusieurs années, & fut soigneusement observée par Keppler. La troisiéme année du mesme Siecle on en vit une autre dans le pied du Serpentaire qui dura six mois. Et en la trente-huitiéme, une autre dans la Constellation de la Balene, dont Phocilides fit la description ; ce qui peut donner sujet de croire que cette septiéme Etoile des Pleïades qu'on dit avoir paru devant la guerre de Troye, & qui disparut en suite, n'est pas tout-à-fait fabuleuse.

Toutes ces Observations font donc voir la foiblesse des raisons d'Aristote, & nous obligent en mesme temps à reconnoitre que dans le Ciel il se trouve de la matiere qui est propre à la generation, & capable de corruption, de mesme que dans nostre Globe Terrestre où nous voyons tous les jours diverses choses s'engendrer, & se corrompre.

Il est vray que la maniere dont s'engendrent & perissent les Etoiles nous est fort obscure & cachée; mais certes il en est presque de mesme de la generation des Animaux, des Plantes, & de toutes les autres choses ordinaires qui naissent devant nos yeux.

De là vient qu'il y en a qui pretendent que chacune de ces Etoiles s'engendre par l'assemblage de plusieurs autres moindres Etoiles, & que ces moindres Etoiles s'écartant en suite les unes des autres nous deviennent invisibles, ou font que la masse disparoit, & s'évanoüit à nos yeux.

Il y en a d'autres qui veulent que ce ne soit pas un assemblage de plusieurs Etoiles, mais que ce soit quelque grande Etoile particuliere qui de l'immense profondeur de l'Espace vienne droit à nous, & soit visible, & qui en retournant sur ses pas, semble decroitre & s'évanoüir enfin par l'éloignement.

D'autres, que dans ces Espaces Celestes il se trouve beaucoup de matiere répanduë qui peut estre rassemblée en certains lieux, estre resserrée, & épaissie, estre formée en Globe, s'enflammer, & devenir Etoile, se dissiper en suite comme elle s'est engendrée, & enfin s'évanoüir.

Enfin il y en a qui soûtiennent que les Etoiles fixes sont comme autant de Soleils; & que de mesme que le Soleil, outre ces Taches qui obscurcissent une partie de sa Substance, vomit & pousse quelquefois de ses entrailles une si grande quantité de fumée qu'elle le rend presque invisible, ainsi quelques Etoiles ont pû autrefois en avoir vomy en si grande abondance qu'elles en ayent esté couvertes, & soient devenuës invisibles à condition de paroitre derechef lors que les fumées se dissipent ou s'abbaissent, & derechef disparoitre lors qu'un semblable vomissement recommence.

Or de quelque maniere que la chose se fasse, il est constant qu'elle se fait, si bien qu'il semble qu'on ne sçauroit presentement sans opiniatreté n'abbandonner pas cette pretenduë Quintessence d'Aristote; & qu'on ne sçauroit ne reconnoitre pas dans les corps Celestes de la matiere sujette à la generation, & à la corruption comme dans les Terrestres.

Les Cometes ou ces Etoiles cheveluës qui se font voir de temps en temps, nous pourroient icy fournir des argumens invincibles de cette verité, mais comme nous traiterons en suite particulierement de ces sortes d'Etoiles, contentons-nous de montrer que dans le Ciel il se fait non seulement des generations & des corruptions d'Astres entiers, mais que dans les Astres-mesmes il s'engendre, & se corrompt plusieurs choses comme il arrive icy-bas dans nostre Globe terrestre.

C'est principalement ce que ces Taches que nous voyons par le moyen des Lunetes de longue veuë naistre & perir dans le Soleil, nous demontrent, & nous doivent contraindre d'avoüer; car elles nous font voir clairement qu'il en est a proportion des parties interieures du globe du Soleil, comme il en est de celles du globe de la Terre, & qu'il s'en exhale de certaines fumées ou vapeurs crasses & grossieres, dont il se fait des amas d'une grandeur prodigieuse, & que ces amas se dissipent ensuite, & s'évanoüissent de la mesme maniere que les Nuës s'évanoüissent icy-bas dans nostre Air voisin de la Terre.

Il est vray que le Soleil paroit quelquefois pur & net, mais on le voit aussi fort souvent infecté & noircy de ces especes de taches. Elles paroissent çà & là diversement répanduës sur son Disque; les unes sont petites, & les autres plus grandes; quelquefois on n'en voit qu'une seule & unique, & quelquefois il en paroit trente ou quarante, & davantage tout à la fois. Il y en a mesme qui sont quelquefois si grandes qu'on les voit sans Lunettes, comme estoient celles qui parurent du temps de Charlemagne, & celles qui depuis peu avant l'invention des Lunetes donnerent sujet à Kepler de soupçonner que ce fust Mercure. Elles tournent toutes d'un mesme mouvement, comme si elles estoient attachées au globe du Soleil,

&

& que ce Globe tournaſt alentour de ſon propre Eſſieu, de meſme que ſelon les Coperniciens on verroit le Globe de la Terre tourner alentour du ſien, & emporter avec ſoy nos Nuës, & tout ce qui ſe rencontre dans l'Air, ſi elle eſtoit veuë d'un lieu élevé au deſſus de l'Atmoſphere. On en voit veritablement quelques-unes qui eſtant nées dans un des bords, ou dans le milieu, ou dans quelque autre endroit du Soleil, parviennent au bord oppoſé, mais il y en a auſſi quelques-unes, & de celles-là meſme qui ſont fort grandes, qui s'évanoüiſſent dans ce paſſage. Nous pourrons traiter cette matiere plus au long dans la ſuite, cependant on doit concevoir de ce que nous venons de dire, qu'il n'y a aucune apparence que ces Taches ſoient autant de Planetes qui tournent alentour du Soleil comme Mercure, & Venus, mais qu'elles ont plûtoſt du rapport avec les Nuës qui s'engendrent & qui ſe corrompent.

Je paſſe ſous ſilence qu'outre ces Taches on remarque encore dans le Diſque du Soleil diverſes petites lumieres, ou petites clartez, & de certaines petites Ombres plus tenuës, & comme de petis Nuages qui marquent auſſi que ſa Subſtance ne doit pas eſtre Homogene, mais bien plûtoſt Heterogene, ou de diverſe Nature : Je remarque ſeulement que comme celuy qui de la Lune regarderoit la ſurface de la Terre, & verroit des Nuës naiſtre, & perir diverſement, pourroit avec raiſon ſoupçonner qu'outre ces gros amas des Nuës il naiſtroit, & periroit dans la Terre pluſieurs choſes qui luy ſeroient inviſibles à cauſe de leur petiteſſe ; ainſi nous avons un juſte ſujet de ſoupçonner qu'outre ces Taches ou grands amas qui ſe voyent dans la ſurface du Soleil, il s'engendre, & perit dans le Soleil une infinité d'autres moindres choſes que ce prodigieux éloignement nous rend inviſibles.

Ce que j'ay touché en paſſant de ces gros amas de fumées que les entrailles brûlantes du Soleil pouſſent quelquefois à la ſuperficie comme pourroit faire quelque Mont Veſuve, ou un Ethna, & qui ſont quelquefois tellement grands & épais qu'ils le couvrent preſque entierement, & obſcurciſſent ſa lumiere, & marquent par conſequent que la Subſtance du Soleil eſt ſujette à de grands & inſignes changemens : Ce que j'ay, dis-je, touché de ces gros & épais Amas de fumées qui ſont ces Taches dont nous venons de dire un mot, n'est pas simplement fondé sur le raisonnement, ou sur ce que nous en appercevons par le moyen des Lunetes de longue veuë; il est mesme appuyé sur des Histoires qu'on ne sçauroit presque révoquer en doute. *Il s'est fait quelquefois*, dit Pline, *de prodigieuses & tres-longues Eclipses du Soleil, comme celle qui arriva à la mort du Dictateur Cesar, & au temps de la Guerre d'Antoine; car le Soleil*, ajoûte-t'il, *demeura pâle, & jaunâtre une année entiere:* Et c'est ce que Virgile avoit en veuë dans ces beaux Vers, lors qu'en parlant de l'Assassinat commis dans la personne de Cesar, il dit que le Soleil en eût horreur, qu'il se couvrit le visage d'une noire obscurité, & qu'on apprehenda qu'un crime si execrable ne causast une nuit eternelle.

Ille etiam (Sol scilicet) *extincto miseratus Cæsare Romam*
Cùm caput obscurâ nitidum ferrugine texit,
Impiáque eternam timuerunt sæcula noctem.

Xiphilin rapporte qu'il se fit une pareille obscurité dans le Soleil durant le Regne d'Auguste; & Cedrenus qu'environ la septiéme année du grand Justinien le Soleil parut un an entier comme la Lune sans rayons, ne donnant que tres-peu de lumière, & comme s'il eust esté dans une continuelle Eclipse. Le mesme Cedrenus rapporte que la septiéme année de Constantin Iconez le Soleil demeura tellement obscurcy dix-sept jours durant qu'il n'envoyoit aucuns rayons; & Gemma Frizon, qu'il en arriva à peu prés autant l'an quarante & septiéme du Siecle passé.

Or ce que nous disons du Soleil se doit apparemment conjecturer de chacune des Etoiles fixes, quoy que leur éloignement, & la petitesse de leur disque ne nous permette pas d'observer ce qui est, & se fait dans ces grands Corps. Il semble aussi qu'on peut à proportion dire la mesme chose des Planetes, si, comme il est assez probable, elles contiennent de mesme que la Terre quelque chaleur interieure, & quelque humidité analogue à nostre Eau.

Il est vray qu'on n'a pas encore pû découvrir dans la Lune aucuns changemens particuliers, si ce n'est peut-estre ce que l'Illustre Mestlin en rapporte. Voicy ses paroles. *Durant une Eclipse de Lune qui arriva sur le soir le Dimanche des Rameaux de l'an mil cinq cent cinq, on vit dans le corps de la Lune du costé du Septentrion une certaine Tache noirastre plus obscure que le reste du corps, laquelle tenoit* de la couleur d'un fer rouge: On eust pris cela, dit-il, pour de grandes & vastes nuës chargées de pluyes orageuses, telles que sont celles que l'on voit assez souvent du sommet des hautes Montagnes dans les vallons. Et ne pensez pas, a dit en suite Kepler son Disciple, que ce fust une des anciennes taches; elle estoit differente des autres quant à la situation, & quant à la grandeur; car elle occupoit environ la quatriéme ou la cinquiesme partie du Disque Lunaire, & de plus, elle estoit tellement noire qu'elle ne laissoit pas de luire quoy que la Lune fust obscurcie & tenebreuse.

CHAPITRE V.

Si les Cieux & les Astres sont animez.

C'Est une chose assez remarquable que de tous les Philosophes anciens il n'y ait presque qu'Epicure qui nie que les Astres soient animez. Ce Philosophe qui d'ailleurs n'a pas de coûtume de determiner, ni d'improuver absolument rien de ce qui se dit à l'egard des choses Celestes, ne pouvoit neanmoins souffrir qu'on dit que les Astres fussent des Animaux, & moins encore des Dieux; d'où vient que Plutarque le blâme de ce que tous les hommes faisant des Sacrifices au Soleil, & à la Lune, & leur addressant des prieres, il ait cependant osé nier que ce fussent des Dieux.

Pour ce qui est de Platon, il dit *non seulement que les Astres sont des Animaux, mais qu'ils sont mesme doüez d'un tres-bon Entendement.* Et pour ce qui est d'Aristote, quoy que quelques-uns de ses Sectateurs ne vueillent pas qu'il ait fait le Ciel animé, & qu'ils pretendent que par le mot d'Ame il ait entendu une Substance separée, on ne sçauroit neanmoins douter que ce n'ait esté son sentiment, tant il s'en est expliqué clairement en plusieurs endroits, & principalement dans les Livres des Cieux.

Je passe sous silence, que cette Opinion plaisoit fort à Philon lors qu'il disoit que *les Astres estoient non seulement des Animaux, mais encore des Intelligences tres-pures.* Il en est le mesme à l'egard d'Origene, & ce pourroit bien estre de là qu'on a pris occasion de luy imputer d'avoir cru que Nostre Seigneur fust aussi mort pour les pechez des Astres.

Je passe encore sous silence que S. Augustin semble avoir douté si les Astres n'estoient point animez, & que tous les autres Peres ont generalement rejetté cette Opinion.

Je remarque seulement que quelques Anciens supposant les Astres animez, ont, pour ainsi dire, basty deux choses sur ce sentiment. La premiere *que les Astres estoient des Dieux*; & la seconde *que les Astres se nourrissoient des vapeurs elevées de la Terre*. Nous dirons ensuite un mot de ces deux Erreurs, & cependant nous verrons ce qui se peut dire de plus probable sur la Question.

Il semble veritablement qu'il y ait beaucoup de convenance à s'imaginer qu'il en est du Ciel comme de quelque grand & majestueux Animal dont le Soleil soit comme le cœur, ensorte que de mesme que l'Animal est vivifié par la chaleur que le cœur transmet à toutes ses parties, ainsi la region des Astres, & principalement celle des Planetes qui est comme formée de divers membres, soit vivifiée & entretenuë par la chaleur qui decoule du Soleil. Il semble mesme qu'il y ait lieu de s'imaginer cette multitude d'Astres répandus & disposez dans cette vaste étenduë du Ciel comme une espece d'Armée, dont le Soleil soit comme l'Empereur qui la tienne toûjours en bon ordre, qui la conduise, & qui l'entretienne par sa lumiere, & par son mouvement; ou comme une espece de Danse bien reglée dont il soit le Moderateur; ou, si vous voulez, comme une espece de Republique dont il soit le Prince & le Directeur. Cependant il ne semble pas qu'à proprement parler on puisse dire que le Ciel soit animé, d'autant que s'il paroit avoir quelque rapport, analogie, ou ressemblance avec les choses animées, on ne peut inferer autre chose de cette analogie sinon que dans ces corps Celestes il y a une force, & une vertu par laquelle ils peuvent estre excitez, ou ébranlez, & mis en mouvement; en sorte que si on leur accorde pour cela des parties dissimilaires qui soient comme des Organes propres & convenables, ces parties ne soient neanmoins prises que figurément, & improprement.

Il est vray qu'Aristote trouve mauvais, & semble mesme se fâcher de ce qu'on en use de la sorte, & que toute cette Analogie ne porte d'ordinaire les hommes qu'à considerer le Ciel, & les Astres comme ayant de l'ordre, & non pas comme ayant une Ame : Mais si on luy demande ce que proprement il appelle Ame, que croyez-vous qu'il répondra qui puisse estre approprié au Ciel, & aux Astres ? l'*Ame*, dira-t'il, *est l'acte premier du corps Physique organique qui a la vie en puissance*: Mais cependant il veut que le Ciel, & que chaque Astre comme partie du Ciel, soit un corps simple, & homogene, ce qui ne convient point à un corps organique qui doit estre heterogene. Il dira derechef *que l'Ame est ce par quoy nous vivons premierement, nous sentons, nous entendons, & sommes mûs de lieu en lieu*: Mais comment prouvera-t'il que le Ciel, & les choses Celestes dans lesquelles il ne reconnoit ni nutrition, ni augmentation, ni generation, soient vivantes ; puis que c'est par ces proprietez qu'il distingue les choses vivantes des non-vivantes ? Comment prouvera-t'il qu'elles sentent, puis qu'elles sont privées des Organes des Sens, & que chez luy le Sens se trouve seulement dans les choses qui se nourrissent, à cause de la dissipation des esprits, & de la dissolution des organes ? Comment prouvera-t'il qu'elles entendent, puisqu'il veut que l'intelligence se fasse par l'application aux phantomes, & que cependant les phantomes ne peuvent point estre dans une chose privée du Sens & de la Phantaisie ? La verité est que les choses Celestes se meuvent, mais il fait plusieurs choses inanimées qui se meuvent, & selon luy le mouvement Celeste ne peut point estre un mouvement Animal ; puisque le mouvement Animal suit l'Appetit, & l'Appetit la Phantaisie qu'il ne peut pas admettre dans le Ciel. Quelle sera donc cette sorte d'Ame qu'il se fâche qu'on dénie aux Astres ?

Quelqu'un se presentera peut-estre, & dira que c'est une Ame à sa maniere. Mais qu'il prenne garde que ce ne soit le mesme que si nous disions que c'est une Ame qui n'est pas une Ame, entant que cela ne répond pas à la Notion que nous avons de l'Ame, & par consequent que lors que nous aurons dit que le Ciel, & les Astres sont des Animaux à leur maniere, ce ne soit le mesme que de dire que ce sont des Animaux qui ne sont pas des Animaux, en ce qu'ils ne sont point tels que ce qui se conçoit ordinairement par ce mot d'Animal, & qui est proprement dit Animal. Ainsi, certes, il sera permis de dire que le Vent qui souffle de luy-mesme ; qu'une Hor-

Bb iij

loge qui sonne; qu'une Statuë de Dedale qui marche; qu'une Pierre qui tombe d'elle-mesme; qu'une Fontaine, ou un Fleuve qui coule continuellement; que la Mer qui est dans un continuel flux & reflux; que la Fiévre qui retourne à ses heures reglées; & enfin que ne dira-t'on point? N'est-il pas vray que lors que nous disons un Animal à sa maniere, nous le devons dire ainsi à cause de quelque marque particuliere d'Animal que nous ayons observée?

Le mouvement *par soy*, pourra-t'on dire, est la veritable & authentique marque de l'Animation: Mais je veux que nous prenions ce mouvement *par soy* pour cette marque, comment la soûtiendrons-nous, puisque le mouvement par soy qui est sans Appetit, & sans Phantaisie n'est pas un mouvement d'Animal, comme on nous a tout presentement objecté? Et d'ailleurs n'y ayant aucun Animal qui se meuve perpetuellement, & sans se lasser comme font les Corps Celestes, ne semble-t'il pas qu'on doive plûtost inferer que le Ciel, & les Astres ne sont aucunement des Animaux, de ce qu'ils ne souffrent aucune dissipation d'esprits, qu'ils ne sont point sujets à la lassitude, & qu'ils marchent toûjours d'une mesme & perpetuelle teneur, ce qui ne se remarque point dans aucun des Animaux?

Il ne semble veritablement pas qu'on doive nier que chaque Astre n'ait en soy le Principe interieur de son mouvement; neanmoins, encore que ce Principe ait cela de commun avec l'Ame qu'il meut son Corps, ou le Corps dans lequel il est, toutefois ce Principe n'étant pas Vegetatif, ni Sensitif, ni Intellectuel à nostre maniere, il ne doit pas proprement estre appellé Ame.

Que si toutefois on le veut appeller Ame à raison de ce qu'il a de commun avec l'Ame, comme ce sera d'ailleurs une question de nom, je ne m'y opposeray point, & il suffit qu'on accorde que ce n'est pas une Ame telle que ce que nous entendons d'ordinaire par ce mot d'Ame; je ne m'y opposeray point, dis-je, d'autant plus que l'Ame estant une forme, & que la forme pouvant resulter, ou s'engendrer de Principes disposez & mélez d'une certaine maniere, rien n'empéche qu'encore que les Principes ne se soient pas disposez de la maniere qui est necessaire pour l'Ame Vegetative, & pour la Sensitive, ils ayent neanmoins pû se méler, & se disposer de la maniere qui est requise pour engendrer une autre sorte de forme qui sera appellée

Ame improprement, ou Ame à sa maniere.

J'ajoûte que ce Principe ayant esté dit Ame à cause qu'il est Principe interieur, ou Principe *par soy* du mouvement, il ne sera neanmoins point une Ame telle que celle que doit poser Aristote ; c'est à dire que ce ne sera point une forme d'un Corps simple, & inorganique ; car quelle que soit cette force & vertu interieure qui fait tourner le Soleil, il est necessaire pour cela qu'elle ait comme des Esprits, des Nerfs, des Muscles, des Fibres, & des Parties solides propres à recevoir & à retenir l'impression necessaire pour le mouvement.

Je dis de plus, que si les Corps Celestes sont plûtost portez d'un costé que d'un autre, cela ne vient pas de ce qu'à la maniere de quelques grands & prodigieux Geans ils ayent la teste dans un des Poles, les pieds dans l'autre, & les mains à l'Orient, & à l'Occident, comme Aristote par une supposition plûtost ingenieuse & industrieuse que veritable, se l'est representé ; mais cela se fait par une impetuosité ou impulsion interieure & naturelle suivant la disposition des Organes interieures qui determinent la vertu motrice plûtost de ce costé-là que de celuy-là ; ou plûtost ils tiennent cela de leur premier Autheur, en ce qu'estant de soy indifferens à estre mûs vers quelque endroit que ce soit, il a determiné leur indifference vers cet endroit plûtost que vers un autre.

J'ajoûte enfin qu'encore qu'on accorde que les Globes des Astres soient animez, il ne s'ensuit pas que le Ciel, ou ces Espaces Celestes qui les separent les uns des autres doivent avoir une Ame, cela n'estant pas plus necessaire qu'il est necessaire que l'Air dans lequel volent les Oyseaux, ou l'Eau dans laquelle nagent les Poissons ayent une Ame.

A l'égard des deux choses que nous avons dit avoir esté comme basties sur l'Opinion qui suppose que les Astres soient animez, il n'est pas necessaire de nous y arrester beaucoup, veu qu'elles sont tellement absurdes qu'elles se détruisent d'elles-mesmes. Car pour dire un mot de la premiere, je demande si de ce qu'une chose est animée il s'ensuit incontinent qu'elle soit Dieu ? Si les Vers, & les Moucherons sont des Dieux parce qu'ils sont animez, & qu'ils vivent ? Et si ce n'est pas estre denué de Sens que d'adorer un Crocodile comme fait l'Egyptien, & de défendre ces sortes de Fables comme font les Stoïciens ? D'ailleurs, si la notion de la Nature Divine renferme l'Unité, comment cette Unité pourra-t'elle compatir avec ce nombre innombrable d'Astres ? Et qu'on ne dise point que la chose se peut aisément reduire au seul Soleil; car encore que le Soleil conduise & gouverne les Planetes, il ne conduit, ni ne gouverne neanmoins, pas les Etoiles fixes, qui estant comme autant de Soleils, luy pourront disputer la Divinité. Que si on dit que le Soleil preste la lumiere, & imprime le mouvement aux Planetes, qu'il illumine aussi la Terre, & qu'il la fomente, & l'entretient par sa chaleur, qu'il preside à la generation de toutes choses, & qu'enfin il anime, pour ainsi dire, & vivifie toutes choses; il ne s'ensuit pas pour cela qu'on le doive tenir pour un Dieu, puisque cette attache necessaire qu'il a à un certain cours, est plûtost une marque que ce n'est pas par connoissance, ni par choix qu'il agit, mais seulement par une certaine impetuosité naturelle, & qu'ainsi il dépend de quelque Cause Superieure qui l'a destiné à tels & à tels mouvemens, & à produire tels & tels effets.

Quant à la seconde, il est vray que si les Astres estoient des Animaux semblables à ceux que nous voyons icy bas dans nostre Terre, on pourroit inferer qu'ils auroient besoin de quelque aliment qui les nourrît, & qui reparât la vigueur, & les forces qui se seroient perduës par la dissipation continuelle des esprits : Mais si on suppose que ce soient des Animaux à leur maniere, & d'une nature toute differente de celle des nostres, on ne dira pas qu'ils ayent besoin d'aliment comme les Terrestres ; & quand mesme on supposeroit qu'ils eussent besoin de quelque aliment, il n'y auroit rien de plus absurde que de penser que cet aliment fust attiré de la Terre, & que la Terre y pûst suffire; puis qu'il est constant que nostre Globe Terrestre est tellement éloigné des Astres, & principalement des Fixes, qu'estant comparé à la grandeur & à l'étenduë de cette Region Celeste, il est plus petit que le moindre petit point visible. Pour ne dire pas que ce qui s'exhale de la Terre est proprement ce que nous appellons l'Atmosphere, & que cette Atmosphere ne s'éleve de la surface de la Terre que jusques à peu de milles, comme nous expliquerons ailleurs.

CHAPITRE

CHAPITRE VI.

Si le Ciel, & les Astres sont habitables.

Plutarque remarque fort judicieusement que plusieurs choses se disent les unes en riant, & les autres serieusement sur ce sujet, & que ceux qui y ajoûtent trop de foy sont autant blamables que ceux qui n'y croyent point du tout. C'est pourquoy pour demeurer dans les termes de quelque vray-semblance, nous estimons qu'encore qu'on puisse probablement croire qu'il s'engendre & se corrompe diverses choses dans les Astres, on ne peut neanmoins pas croire avec la mesme probabilité que ces choses soient semblables à celles qui s'engendrent & se corrompent icy dans la Terre ; ensorte que ce soient les mesmes Animaux, & qu'entre ces Animaux il y ait des Hommes ; & qu'ainsi il soit vray de dire que les Astres soient habitez par des Animaux, & specialement par des Hommes.

Car s'il est vray de dire à l'égard de ce Globe Terrestre que nous habitons, que toute Terre ne produit pas toutes choses, *Non omnis fert omnia Tellus* ; & si nous voyons effectivement que les choses qui naissent dans l'Europe, dans l'Afrique, & dans l'Amerique sont entierement differentes entre-elles ; il est croyable que celles qui naîtroient dans la Lune, le seroient encore davantage ; puisque la Lune est si fort éloignée de la Terre, & d'une temperature si differente.

Si nous faisons exception de l'Homme qui par son esprit, & par son industrie a trouvé moyen de se répandre & de se multiplier par toute la Terre, quelle diversité ne remarque-t'on point dans tout le reste, dans les Animaux à quatre pieds, dans les Oyseaux, dans les Poissons, dans les Insectes, dans les Herbes, dans les Fruits, & dans les Arbres si on regarde ce qui naist chez nous, chez les Mexiquains, dans les Zones froides, dans les temperées, & sous la Ligne dans la Zone Torride ? Il est donc fort vray-semblable qu'entre les choses qui naissent dans la Lune, s'il y en naist quelques-unes, & celles qui naissent icy bas, il y a une varieté, & une diversité incomprehensible.

Cc

Quelqu'un dira peut-estre à l'égard des Hommes, que comme ils naissent & subsistent par toute la Terre, ainsi ils peuvent naistre & subsister dans la Lune. Mais si ceux qui sont nez, & élevez dans les Païs froids ont tant de peine à vivre dans les chauds, & ceux des chauds dans les froids, qu'arriveroit-il d'un Homme qu'on s'imagineroit estre transporté dans la Lune dont la Zone Torride est beaucoup plus intemperée que la nostre?

Car si la Zone Torride de la Terre est si chaude à cause que le Soleil passant directement sur la teste demeure douze heures entieres sur l'Horison ; combien celle de la Lune le doit-elle estre davantage, puisque le Soleil qui y devient Vertical, demeure presque quinze jours, ou trois cent cinquante heures continuës sur l'Horison ? Et si d'ailleurs les nuits dans la Zone Torride dans la Terre sont froides à cause que le Soleil en est absent douze heures entieres; quel froid ne doit-il point y avoir dans celle de la Lune, le Soleil en estant absent une nuict continuelle d'autant d'heures que nous venons de dire ? Est-il croyable que l'Homme soit capable de supporter une chaleur, & une froideur si excessive, d'autant plus que les Vallons de la Lune estant beaucoup plus profonds que ceux de la Terre, & les Montagnes bien plus élevées que les nostres, cela doit beaucoup contribuer à l'augmentation soit de la chaleur, soit de la froideur ? Joint que l'Homme se nourrissant des Animaux, des Fruits, ou des Herbes qui proviennent de la Terre, & que ne naissant rien de tel dans la Lune, puisque comme nous avons dit, les Generations y devroient estre toutes differentes des nostres ; il n'y trouveroit rien de propre pour sa nourriture, ni pour faire de la Semence qui est necessaire à la propagation des Hommes comme nous ; d'où nous devons inferer que l'Homme ne sçauroit ni naistre, ni subsister dans la Lune.

Cela n'empêche neanmoins pas qu'il n'y puisse naistre d'autres Natures qui l'habitent, encore que nous ne puissions pas plûtost conjecturer, ni dire quelles elles sont, que celles qui y seroient, pourroient, si elles estoient intelligentes, conjecturer, & dire quelles sont celles qui habitent la Terre, qui y naissent, & qui y perissent.

Or ce que je dis de la Lune à l'egard de cette diversité de natures, se doit à plus forte raison entendre des autres Astres, en ce qu'étant plus differens de la Terre quant à leur situation que n'est la Lune, ils en doivent aussi estre plus differens quant à la substance, & quant aux proprietez, & accidens. Car pour ce qui est de toutes les Planetes excepté le Soleil, puisqu'il est vray que selon le Systeme de Tycho, & celuy de Copernique, l'un ou l'autre desquels doit sans doute estre preferé à celuy de Ptolomée, puisqu'il est vray, dis-je, que Mercure & Venus sont plus proches du Soleil que la Terre, & que Mars Jupiter & Saturne en sont plus éloignez, en sorte que la Terre se trouve placée entre ces Planetes; il semble qu'à proportion que Mercure & Venus approchent du Soleil qui est la fontaine de la vie, & de la lumiere, & qu'ils recoivent son influence en plus grande abondance que la Terre, plus leur substance doit estre noble, & plus elle doit estre capable de souffrir l'éclat de la lumiere, & la force de la chaleur que n'est celle de la Terre; & qu'au contraire Mars, Jupiter, & Saturne en estant plus éloignez qu'elle, ils ne doivent par consequent pas estre ni si nobles, ni si capables de souffrir l'impression de la lumiere, & de la chaleur.

Quoy qu'il en soit, il semble que la diversité des choses qui naissent, & se corrompent dans les differens Globes, se doit prendre de cette diversité de Substance qui est dans ces mesmes Globes; en sorte que si vous supposez qu'il y ait des choses que vous appelliez Animaux, soit par quelque Analogie, soit faute de noms propres, ces sortes d'Animaux devront veritablement estre plus petis, mais plus parfaits dans Mercure que dans Venus, dans Venus que dans la Terre, dans la Terre que dans Mars, dans Mars que dans Jupiter, & dans Jupiter que dans Saturne.

Cette mesme Analogie fera que si vous en supposez dans la Lune, ils devront estre beaucoup plus petis, & à peu prés autant parfaits que les Terrestres, d'autant que la Lune est beaucoup plus petite que la Terre, & que tantost elle est plus proche, & tantost plus éloignée du Soleil que la Terre.

Quant à ceux du Soleil, & de chacune des Etoiles fixes, si on suppose qu'il y en ait quelques-uns, ils doivent apparemment estre & bien plus grands, & bien plus nobles, entant que le Soleil surpasse en grandeur, & en noblesse les autres Globes. Que s'il ne paroit pas comment des choses vivantes puissent estre engendrées, & subsister dans un éclat de lumiere si fort, & dans une chaleur si violente, cela n'empesche pas qu'on n'en puisse faire la supposition, ou que la chose ne soit possible. Il est vray qu'à raison de la diversité de la Substance elles seroient absolument differentes de celles des autres Globes; mais leur nature seroit tellement accommodée au genie du lieu qu'elles y pourroient fort bien subsister, & qu'elles periroient mesme incontinent si elles estoient transportées ailleurs, de mesme qu'il arrive dans la Terre où nous voyons certaines choses subsister dans l'Air qui periroient incontinent si on les mettoit dans l'Eau, & plusieurs autres choses subsister dans l'Eau qui ne sçauroient aucunement subsister dans l'Air. Pour ne repeter point que certaines choses viennent tres-bien dans des lieux découverts, chauds & secs, & certaines autres dans les lieux couverts, & ombrageux, froids, & humides, lesquelles meurent si tost qu'on les transplante. C'est pourquoy rien n'empéchera qu'il ne se puisse engendrer plusieurs choses particulieres dans le Soleil; par ce qu'encore que la chaleur y soit tres-grande, & que celles qui seroient neées dans la Terre, ou dans la Lune, ou dans Venus, ne la pûssent souffrir, celles-là neanmoins qui seroient neées dans le Soleil la souffriroient; parce qu'elles seroient d'une nature toute differente, & qu'elles seroient, comme je viens de dire, faites & accommodées à la nature du lieu dans lequel elles se plairoient.

Je ne m'arresteray pas sur ce que disent quelques-uns, que s'il naissoit & perissoit quelques Natures dans les Astres, ce devroit donc estre des Hommes, d'où suivroient ces inconveniens que quelques Peres objecterent autrefois à ceux qui admettoient les Antipodes; car, comme nous avons montré que ces natures devroient estre toutes differentes des nostres, il est visible que cette Objection ne nous doit point arrester; Mais ce qui se pourroit objecter, & sur quoy quelques-uns font grande instance est, que ces Natures seroient en vain, parce qu'elles ne serviroient en rien aux Hommes pour lesquels neanmoins Dieu a créé tout ce qui est au Monde.

Mais certes il est fort à craindre que nostre amour propre ne nous inspire ce sentiment, qu'il ne nous porte dans l'excez, &

que ce ne soit se flatter de trop de merite que de croire que Dieu n'ait rien fait que pour nous, en sorte que si nous pensons quelque chose qui n'ait rien de commun avec nous, & qui ne nous serve pas, ou ne semble pas estre destinée pour nous, nous presumions incontinent que cette chose ou est en vain, ou n'est point dans la Nature.

Car nous lisons bien que Dieu a tout fait pour luy-mesme, mais c'est nous qui presumons que parce qu'il nous a aussi fait pour luy, tout se doit rapporter à nous, & à luy à nostre occasion: Comme si les Cherubins mesmes, & les Seraphins qui se tiennent continuellement devant Dieu, estoient aussi rapportez à Dieu à cause de nous; & comme s'ils n'estoient pas plûtost immediatement créez pour loüer incessamment Dieu, & le glorifier! *Et où estions-nous nous autres lors que les Astres du matin le loüoient, & que tous les Fils de Dieu luy chantoient à l'envy des chants d'allegresse & de benediction?*

Quoy n'est-ce pas assez que n'estant que poudre, & que cendre, il nous ait honnorez de sa presence visible, qu'il ait daigné converser avec nous, qu'il nous ait rachetez de son precieux Sang, & qu'il nous ait merité une gloire & une felicité eternelle, sans que nous soyons comme faschez qu'il ait creé quelques Natures ausquelles il ait accordé des dons naturels dont il ne nous resulte aucune vtilité? Est-ce que Dieu ne peut point se proposer, & tirer d'elles une gloire indépendante de nous, & les avoir fait pour soy-mesme, & non pas pour nous?

Combien naist-il, & y a-t'il de Meteores, de Mineraux, de Plantes, d'Animaux dans les Deserts, sur la Terre, dans la Terre, dans le fonds de la Mer qui ne regardent aucunement les Hommes, & qui ne parviennent pas mesme à leur connoissance? Toutes ces choses sont-elles donc en vain, & Dieu veut-il qu'elles soient au hazard sans dessein, & sans aucune fin qu'il ait connuë quoy que nous ne la connoissions pas? Que si nous n'osons pas estre assez hardis, & assez impies pour dire cela; pourquoy oserons-nous croire que Dieu n'ait pû créer des Astres dans lesquels il naisse & perisse des natures comme il en naist & perit dans la Terre, que ces natures ne nous regardent, ni ne nous soient non plus connuës que tant d'autres qui s'engendrent & se corrompent dans la Terre sans que nous en ayons la connoissance, & que Dieu cependant en tire sa gloire, quoy que nous ignorions la fin précise pour laquelle il les a créées?

Au reste, pour finir par où nous avons commencé ; puisque nous ne sçavons que par de foibles conjectures ce qui se passe, ce qui s'engendre, & ce qui se corrompt dans les Astres, souvenons-nous de n'imiter point ceux qui en partie par jeu, & en partie serieusement décrivent l'estat, la forme, le vivre, & les mœurs des habitans de la Lune, & des autres Globes, de mesme que nous pourrions presentement faire à l'égard des Ameriquains, jusques ausquels nostre industrie nous a enfin portez & fait penetrer.

CHAPITRE VII.

De la Figure des Astres.

ENcore que les Anciens ne soient pas tous demeurez d'accord de la Figure particuliere des Astres, il est neanmoins comme constant que ce sont des Globes, & qu'ils sont ronds ou spheriques. Ciceron semble estre de ce sentiment lors qu'il dit que les Spheres Celestes tiennent leur Esprit de ces Feux eternels & spheriques qu'on appelle des Astres, & des Etoiles. *Hisque animus datus est ex illis sempiternis ignibus quæ Sidera & Stellas vocatis, quæ Globosa, atque rotunda divinis animata mentibus*, &c. Et Aristote après plusieurs raisons qu'il seroit inutile de rapporter, conclut enfin que le corps des Astres est spherique.

On en rapporte une raison generale, & qui semble mesme assez plausible, c'est que les Astres estant destinez pour estre en mouvement perpetuel, & que n'y ayant point de Figure plus propre au mouvement que la Spherique, on ne sçauroit convenablement leur attribuer d'autre Figure. Mais pour dire specialement quelque chose de la Lune, du Soleil, des Planetes, & des Etoiles fixes ; encore que tous les Anciens ayent generalement crû la Lune circulaire à cause de cette face comme arondie au Compas qu'elle nous montre, il y en a neanmoins eu quelques-uns qui pretendoient que cette partie qui est tournée vers nous estoit plate comme elle paroit à la veuë, & non pas convexe ou spherique. Il y en a aussi eu quelques-uns qui se sont imaginez qu'elle estoit concave, & à peu prés comme un bassin; mais tous les autres generalement l'ont crûe convexe ou ronde comme une boule.

La raison en est prise des Phases qu'on y remarque, c'est à dire des divers accroissemens & decroissemens de lumiere qu'elle nous fait voir dans l'espace d'un mois; car il est évident que ces accroissemens & decroissemens ne se feroient point si le corps de la Lune n'estoit rond, & que selon les loix de l'Optique ils doivent necessairement se faire si on la suppose ronde, & si on suppose en mesme temps qu'elle tourne alentour de nous, qu'elle reçoit sa lumiere du Soleil, & que selon qu'elle est posée ou située à nostre égard elle nous renvoye tantost plus, & tantost moins de lumiere, & quelquefois point du tout.

La chose est tres-facile à experimenter. Vous n'avez qu'à prendre un flambeau qui representera le Soleil, le mettre la nuit sur une table au milieu d'une chambre, & faire que quelqu'un tenant une boule en la main tourne entre vous & le flambeau; car si vous regardez continuellement la boule, vous y remarquerez les mesmes accroissemens & decroissemens que dans la Lune, ce qui n'arriveroit point dans un corps qui ne seroit pas rond, ou qui seroit plat comme un bassin.

Pour ce qui est du Soleil, cette face arondie qu'il nous montre a veritablement aussi porté la pluspart des Anciens à croire que sa forme estoit circulaire comme celle de la Lune; mais il y en a aussi eu quelques-uns qui l'ont fait plat comme une Lame; & il y en a mesme aussi comme Heraclite, qui l'ont fait creux comme une grande & immense Barque remplie d'une flamme tres-resplendissante, & tres-ardante, ajoûtant que lors que cette barque se tournoit vers le haut, c'estoit alors que le Soleil s'eclipsoit. Tous les autres generalement l'ont fait rond comme une boule: Epicure mesme a esté de ce sentiment, & il tiroit la cause de cette rondeur des Assemblages circulaires, & tournoyemens de certaines Natures tres-tenuës qui formoient comme une espece de Tourbillon, *Iuxta concrementa, convolutionésque tenuium quarumdam naturarum.*

Or sans nous arrester à ces Tourbillons d'Epicure, une Conjecture tres-forte, & tres-pressante pour la rondeur du Soleil est, que de quelque maniere qu'on le mette au milieu des Planettes, il doit absolument estre rond comme une espece de Globe pour pouvoir répandre, & communiquer de toutes parts sa splendeur, son energie, & sa vertu vivifique; neanmoins on a esté tout autrement convaincu de la chose depuis que l'on a inventé les Lunettes de longue veuë; car on observe que ces Taches Solaires dont nous avons parlé, passent de telle maniere sur la face du Soleil, qu'elles paroissent aller plus lentement, & estre plus minces & plus menuës plus elles sont proches des bords, & aller plus viste, & estre plus grosses & plus enflées plus elles sont proches du milieu, ce qui est une marque infallible de la rondeur du Soleil; parce que le supposant plat on ne sçauroit jamais si bien expliquer ce Phenomene, ni le sauver si commodement.

Quant à Venus, & à Mercure, il n'y a plus que ceux qui n'ont pas eu la curiosité de regarder ces deux Planetes avec des Lunettes de longue veuë, qui puissent douter qu'elles ne soient rondes comme la Lune, puisque l'on y observe les mesmes Phases que dans la Lune. Il y a neanmoins cette difference entre Venus & Mercure, que ces Phases paroissent souvent & nettement dans Venus, au lieu qu'il faut avoir une tres-excellente Lunette pour les découvrir dans Mercure; outre que Mercure estant fort proche du Soleil, & que ne pouvant paroitre en Croissant que lors qu'il est dans son Perigée, & qu'il commence de s'éloigner du Soleil, il est presque toûjours plongé & caché dans les rayons du Soleil, si bien qu'il ne peut que tres-rarement estre veu en Croissant.

A l'égard de Mars, de Jupiter, & de Saturne, il est constant que s'il y avoit quelque Homme dans Mercure, il ne verroit aucunes Phases dans Venus; parce qu'estant plus proche du Soleil que Venus, & que Venus ne pouvant par consequent jamais estre entre luy & le Soleil, il ne verroit jamais que la mesme partie de Venus, à sçavoir celle qui seroit regardée & illuminée par le Soleil, & rien de celle qui ne seroit pas éclairée: Cependant de mesme que cet Homme ne se tromperoit pas s'il conjecturoit que Venus estant veuë de la Terre, ou de Mars, ou de quelqu'autre lieu exterieur de la

sorte,

sorte, paroîtroit avoir ses Phases, & qu'elle doit estre ronde; ainsi, il y a sujet de croire qu'encore que nous ne voyons pas Mars, Jupiter, & Saturne sujets aux Phases, parce que nous sommes plus proches du Soleil que ces Planetes, & que ces Planetes ne pouvant par consequent jamais se trouver entre nous & le Soleil, nous n'en pourvons jamais voir que les parties que le Soleil regarde, & illumine; il y a, dis-je, sujet de croire qu'on ne se tromperoit pas si on conjecturoit qu'elles ont leurs Phases, & qu'elles sont rondes, & que ces Phases s'appercevroient dans Mars s'il estoit veu de Jupiter, dans Jupiter s'il estoit veu de Saturne, & dans Saturne s'il estoit veu de quelque endroit au delà : D'où l'on entend en passant que la Terre mesme qu'on sçait constamment estre ronde, ne montreroit point de Phases si elle estoit veuë de Venus, ou de Mercure, & qu'on y en remarqueroit si elle estoit veuë de Mars, de Jupiter, ou de Saturne.

Disons de plus, que de mesme que Venus estant veuë de Mercure paroîtroit plate, & ne laisseroit neanmoins pas d'estre cruë ronde à cause de cette face circulaire & arondie qu'elle nous montre; ainsi Mars, Jupiter, & Saturne ne laissent pas de devoir estre reputez ronds à cause de cette mesme face circulaire qu'ils nous presentent, quoy qu'ils paroissent plats estant veus de la Terre.

Il est vray que Saturne paroit estre entouré d'une espece de Cercle large comme nous avons dit plus haut, mais d'ailleurs si on considere son corps, il paroit estre rond comme les autres.

Je n'ajoûte rien à l'égard des Satellites de Jupiter (& il en est le mesme de ceux de Saturne) par ce qu'encore qu'ils nous paroissent toûjours pleins par la raison que nous venons de dire, comme ils sont neanmoins de veritables petites Lunes qui environnent Jupiter, & qu'estant veus de Jupiter, ils paroîtroient avoir des phases de mesme que la Lune veuë de la Terre, on doit inferer qu'ils sont ronds ou spheriques comme la Lune.

Pour ce qui est enfin des Etoiles fixes, de mesme que nous avons joint les Planetes avec la Lune, & que nous en avons fait des Globes opaques & obscurs comme elle; ainsi il semble qu'on doive joindre les Etoiles fixes avec le Soleil, & en faire des Globes luisans par soy, & éclatans de lumiere comme luy : Neanmoins comme il y a cette

Dd

difference que nous avons Venus entre les Planetes qui par la varieté de ses Phases nous montre sa rondeur, & qu'entre les Etoiles fixes nous n'en avons aucune qui par des tâches qu'on remarque tourner alentour d'elle comme alentour d'un autre Soleil, nous fasse voir la sienne; on ne peut pas par un semblable argument estre convaincu de la rondeur des Etoiles fixes, quoy qu'il y ait neanmoins beaucoup de vray-semblance, si principalement on considere que pour petis que paroissent leurs Disques d'une si grande distance, elles sont toutefois en soy tellement éclatantes, vives & brillantes, que si elles estoient en la place du Soleil, elles ne paroitroient pas moins brillantes & éclatantes que luy, & que le Soleil transporté dans leur region ne paroîtroit ni plus éclatant, ni plus brillant qu'elles.

J'ajoûte que si le Soleil estoit transporté à la region des Fixes, bien loin que nous pussions observer ses Taches, ou découvrir aucunes Planetes alentour de luy, tous ces corps disparoitroient dans une si grande distance, & s'évanoüiroient tant à cause de leur petitesse, que parce qu'ils demeureroient cachez par l'irradiation du Soleil, comme nous dirons en suite.

Or je touche cecy afin que si nos yeux ne découvrent pas certaines choses alentour des Etoiles fixes comme nous faisons alentour du Soleil, nous n'inferions pas d'abord qu'elles n'y puissent estre: Nous ne devons neanmoins pas aussi incontinent affirmer qu'elles y soient, puisque selon ce que nous avons déja dit, nous devons à l'égard de ces choses qui sont si fort éloignées de nous, estre contens de la vray-semblance, pour n'estre pas mis au nombre de ceux dont Icare Menippe se mocque avec raison, lors qu'il dit *qu'il y en a qui pretendent connoitre les bornes du Ciel, qui mesurent le Soleil, qui montent aux choses qui sont au dessus de la Lune, & qui nous determinent la grandeur & la figure des Etoiles comme s'ils en estoient tout fraichement arrivez.*

Au reste, lors que nous disons que les Astres sont ronds, nous n'entendons pas parler d'une rondeur Geometrique, mais seulement d'une rondeur semblable à celle de la Terre, qui bien que tres-inegale par ses Montagnes & ses Vallées, ne laisse pas d'estre censée ronde, parce que ses inégalitez ne sont pas considerables à l'egard d'une si grande masse, & qu'estant veuë de la Lune sa surface paroîtroit égale & uniforme.

CHAPITRE VIII.

De la Cause Motrice des Astres.

Comme on a de tout temps admiré la vitesse, la constance, & la régularité des mouvemens des Astres, on s'est aussi toûjours mis en peine d'en rechercher la cause ; mais parce que ces Corps sont extremement éloignez de nous, cette cause a toûjours demeuré fort inconnuë ; d'où vient que quelques-uns l'ont cruë Externe, soûtenant par consequent que les Astres estoient mûs par un autre, *Ab alio*, par un Principe extrinseque ; & ce Principe selon quelques-uns estoit *vulgaire* tel qu'est l'Air, & selon quelques-uns *non-vulgaire* tel qu'est Dieu, ou une Intelligence.

D'autres au contraire l'ont cruë Interne, & ont par consequent dit que les Astres estoient mûs par soy, *Per se, à seipsis*, ou ce qui est le mesme par leur propre & naturelle forme ; mais les uns tenoient que cette forme estoit une Ame, & qu'ainsi les Astres se mouvoient comme des Animaux ; & les autres que ce n'estoit point une Ame, & qu'ils estoient mûs à la maniere des choses inanimées, comme le Feu qui se meut vers le haut, & la Pierre qui se meut vers le bas.

Ceux qui tenoient pour la Cause Externe, & vulgaire, comme Anaximenes, Anaxagore, & quelques autres, soûtenoient que c'estoit l'Air ; & sur la question qui se faisoit specialement à l'égard de l'allée & du retour des Astres entre les Tropiques, ils vouloient que cela se fist *à cause de la repression de l'Air*, comme poussant & repoussant les Astres d'un costé, & puis de l'autre, par sa froideur, densité, ou autre qualité.

Tous les autres qui ont cru la Cause Externe non-vulgaire, en ont ordinairement parlé d'une maniere à faire croire qu'ils la tenoient Interne ; car quoy que selon Tertullien les Stoïciens ayent dit *que c'est Dieu qui estant hors du Monde le fait tourner à la maniere d'un Potier* ; neanmoins comme ils ont aussi dit que Dieu estoit ce Feu intelligent qui animoit & le Monde & les Astres, en sorte que les Astres estoient des Dieux, ils semblent avoir placé Dieu interieurement dans le Monde, & non pas au dehors? Et c'est conformement à cette Opinion que le Stoïcien Balbus dit dans Ciceron, *que cette constance & regularité des Planetes dans leur cours divers ne peut estre conceuë que douée d'entendement, de raison, & de conseil, & que nous ne pouvons point ne les mettre pas au nombre des Dieux.* Et ensuite, *que ces cours annuels & perpetuels avec cette admirable, & incroyable constance, montrent qu'il y a dans eux une force, & un entendement divin.*

Platon s'explique de mesme, & dit clairement *que Dieu est cette Nature qui meut la grande masse du Ciel, ce qui ne se peut point faire autrement que parce que Dieu l'anime, & que cette sublime Nature des Astres, c'est à dire ces visibles & tres grands Dieux, doit estre soigneusement honorée*, si bien que ce Philosophe semble plûtost avoir reconnu une Cause interne qu'une externe. Il est vray qu'aprés avoir dit que le moûvement se fait par le commandement de Dieu ou de l'Entendement, il ajoûte que les *Puissances* sont chargées de l'execution; mais il ne veut pas pour cela que ces Puissances soient des Causes externes, ou des Intelligences assistantes comme l'on pretend d'ordinaire; car tout cecy se doit entendre conformement à ce qui a esté dit de l'Ame du Monde, lorsque nous avons remarqué qu'il fait cette Ame comme composée de deux parties, à sçavoir la plus noble qui est l'Entendement, & celle à laquelle il donne le nom de Dieu; & la moins noble qui est celle qui a retenu le nom d'Ame simplement; & il est constant que par ces mots de *Puissances* il n'entend autre chose que les parties de cette Ame moins noble qui soient specialement attachées à leurs Spheres particulieres.

Il en est le mesme d'Aristote, car il dit veritablement dans le huitiéme Livre de ses Physiques, *qu'il y a un premier Moteur qui est la cause du celeste & eternel mouvement*, & que ce premier Moteur est sans parties, & sans grandeur, ou incorporel, pour n'estre point sujet à la lassitude, & pouvoir ainsi mouvoir eternellement; d'autant qu'il meut le Ciel sans estre mû, & qu'il reside dans la circonference du Ciel où le mouvement est tres-vite. Et il dit mesme dans le douziéme des Metaphysiques que ce Moteur est une Substance separée de la matiere, ou incorporelle, & immobile, la multipliant neanmoins selon le nombre des Spheres Celestes : Mais dans le second Livre du Ciel, sans faire aucune mention de premier Moteur, ou de Substance incorporelle & immobile, il rapporte expressément le mouvement du Ciel à une Ame qui le meut comme l'Ame meut l'Animal qui n'est pas mû par un autre, *ab alio, sed à seipso* ; si bien qu'il semble aussi que selon son sentiment on ne puisse pas assigner une autre Cause physique ou efficiente du mouvement Celeste que l'Ame du Ciel.

Cependant cette maniere dont Aristote s'est expliqué a donné lieu à cette Opinion si celebre parmy nous, à sçavoir que les Cieux sont mûs par des Anges ; & mesme la chose en est venuë si avant, que S. Thomas a crû que cette Opinion estoit de la Foy ; quoy que nous ayons neanmoins toûjours eu plusieurs Docteurs tres-pieux & tres-religieux qui n'ont point esté de ce sentiment, & qui ont défendu avec Cajetan que les Cieux ne sont point mûs par des Anges, mais par leurs propres Formes. Et voilà à peu prés les sentimens de ceux qui regardent la Cause motrice des Cieux comme Externe, & non-vulgaire.

Quant à l'Opinion de ceux qui veulent que cette Cause motrice des Cieux soit Interne, il est visible de ce que nous venons de dire, que non seulement les Stoïciens, mais que Platon mesme, & Aristote n'en sont pas fort éloignez ; & il est constant qu'elle est commune à tous ceux qui tiennent les Cieux animez. Au reste, nous ne repeterons point icy ce qui a esté dit sur cette Animation, c'est assez qu'on se souvienne que lors que l'on fait diverses Objections à ceux qui soûtiennent que le Monde est animé pour prouver que l'Ame du Ciel ne peut estre ni Vegetative, ni Sensitive, ni Raisonnable, ils ont de coûtume de répondre, que c'est une Ame à sa maniere, & d'une Espece toute differente.

Remarquons seulement que Kepler a fait les Astres animez de cette maniere, & qu'il croyoit que de mesme que dans les Animaux il y a des Fibres répanduës & disposées dans les Muscles qui sont les instrumens du mouvement, ainsi il y a de grandes Fibres dans la Terre, & dans les autres Planetes par lesquelles l'Ame exerce sa vertu motrice, & les fait tourner alentour de leur propre Centre.

Je dis alentour de leur propre Centre, car ce mouvement est manifeste à l'égard de Jupiter, & de Mars dans lesquels on remarque des Taches qui reviennent au mesme endroit, achevant leur revolution dans un certain temps reglé, ce qu'on a aussi remarqué dans Venus, quoy que plus obscurement. Il est vray qu'à l'égard de Saturne on n'a point d'autres conjectures qu'il tourne alentour de son propre Centre sinon qu'il a de petites Lunes qui tournent alentour de luy, & qu'on infere que ces Lunes doivent estre emportées par son mouvement, de mesme que les Satellites de Jupiter sont apparemment emportez par le mouvement de Jupiter, comme aussi la Lune par celuy de la Terre. On a neanmoins remarqué dans l'Anneau de Saturne quelques inegalitez qui revenoient aussi à un mesme endroit après un certain temps comme dans Jupiter & dans Mars, d'où il y auroit lieu d'inferer qu'il auroit le mesme mouvement, mais cette Observation n'est pas encore assez confirmée. Quant à Mercure, il est si proche du Soleil qu'on n'en n'a encore pû faire aucune semblable remarque, mais il est à croire qu'il a cela de commun avec les autres.

Il croyoit aussi qu'outre les Ames, & les forces particulieres qui sont dans les Planetes, & dans la Terre, il y en a une tres-noble, & tres-puissante dans le Soleil qui le meut de telle maniere que le faisant tourner alentour de son propre Essieu, il fait tourner alentour de soy toutes les Planetes par les rayons qu'il leur envoye, & dont il les frappe, & fouëtte, pour ainsi dire, continuellement, chaque Planete faisant son circuit d'autant plus viste qu'elle est plus proche luy, & qu'elle reçoit sa vertu en plus grande abondance; en sorte que le Soleil faisant son circuit en un mois ou environ alentour de son propre Centre, comme nous montrent ses Taches, Mercure acheve son tour alentour du Soleil en moins de temps que Venus, celle-cy en moins de temps que la Terre, la Terre en moins de temps que Mars, &c.

Et cecy pourroit paroitre d'autant plus vray-semblable, qu'il est constant que lors que la Terre est plus proche du Soleil, elle va non seulement en apparence, mais effectivement, & réellement plus viste que lors qu'elle en est plus éloignée : D'où les Sectateurs de Copernique pourroient cependant tirer une preuve tres-considerable pour le mouvement de la Terre ; puis qu'il n'y a aucune raison pourquoy le Soleil se doive approcher de la Terre, luy, dont la grandeur surpasse plus de deux millions de fois celle de la Terre, & pourquoy, supposé qu'il s'en fust approché, il deust aller plus viste, & recevoir d'elle une impression qui fust capable de hâter son mouvement, veu qu'il est la source de la vigueur, & de l'activité de la Terre par la chaleur, & par la lumiere qu'il luy communique.

Enfin il croyoit que de mesme que le Soleil avoit la force de faire tourner la Terre, ainsi la Terre avoit la force de faire tourner la Lune, comme nous venons d'insinuer, Jupiter les petites Lunes qu'il a alentour de soy, & Saturne pareillement les siennes. Et il n'est pas le seul qui ait donné dans cette pensée : Monsieur de Roberval dans son Aristarque a presque dit les mesmes choses, & il faut que Pline ait eu cette veuë lorsque rendant raison de la Direction, de la Station, & de la Retrogradation des Planetes, il rapporte cela à la force ignée du Soleil qui frappe & refrappe, & pousse par consequent & repousse ou arreste les Planetes. Cependant vous voyez qu'en tout cecy outre la cause Interne il en intervient encore une Externe.

A l'égard de ceux qui ont bien reconnus une Forme interne pour la Cause motrice des Astres, mais qui n'ont cependant pas voulu qu'elle fust une Ame ; Aristote dit que sont ceux-là mesmes qui croyoient que c'estoit un Feu, ou si vous aimez mieux une Vertu ignée tres-active & tres-mobile, & qui vouloient que la Position & la Distance de l'Aliment fust la cause de ce que les Astres flechissoient plûtost d'un certain costé que d'un autre.

Il y en a eu d'autres comme Anaxagore, & principalement Epicure, qui ont crû que les Astres dés leur premiere formation avoient esté contraints de tourner comme ils font par la necessité de la Matiere, entant que divers Assemblages d'Atomes se rencontrant, se poussant, & se repoussant diversement, se formerent en Tourbillons, & par consequent en Globes qui furent contraints de flechir ou tourner vers un certain costé à cause de l'impetuosité qui se fit par cette agitation interne, de maniere que la mesme disposition interieure, & la mesme motion perseverant, ils continuerent le mesme mouvement circulaire, lequel durera toûjours par la mesme necessité tant que cette mesme disposition, & motion perseverera : Les Globes des Astres, dit Epicure, se sont formez *Secretis propriis Vorticibus majoribus, minoribúsque,* la Matiere du Monde s'estant reduite en Tourbillons plus grands, & plus petis. Et ces Globes, ajoûte-t'il, ont acquis la perfection qu'ils ont maintenant, selon les Assemblages, & les tournoyemens qui se sont faits interieurement par le concours & le mouvement de certaines Natures trestenuës, spiritueuses, ou ignées; *Iuxta concrementa, convolutionésque tenuium quarumdam, earúmque, seu spirituosarum, seu ignearum, seu utriusque conditionis Naturarum.*

Descartes de nos jours ayant apparemment en veuë l'Opinion d'Epicure, s'est servy de cette mesme necessité de la Matiere, en y changeant quelque peu de chose, comme il le falloit pour établir son Systeme du Monde qu'il croit estre formé de divers Tourbillons dont les uns sont plus grands, & les autres plus petis, & dont chacun est porté du costé que le mouvement des autres Tourbillons qui l'environnent fait moins de résistance.

De tout ce qui a esté dit jusques icy on voit assez combien il est difficile de rien determiner absolument sur ce sujet : Pour toucher neanmoins ce qui nous paroit en quelque façon de plus probable, il semble que le Principe ou la Cause du mouvement des Astres est plûtost Interne qu'Externe, & que cette Cause n'est autre chose que la Forme naturelle, ou la contexture particuliere du Corps des Astres, entant que les Principes dont ils se sont formez estant tres-mobiles, sont venus à se joindre, & à se disposer de sorte qu'il a esté necessaire que ce tournoyement ou cette motion circulaire s'en ensuivît, durât, & perseverât. Et cette Forme peut veritablement estre dite une Ame à sa maniere, ou par Analogie, entant qu'elle est la Cause des mouvemens que font les Astres, comme celle qui est proprement appellée Ame est la Cause de ceux que font les Animaux ; mais soit neanmoins qu'elle soit une Ame, ou qu'elle ne le soit pas, peut-estre que cette necessité de mouvement qui luy a esté faite dés le commencement par la main toute-puissante de Dieu, se pourroit entendre en quelque façon de ce qui a esté dit en general en traitant de la Vertu motrice, à sçavoir, si nous concevons que la chose s'est faite par l'impetuosité l'impetuosité inamissible de certains Atomes qui soient venus à estre ajustez en rond, & à estre disposez interieurement en forme de Fibres l'un poussant l'autre, cét autre un autre, & ce dernier un autre, jusques à ce que le dernier à cause de la Sphericité, ait poussé le premier qui ait derechef poussé le second, celuy-cy le troisiéme; & ainsi des autres en tournant, & circulant de mesme continuellement par la mesme impetuosité ; car non seulement le mouvement circulaire a pû venir de là, mais aussi sa perpetuité & sa continuation, en ce que la mesme tissure solide & compacte du Globe a subsisté & subsiste, & qu'ainsi les causes de cette motion circulaire perseverent : Il faut neanmoins, certes, ajoûter que cette contexture interne soit d'Atomes, soit de quelques autres Principes qu'il vous plaira, est, comme nous venons de marquer, l'Ouvrage de la main toute-puissante de Dieu, aussi bien que les Principes mesmes ausquels il a imprimé le mouvement inamissible, en sorte que si les Astres se meuvent maintenant de cette maniere, & non pas d'une autre, ils doivent cela à l'Autheur de la Nature qui l'a ainsi arresté & étably au commencement, & qui a voulu que le Mouvement commencast, & continuast de cette maniere.

Or j'ay conjecturé qu'il falloit qu'il se fust fait & formé interieurement des Fibres, ou quelque chose d'analogue à des Fibres; parce qu'afin que les Globes des Astres fassent leurs mouvemens circulaires, ils ne semblent pas pouvoir estre d'une substance simple & Homogene, comme pourroit estre celle d'un Atome, ou d'un corps absolument continu ; d'autant qu'un corps qui seroit tel, & qui seroit doüé de la vertu motrice, ne sçauroit estre conceu se mouvoir de soy autrement que d'un mouvement droit, à sçavoir d'un mouvement par lequel toutes ses parties seroient meuës d'une mesme impetuosité, & d'une mesme maniere. C'est pourquoy il semble que puisque les Globes des Astres, & principalement ceux qui se meuvent sur leur propre essieu comme le Soleil, & s'il y en a quelques autres ; il semble, dis-je, que puisque ces Globes ont des parties qui se meuvent inégalement, les unes plus lentement, sçavoir celles qui sont vers l'essieu, & les autres plus viste, sçavoir celles qui sont à la circonference ; ils doivent estre interieurement formez de parties diverses dont les unes poussent les autres, &

qui se porteroient d'elles-mesmes en droite ligne si elles n'en estoient empeschées par la liaison qu'elles ont avec l'essieu, & si elles n'estoient contraintes de flechir ou gauchir, & de tourner alentour de cét essieu comme immobile, d'où il arrive que toute la masse du Globe estant composée de parties qui s'entrepoussent de la mesme maniere, & qui sont toutes adherantes les unes aux autres, toute cette masse est contrainte de tourner alentour de l'essieu.

Ces parties semblent encore estre disposées dans un Globe d'une telle maniere qu'il s'en fasse comme deux sortes de Fibres, dont les unes soient droites, ou selon la file de l'Axe, & les autres circulaires qui ne soient neanmoins autre chose que les parties mesmes des droites entant qu'elles s'entrepoussent en rond, ensorte que ce soit comme autant de Chapelets étendus en rond, & arrangez comme des Meridiens les unes contre les autres.

Que si nous croyons que ces parties ainsi arrangées puissent estre appellées Fibres avec Keppler, c'est afin de garder quelque Analogie, & afin que si on veut dire que la forme des Astres soit une Ame par Analogie à celle des Animaux, & que les Astres soient des Animaux par l'Analogie qu'il y a entre eux & les Animaux; ainsi on puisse dire qu'ils ont des Fibres par l'Analogie qu'il y a de leurs mouvemens avec ceux des Animaux qui se font par le moyen des Fibres: Certes, de mesme que nous ne nous tournons en rond la main, ou le pied, ou la teste, ou tout le corps, que par le moyen des Fibres dont les Muscles sont tissus; ainsi il y a lieu de croire que lors qu'un des Globes des Astres se fléchit, & se tourne en rond, cela se fait parce que son Ame, si vous la voulez ainsi appeller (car comme nous avons déja dit ailleurs plusieurs fois, c'est une question de nom) ou si vous aimez mieux, sa forme & son energie interieure se sert de quelques parties qui sont comme des Fibres & des Muscles, ou des organes convenables pour le mouvement. Et il en est le mesme à l'egard des autres mouvemens comme pourroient estre ceux que dans l'Opinion de Copernique on attribuë à la Terre.

CHAPITRE IX.

Des Cometes.

Les Cometes font de certains Corps lumineux que l'on voit quelquefois paroître entre les Aftres fous differente grandeur.

Le corps des Cometes, eft ordinairement accompagné de certains rayons de lumiere, qui en s'éloignant s'affoibliffent, & qui fuivent toûjours cette regle. Si le Soleil eft à peu prés en Oppofition avec la Comete, ces rayons fe répandent également alentour d'elle, & font une efpece de Chevelure ; au lieu que fi le Soleil eft dans tout autre Afpect, ils fe portent feulement vers la partie du Ciel qui eft oppofée au Soleil. Ainfi fi cét Aftre eft Oriental au refpect de la Comete, elle paroit darder fes rayons du cofté de l'Occident ; & s'il eft Occidental, elle les jette vers l'Orient ; & lors qu'ils fe jettent ainfi vers un feul cofté, ils fe font voir fort longs, jufqu'à paroître quelquefois occuper environ la douziéme partie du circuit du Ciel.

Il n'y a point de regle certaine pour le temps auquel les Cometes fe font voir ; quelquefois il fe paffe plufieurs années fans qu'il en paroiffe aucune, & quelquefois on en voit plus d'une en moins de deux mois.

La partie du Ciel où elles commencent à fe faire voir, n'eft pas non plus determinée, quelques-unes ayant commencé à paroître vers l'Ecliptique, & d'autres vers les Poles du Monde.

Il n'y a auffi rien de certain touchant la durée de leur apparition ; car quelques-unes n'ont paru que peu de jours, au lieu que d'autres ont efté veuës pendant plufieurs mois.

Une des principales circonftances à obferver eft, qu'un peu devant qu'une Comete ceffe entierement de paroître, l'on voit tous les jours fa grandeur apparente diminuer, & mefme fa lumiere s'éteindre petit à petit.

Elles paroiffent toutes tourner chaque jour d'Orient en Occident alentour de la Terre, & décrire en ce fens-là des Cercles à peu prés Paralleles à l'Equateur ; & outre ce Mouvement apparent qui leur est commun avec tous les Astres, elles en ont encore un sous le Firmament, qui leur est propre & particulier, & qui n'a aucune détermination reglée, quelques-unes se portant vers l'Orient, d'autres vers l'Occident, & d'autres vers d'autres endroits.

La vitesse de ce Mouvement propre n'est pas égale en toutes les Cometes, mais fort diverse & inégale, les unes parcourant beaucoup plus de degrez d'un grand Cercle que ne font les autres; la vitesse mesme du Mouvement de chaque Comete ne paroit pas non plus toûjours égale; car les Arcs qu'elle décrit chaque jour, sont tantost plus grands, & tantost plus petis.

Le chemin qu'elles parcourent n'est pas aussi toûjours égal, les unes traversant quelquefois une bien plus grande partie du Ciel que non pas les autres; mais quelque étenduë du Ciel qu'elles parcourent, on n'en a point remarqué, ou fort peu, qui ayent décrit sous le Firmament plus de la moitié d'un grand Cercle, c'est à dire qui ayent traversé plus de la moitié du Ciel.

Lors qu'une Comete est veuë darder ses rayons vers l'endroit du Ciel où son Mouvement propre semble la porter, ces rayons s'appellent une Barbe; au contraire lors qu'ils s'étendent vers la partie du Ciel d'où son Mouvement propre semble l'éloigner, ils se nomment une Queuë; & lors qu'ils se répandent également à la ronde, on les appelle une Chevelure. Ainsi la Comete qui parut il n'y a pas long-temps, vers le commencement du mois de Decembre de l'Année 1664. dans la partie Meridionale du Monde; & au respect de laquelle le Soleil estoit Oriental, dardant ses rayons vers l'Occident, où son Mouvement propre la faisoit tendre, fut dite avoir une Barbe; puis se trouvant en Opposition avec le Soleil, elle fit voir une Chevelure; & enfin ayant le Soleil Occidental a son égard, ses rayons qui s'étendoient vers l'Orient, formerent une Queuë. Et celle qui parut peu de temps aprés dans la partie Septentrionale du Monde, & au respect de laquelle le Soleil estoit encore Oriental, comme elle se portoit par son Mouvement propre vers l'Orient, ses rayons qui se dardoient vers l'Occident, composerent d'abord une Queuë, avec laquelle elle fut veuë pendant quelques jours, aprés lesquels son approchement apparent du Soleil la déroba à nostre veuë, ensorte qu'on ne la vit plus.

Afin d'expliquer la nature des Cometes, quelques Philosophes qui ont precedé Aristote, ont enseigné que le Ciel ne contenoit pas simplement ces Astres visibles dont les Astronomes ont de tout temps tâché de connoître le Mouvement, mais qu'il en contenoit encore un nombre innombrable d'autres que leur petitesse, qui est extréme en comparaison de leur distance de la Terre, empêchoit de voir: Ils ajoûtoient que ces petites Etoiles avoient des Mouvemens propres dans toutes les déterminations imaginables, & que leurs Periodes s'achevoient dans des temps fort inégaux; ensuite de quoy ils assuroient qu'une Comete n'estoit autre chose qu'un amas d'un tres-grand nombre de ces petites Etoiles que les inégalitez de leurs Mouvemens faisoient quelquefois rencontrer dans quelque endroit du Ciel, où leur concours les rendoit visibles; & qu'elle cessoit de paroître lors que chacune de ces Etoiles continuant de se mouvoir suivant sa détermination particuliere, elles se separoient toutes les unes des autres. Mais cette pensée n'est guere vray-semblable, & a beaucoup plus de subtilité que de probabilité; non pas à cause du grand nombre de ces petites Etoiles qu'elle suppose; car les Lunetes d'aproche nous en font voir beaucoup plus qu'il n'en faut pour composer de semblables Cometes; mais parce qu'on ne voit pas qu'il fust possible qu'elles concourussent tellement ensemble, qu'elles pûssent se rencontrer en corps dans tous les endroits où une Comete se fait remarquer; & sur tout parce qu'on ne voit pas quelle liaison le Mouvement de ces Etoiles pourroit avoir avec le Soleil, pour faire que plusieurs d'entre-elles se rangeassent precisément, comme il faudroit qu'elles fussent rangées à son égard, pour composer tantost la Barbe, & tantost la Queuë d'une Comete.

Cette Opinion a esté negligée par Aristote, qui a pretendu que les Cometes estoient de certains Feux produits par des exhalaisons qui s'estoient élevées de la Terre, & qui s'estoient allumées dans la plus haute Region de l'Air, qu'il estimoit estre beaucoup plus basse que n'est la Lune. Toutefois cette Opinion est aussi peu vray-semblable que la precedente; car outre qu'il n'y a pas d'apparence que la Terre puisse fournir une assez grande quantité d'exhalaisons pour entretenir un si grand feu, pendant tout le temps auquel on voit quelquefois paroître une Comete, il s’enſuivroit, ſi cela eſtoit, que la lumiere de ce feu ſeroit independante du Soleil, & par conſequent qu’une Comete pourroit darder ſes rayons d’une maniere qui ne dependroit aucunement de la ſituation qu’elle auroit au reſpect de cet Aſtre. Ce ſont là des remarques communes, & qui ſe trouvent preſentement dans tous les Autheurs ; auſſi me ſuis-je ſervy des paroles de Monſieur Rohaut, qui apparemment en avoit tiré la ſubſtance de Monſieur Gaſſendi, comme ce dernier l’avoit tiré de ceux qui l’avoient precedé.

Ce qui ruine entierement la penſée d’Ariſtote, c’eſt que les Aſtronomes qui ont vécu depuis environ deux cent ans, ayant voulu meſurer la diſtance qu’il y avoit de la Terre aux Cometes qu’ils ont vû paroître de leur temps, ont trouvé qu’elles devoient eſtre au deſſus de la Lune ; & ce qui les fit juger de ce grand éloignement fut, que les Obſervations qui ſe faiſoient en meſme temps d’une Comete dans divers endroits de la Terre, la mettoient toutes en meſme ſituation auprés de quelque Etoile fixe determinée ; au lieu que ſi elle n’euſt eſté qu’au deſſous de la Lune, les Obſervateurs de Perſe, par exemple, l’euſſent veuë à deux degrez prés de cette Etoile, & ceux de Paris à quatre.

Cela eſt aiſé à comprendre ſi on s’imagine cinq ou ſix petites Boules ſuſpenduës à une Voute, de maniere que la plus baſſe en ſoit éloignée de cinq ou ſix pieds, les autres moins, & la premiere, ou la plus haute, de deux ou trois pouces ſeulement ; car ceux qui regarderont ces Boules, & qui voudront marquer en droite ligne les endroits de la Voute où ils les verront, ne les trouveront pas de meſme, les uns voyant à gauche ce que d’autres verront à droit, & plus ou moins éloigné de quelque poinct fixe & determiné, ſelon qu’ils ſeront diſtans les uns des autres, & ſelon que les Boules ſeront diſtantes de la Voute ; en ſorte qu’à meſure qu’ils regarderont les plus élevées il y aura moins de difference entre leurs regards, c’eſt à dire qu’ils les verront plus prés d’un meſme endroit : Mais lors qu’ils regarderont tous la plus élevée, ils la verront tous en meſme diſtance de quelque poinct de la Voute determiné que ce ſoit, & en meſme lieu, ſans aucune diverſité d’Aſpect ou d’Angle viſuel qu’on nomme Parallaxe. Or les Cometes ayant ainſi eſté obſervées de plusieurs endroits de la Terre sans aucune diversité d'Aspect, on a conclu qu'elles devoient estre beaucoup au dessus de la Lune; puisque leur Parallaxe estoit tout-à-fait insensible, & que la Parallaxe de la Lune est constamment sensible.

Ces Observations jointes à celles qui marquent que les Cieux sont fluides, & que les Astres ne sont pas exempts de generation & de corruption, montrant évidemment la fausseté de l'Opinion d'Aristote, nos Philosophes Modernes se sont trouvez obligez à chercher quelqu'autre moyen pour tacher d'expliquer la nature des Cometes; si bien que les uns ont crû que veritablement elles s'engendroient de nouveau, mais que ces generations se faisoient dans les Cieux mesmes bien loin au dessus de la Lune entre les Astres. Les autres ont repris cette ancienne Opinion de Seneque qui vouloit que les Cometes fussent du nombre de ces *Ouvrages eternels de la Nature*, c'est ainsi qu'il parle, c'est à dire qu'elles fussent de veritables Astres comme Saturne, Jupiter, & nos autres Planetes, qu'elles eussent leurs mouvemens reglez, & que lors qu'elles venoient à passer à la portée de nostre veuë, elles nous devinssent visibles, & au contraire invisibles lors qu'elles s'éloignoient.

Entre les premiers Monsieur Descartes n'ignorant pas qu'il y a un tres-grand nombre d'Etoiles fixes, outre celles que la veuë découvre, & pensant que quelques-unes d'entre-elles pouvoient bien quitter le lieu où elles estoient dans le Monde, de mesme qu'il est tres-probable que quelques-unes de celles que les Anciens ont veuës, & que nous ne voyons plus, ont quitté le leur; il a conjecturé que ce que nous appellons une Comete n'est autre chose qu'une de ces Etoiles, qui s'estant petit à petit couverte de Taches, jusqu'à perdre toute sa lumiere, n'avoit pû garder sa situation qu'elle avoit auparavant entre plusieurs autres, dont les Tourbillons l'avoient entraînée, & luy avoient imprimé un mouvement si proportionné à la grandeur, & à la solidité de sa Masse, qu'il l'avoit fait passer assez prés du Ciel de Saturne, où la lumiere qu'elle avoit alors receuë du Soleil nous l'avoit renduë visible.

Entre ceux qui suivent l'Opinion de Seneque, les uns veulent qu'elles se meuvent circulairement, & qu'elles décrivent un Cercle d'une telle grandeur qu'il comprenne le Soleil, & la Terre, en sorte neanmoins que nous soyons hors du Centre de ce Cercle, & beaucoup plus prés de sa circonference. Voicy de quelle maniere il s'expliquent par cette Figure.

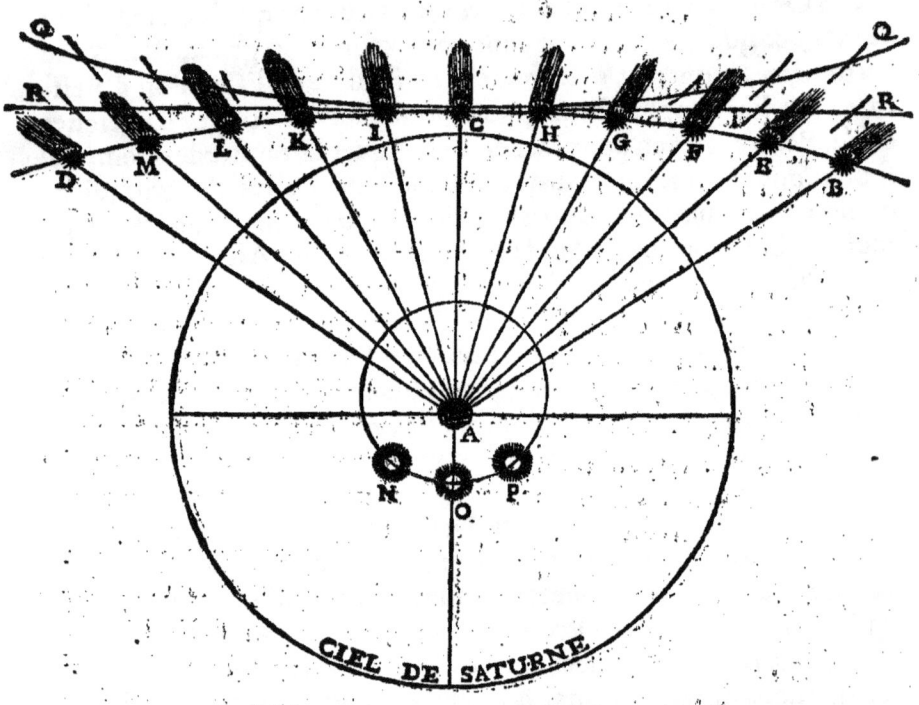

Si on supposoit, disent-ils, que nous fussions dans le poinct A qui represente la Terre, & qu'une Comete parcourust le Cercle B C D, sans que nous la pussions toutefois appercevoir distinctement que lors qu'elle seroit parvenuë au poinct B qui seroit à la portée de nostre veuë; il est certain que quand la Comete approcheroit de ce poinct, nous commencerions à la découvrir, & qu'à mesure qu'elle continueroit son chemin, nous la verrions encore mieux, & qu'elle sembleroit mesme aller beaucoup plus viste, augmentant toûjours sa grosseur, & sa vitesse, jusqu'à ce qu'elle fust en C qui est le poinct de son Cercle le plus proche de nous. Mais quand elle passeroit outre en continuant sa route, nous la verrions diminuer de grandeur, &
de

de mouvement apparent, qui est le contraire de ce qu'elle faisoit en venant, jusques à ce qu'enfin elle nous parust en R ou par delà comme immobile & fixe en un mesme lieu avant que de disparoitre tout-à-fait. La raison est que n'estant pas placez dans le Centre de son mouvement, nous ne pouvons pas aussi mesurer ses démarches égales par nos Angles qui sont plus petits ou plus grands selon l'éloignement du Mobile. Et c'est pour cela que le Soleil, quoy qu'uniforme dans son mouvement selon Ptolomée, parcourt plus ou moins de Minutes un jour que l'autre à nostre égard, & qu'ainsi il demeure dans les Signes d'Esté huit jours davantage que dans les Signes d'Hyver; parce que nous ne sommes pas dans le Centre de son Cercle NOP. Du reste ils font lever & coucher les Cometes par le mouvement journalier de la Terre, les délivrant par là d'une rapidité immense, comme les Coperniciens font à l'égard des Etoiles fixes.

Il y en a d'autres qui conviennent veritablement avec ces derniers, en ce qu'ils veulent que les Cometes soient des Astres anciens qui se meuvent circulairement & regulierement, & qui paroissent à nos yeux lors qu'ils se sont approchez de nous, mais ils s'imaginent que dans leur circuit elles n'embrassent ni le Soleil, ni la Terre, qu'elles sont bien loin placées au delà de nostre petit Monde dans ces Espaces immenses de l'Univers, & que dépendantes de quelque Etoile fixe tres-éloignée qui les fait tourner autour d'elle de mesme que le Soleil selon les Coperniciens fait tourner la Terre, & toutes les Planetes autour de luy, elles se font voir lors qu'elles parcourent la partie de leur Cercle, comme pourroit estre Q Q qui se trouve estre là plus proche de nostre Monde.

Et à l'égard de ce qu'on leur objecte aussi bien qu'aux precedens, que si les Cometes estoient des Astres de mesme que les autres, & qu'elles se meussent de mesme circulairement, elles devroient retourner, & se faire voir en certains temps determinez; ils répondent qu'elles le font effectivement, & que si le temps de leur apparition nous est incertain, c'est parce qu'on n'en a pas fait d'exactes Observations, soit à cause qu'elles ne retournent qu'après plusieurs années, ou qu'encore qu'elles passent assez proche de nous pour estre veuës, elles y passent pendant le jour qu'elles sont plongées à nostre égard dans les rayons du Soleil.

F f

Ainsi ils admirent Seneque lors qu'il dit, *Que nous ne devons point trouver étrange si les Cometes que le Monde voit fort peu souvent, ne sont point connuës par aucune regle certaine, & que si leur naissance, & leur fin ne sont point encore marquées, c'est qu'elles ne reviennent qu'aprés plusieurs années,* &c. *Mais le temps viendra que toutes ces choses qui nous sont maintenant cachées, seront mises en évidence, & la Posterité s'étonnera que nous ayons ignoré des choses qui leur seront entierement connuës. Il viendra un jour quelque Astronome qui nous montrera en quels endroits les Cometes errent, pourquoy elles vont écartées des autres, quelles elles sont, & de quelle grandeur elles sont,* &c.

Ils ajoûtent mesme qu'il y en a quelques-unes dont ils ont déja reconnu le cours & la periode, & que l'on peut croire avec quelque sorte d'apparence & de probabilité que ce n'est pas pour la premiere fois que celle qui parut en 1664 nous est venuë visiter, & qu'elle y estoit déja venuë 46 ans auparavant en l'année 1618, & ainsi plusieurs autrefois en remontant de 46 en 46 ans ou environ; ce qu'ils prouvent en comparant les temps ausquels les Histoires marquent qu'il a paru des Cometes; si bien que contant dans les Histoires plusieurs apparitions de Cometes semblables à celle de l'année 1664 arrivées de 46 ans en 46 ans ou à peu prés, ils concluent que ça esté la mesme, & qu'elle a toûjours fait le mesme par le passé, & fera toûjours le mesme à l'avenir.

Il y en a d'autres enfin qui s'imaginant qu'il y a quelque espece d'Ame répanduë dans cét Univers qui en vivifie les parties, & en entretient la liaison; ou que du moins chaque Astre a quelque chose d'analogue à l'Ame, s'imaginent aussi quelque chose de semblable dans les Cometes, & suivant cette pensée ils avancent cent choses qui leur semblent grandes & relevées, & convenables à la grandeur, & à la majesté de l'Univers.

Ainsi ils disent I. qu'on se pourroit avec raison representer les Cometes comme des especes d'Animaux Etherées, qui traverseroient l'Ether par leur propre impetuosité, comme les Poissons traversent les Mers, & que cela se feroit mesme avec d'autant plus de facilité qu'elles n'ont rien au dessous d'elles par quoy elles soient attirées, où à l'egard de quoy elles soient pesantes. Ils ajoûtent que si leur corps est d'une grandeur immense non seulement au respect de celuy des Balenes, mais encore au respect de la masse de la Terre, les Balenes le sont aussi au respect des petis Poissons qui naissent dans les ruisseaux : Et si ce sont des Animaux d'une forme differente de tous les Terrestres, il y en a aussi entre les Terrestres de tres-dissemblables de tous les autres, comme il est aisé de remarquer : Ou si nous ne sçaurions dire ni où elles naissent, ni où elles perissent dans la vaste étenduë de l'Ether, nous ne sçaurions aussi dire ni où naissent, ni où meurent ces Poissons, ou ces Oyseaux qui s'approchent & qui s'éloignent, & que nous ne voyons qu'une fois l'année seulement dans leur passage.

II. Ils soûtiennent que cét Univers est d'une étenduë immense, & infinie, & que ces Etoiles que nous appellons Fixes, sont diversement répandus dans cette immensité ; que le Soleil est une de ces Etoiles ; qu'il est fixe & immobile dans son lieu, & que la Terre tourne chaque année alentour de luy, comme elle tourne elle-mesme chaque jour alentour de son propre essieu, ce qui a déja esté dit plusieurs fois.

III. Ils se representent cét Univers comme quelque grand & vaste Royaume dans lequel il y a comme diverses Citez, celle du Soleil, celle de la Lyre, de la Cheurette, de l'Ourse, & en un mot, autant qu'il y a d'Etoiles fixes. Car de mesme que dans un grand Royaume il y a çà & là diverses Citez, dans lesquelles, où alentour desquelles les Citoyens vont & viennent, & cheminent diversement, & que de plus il y a divers Messagers, Courriers, ou Voyageurs qui vont droit d'une Cité une autre, ou qui en passent proche ; ainsi dans la Cité du Soleil par exemple, les Planetes sont comme autant de Citoyens qui n'abandonnent jamais le Soleil, qui tournent continuellement alentour d'luy, & qui ne passent, pour ainsi dire, jamais au delà de son territoir (y en ayant peut-estre aussi alentour de la Canicule, de la Lyre, & des autres Soleils, ou Citez de l'Univers) & les Cometes comme des Voyageurs lestes & dispos qui passent tout droit sans se détoner, & qui n'estant retenus par aucunes limites ni murailles, parcirent & visitent l'Univers.

Pour ne dire point qu'il se peut faire que les Cometes établissent & entretiennent entre les principales parties du Monde quelque commerce, & quelque communication qui ne nous soit pas

Ff ij

plus aisé de connoître, que celle qui est entre les diverses Citez, ou entre les grands Seigneurs d'un Royaume l'est à un Ciron, ou à quelque petit Ver de terre. Ils disent derechef, que si leur grandeur est prodigieuse à l'égard de celle des Planetes, il n'y a en cela aucun inconvenient ; parce que les Planetes peuvent estre comme de petis Bâteaux qui vont rodant les Ports & les Rivages, & les Cometes comme de ces grands Navires qui vont à pleines Voiles, & traversent les Mers.

Ils soûtiennent de mesme qu'il n'y a aucun inconvenient qu'elles ayent des formes, & des mouvemens particuliers ; parce qu'il se peut faire que la Nature se plaise dans cette diversité, afin que comme dans ces choses perissables qui s'engendrent, & se corrompent icy bas, il s'en trouve quelques-unes dont les formes & les mouvemens sont tres-differens, il s'en trouve aussi de mesme quelques-unes dans les Ouvrages perpetuels, dont la forme soit spherique, & le mouvement circulaire, telles que sont les Planetes ; & quelquesunes dont la forme soit en long, & qui se meuvent en droite ligne, telles que sont les Cometes : Car de mesme que le mouvement des Planetes peut estre perpetuel à cause de la disposition de leur figure qui estant spherique n'a ni commencement, ni fin ; ainsi le mouvement des Cometes pourra estre perpetuel, à cause qu'il se fait dans l'immensité de l'Univers qui n'a aussi ni commencement, ni fin, ni bornes, ni limites. *La Nature*, dit Seneque, *ne forme pas ses Ouvrages sur un mesme modele, mais elle fait gloire de sa diversité. Elle en a fait ceux-cy plus grands, & ceux-là plus vistes que les autres, les uns plus forts & plus vigoureux, & les autres plus temperez. Or elle en a tiré quelques-uns de la troupe & de la multitude, afin qu'ils pûssent aller seuls, & se faire voir ; & elle a voulu que d'autres marchassent en troupe, & en compagnie. Celuy-là ignore la puissance de la Nature qui croit qu'il ne luy soit pas quelquefois permis de faire des choses differentes de celles qu'elle a accoûtumé de faire. Elle ne montre pas souvent des Cometes, elle leur donne d'autres lieux, d'autres temps, & d'autres mouvemens qu'aux autres Astres ; & c'est par là qu'elle a voulu honorer la grandeur de son Ouvrage dont la beauté est trop grande pour estre crûë fortuite, & estre attribuée au hazard.*

IV. Ils s'imaginent que les Cometes n'ont qu'un seul & unique mouvement, à sçavoir le mouvement droit, ou selon la ligne R R; car ils veulent que ce soit l'œil qui leur attribuë ce mouvement journalier, par lequel elles semblent estre portées du Levant au Couchant, à cause du mouvement Diurne de la Terre; & que si la ligne qu'elles décrivent semble avoir quelque courbure, cette apparence vient du mouvement annuel de la Terre, entant qu'il est, ou plus viste, ou plus lent que ce celuy de la Comete, & que la Comete & la Terre n'estant pas en mesme Plan, la ligne du mouvement de la Comete coupe celle de la Terre.

Qu'au reste il ne faut pas s'imaginer que ce chemin droit soit unique : Car comme l'Univers s'étend infiniment de toutes parts, il peut y avoir des routes droites de tous costez, & des Cometes innombrables qui se promenent dans cette immensité, celles-là seules se faisant voir à nos yeux, qui dans leur route s'approchent de nous, comme il a déja esté dit, soit qu'elles passent par la region des Planetes, soit quelque peu au delà ; si bien qu'on ne peut pas dire qu'il n'y en ait point d'autres que celles qui nous deviennent visibles, puisque de celles-là mesmes que nous voyons, les unes s'évanoüissent tout aussi-tost, où se découvrent mesme tres-difficilement ; ce qui peut arriver de ce que prenant leur cours bien loin de nous, celles qui sont trop éloignées, & au delà de la portée de nos yeux, nous demeurent entierement invisibles. *Qui est celuy*, dit derechef Seneque, *qui determine des bornes aux Etoiles ? Qui est celuy qui resserre & restraint les Ouvrages de la Divinité ? Si ces Astres visibles que vous voyez seuls estre en mouvement, ont des circuits differents, pourquoy n'y en aura-t'il pas dont la route soit particuliere, & tres-éloignée de la route de ceux-cy ? Considerez qu'il est plûtost de la grandeur de l'Univers d'estre divisé en plusieurs chemins, que de n'avoir qu'un seul chemin battu & frayé. Croyez-vous que dans ce grand Corps si beau & si magnifique, entre un nombre innombrable d'Etoiles qui embelissent la nuit de tant de beautez differentes ; & qui ne permettent pas que l'Air demeure vuide & inutile, il n'y en ait que cinq ausquelles il soit permis de se mouvoir & de s'exercer, & que les autres comme une populace paresseuse, demeurent oisifs, fixes, & immobiles ? Combien y en a-t'il d'autres outre celles-cy, qui marchent par des voyes secrettes, & qui ne paroissent jamais aux yeux des hommes ? Quelle partie d'un si grand Ouvrage croyez-vous que nos yeux soient capables de découvrir?*

V. Ils tiennent qu'il n'est pas necessaire de rechercher quelle est l'origine & la matiere des Cometes, ni comment, & en quoy elles se dissipent, parce que ce sont des corps autant durables que le Monde, ou des Astres qui se sont toûjours fait voir dans un temps, ou dans un autre : Ils ne faut pas mesme, disent-ils, s'imaginer qu'elles soient engendrées au moment qu'elles commencent de paroître, mais qu'elles commencent seulement alors d'estre veuës à cause de leur proximité, ayant jusques-là esté invisibles à cause de leur trop grand éloignement : Elles ne sont pas aussi détruites lors qu'elles cessent de paroître, mais elles se dérobent à nos yeux, parce qu'elles s'écartent ensuite trop loin de nous. Enfin elles ne croissent en effet, ni ne décroissent, & elles ne vont jamais ni plus viste, ni plus lentement, mais toute cette diversité n'est qu'apparente, & c'est la seule distance, & la difference de la route qu'elle tiennent qui les fait paroître tantost plus grandes, tantost plus petites, tantost plus vites, tantost plus lentes, comme il a déja esté dit plus haut.

VI. Ils se servent de cette comparaison, & veulent que de mesme que les poils naissent attachez au corps des Animaux, ainsi la matière qui fait la Queuë d'une Comete ait esté attachée à son corps dés sa premiere origine ; & que cette matiere soit de mesme nature que celle de la Teste, comme estant de mesme blancheur qu'elle, & n'en estant differente que selon la rareté, & la tenuité des parties. Car la Teste paroit plus compacte, & comme quelque grosse Racine d'où sortiroit une multitude innombrable de rejettons, & toute la Comete paroit comme une espece de Gerbe, ou quelque grosse poignée d'Oziers dont les brins se vont alongeant & écartant ainsi peu à peu, ou devenant plus rares & moins serrez : Joint que la Teste ayant trop de force & de vigueur pour pouvoir estre détournée de son chemin par les rayons du Soleil, la Queuë qui est plus rare & diffuse cede & souffre plus aisément l'impression des rayons qui luy sont lancez ; de la mesme façon que les Rameaux d'un Arbre cedent plus aisément au Vent qui pousse, & souffrent plus aisément son impression que le Tronc ; ou de mesme que des Plumes fichées dans une Boule de bois qu'on tient suspenduë en l'Air, ou qu'on transporte, fléchissent plûtost, & sont plûtost détournées par le Vent que la Boule : D'où vient que de quelque costé que la Teste de la Comete puisse se porter, les rayons du Soleil semblent luy devoir faire une Queuë, & détourner cette Queuë, la dirigeant vers la partie du Ciel qui est opposée à celle où est le Soleil.

Enfin ils demeurent d'accord à l'égard des Tempestes, de la Secheresse, de la Sterilité, & de la Famine, des Guerres, des pertes de Batailles, des morts de Princes, & des decadances d'Empires que les Astrologues, & les Poëtes aprés eux, attribuent à l'apparition des Cometes, comme Manile,

Quin & bella canunt, ignes, subitósque tumultus,
Et clandestinis surgentia fraudibus arma,
Civiles etiam motus, cognatáque bella, &c.

Pontan,
Illi etiam belli motus, feráque arma minantur,
Magnorum & clades populorum, & funera Regum.

Claudian,
Et nunquam Cœlo spectatum impunè Cometen

Lucain,
Regnorum eversor rubuit lethale Cometes.

Virgile,
Non aliàs diri toties arsere Cometæ.

A l'égard, dis-je, de ces grands accidens, ils demeurent d'accord que s'ils arrivoient toûjours immediatement aprés qu'une Comete a paru, & jamais en d'autre temps, les Astrologues & les Poëtes sembleroient avoir quelque raison ; mais ils arrivent indifferemment soit qu'une Comete ait precedé, ou qu'il n'en ait point paru depuis long-temps, & ainsi on ne doit aucunement s'en prendre aux Cometes, ni en faire pour cela les unes dangereuses & malefiques, & les autres benignes, salutaires, & benefiques. C'est, ajoûtent-ils, nostre sotise, & nostre folie qui se fait ces terreurs paniques, & qui non contente des maux propres, en va de tous costez chercher d'étrangers.

Ils ne nient neanmoins pas que si à la venuë des Cometes il se fait des Vents, & des impressions nouvelles dans l'Air, on ne puisse attribuer cela ou à la lumiere, ou à quelque autre qualité particuliere de la Comete, comme il se fait à l'égard des autres Astres : Ils avoüent mesme qu'encore que la chose soit tout-à-fait incertaine, en ce que l'Air n'est pas affecté de mesme à toutes les Cometes, & qu'on ne sçauroit asseurer que l'Air ne soufriroit point ces changemens s'il n'y avoit quelque Comete; ils avoüent, dis-je, neanmoins que s'il y a quelque diversité d'effets, elle se peut commodement rapporter à la diversité de la nature des Cometes ; d'autant que cette diversité de grandeur, de couleur, de mouvement, &c. semble marquer quelque diversité de nature, & par consequent une capacité à causer quelques effets particuliers.

Au reste, comme ils se vont toûjours confirmant dans la pensée qu'ils ont de l'Animation generale du Monde, & qu'ainsi ils ont beaucoup de pente à croire que la Terre ait quelque chose d'analogue à l'Ame, qu'elle soit animée à sa maniere, & qu'elle ait quelque sentiment des Aspects Celestes ; ils s'imaginent qu'il se pourroit bien faire que la Terre fust affectée d'une certaine maniere particuliere à la naissance ou apparition de ces sortes d'Astres extraordinaires, & que de mesme que nous ressentons quelque espece de joye, & de gayeté, ou d'horreur & de fremissement à la seule presence de certains objets; ainsi la Terre eust quelque sentiment des Cometes, en sorte que lors qu'il en paroit quelqu'une, elle répandist, ou retinst diverses Exhalaisons qui changeassent la constitution ordinaire de l'Air.

CHAPITRE X.

Que les Maximes sur lesquelles les Astrologues appuyent leurs Predictions, sont sans fondement.

LEs Astrologues tâchent principalement de s'authoriser par cette Maxime dont tout le monde demeure d'accord, *les Astres ne sont pas de simples Signes, mais ils sont les causes Physiques de plusieurs effets*; comme si on leur devoit incontinent accorder qu'ils dûssent estre la cause de cette diversité d'accidens qu'ils se vantent de pouvoir predire avec tant de faste & de presomption.

On sçait I, disent-ils, que ce n'est pas en vain que les choses inferieures

ferieures font foûmifes aux Superieures; puifque nous voyons clairement & evidemment qu'elles les entretiennent, qu'elles les meuvent, & les gouvernent.

II. Que le Soleil eft la caufe de la lumiere, & de la chaleur, & qu'en s'approchant, ou en s'éloignant il caufe la fuite,& la viciffitude des Saifons de l'Année ; qu'il fait naiftre les Plantes, & les Animaux; qu'il engendre mefme l'Homme avec l'Homme; & qu'il éleve de la Terre ces Vapeurs qui s'épaififfent en Eau, ou qui fe convertiffent en Vent, & autres chofes femblables.

III. Que la Lune remplit, ou vuide les Coquillages, & les Os des Animaux à mefure qu'elle croift, & qu'elle décroift; & qu'elle a un pouvoir fingulier fur les chofes humides, & principalement fur la Mer dont le Flux & le Reflux fuivent reglement les periodes.

IV. Qu'il y a des Influences par le moyen defquelles le Soleil, & la Lune, & tous les autres Aftres font fentir leur force, & leur vertu fur les chofes d'icy bas ; puifque ces Corps lumineux ne peuvent pas eftre oififs, & qu'il y a des effets qui ne fe peuvent rapporter à d'autres caufes qu'aux influences particulieres des Aftres, comme font les Crifes des Maladies, & les inégalitez des Saifons qui ne reviennent pas toûjours les mefmes, une Saifon eftant fouvent plus chaude, ou plus humide une année qu'une autre, quoy que le Soleil aille toûjours fon train ordinaire, & fe meuve avec beaucoup d'uniformité. Voila en peu de mots à quoy fe reduifent les raifons fpecieufes dont ils previennent ceux qui font de facile croyance; & c'eft par là qu'ils tâchent de gaigner leur efprit, & qu'ils les preparent à recevoir ce qu'ils ajoûtent enfuite avec une arrogance, & une confiance incroyable.

Ce qu'ils difent principalement du Soleil,&de laLune,paroit veritablement fi plaufible qu'un chacun y prefte aifément l'oreille, efperant que tout le refte des confequences qu'ils en tirent fera d'une femblable evidence, & on ne foupçonne pas qu'ils puiffent débuter & commencer fi clairement pour ne dire enfuite que des fables& des fottifes. Mais bien loin de pourfuivre comme ils commencent, ils difent incontinent des chofes qui ne font fondées ni fur l'experience, ni fur la raifon;& il y a lieu de s'eftonner,ou plûtoft d'avoir de la honte,de voir un Ptolomée, un Firmicus, un Manile, & tous ces autres premiers

Autheurs de l'Art, commencer avec un serieux digne d'un Philosophe qui fait profession de suivre la raison, & cependant tomber incontinent dans des badineries d'enfans, & dans des contes de Vieilles qui sont fades & ridicules.

Il est assurement bien honteux d'abuser de la sorte les Esprits sous pretexte de certaines choses dont tout le monde demeure d'accord; comme si ce qu'ils veulent en suite établir pour veritable estoit en mesme degré d'evidence, & de certitude; il est, dis-je, bien honteux d'imposer ainsi par un Paralogisme tout manifeste, & d'un specieux Antecedent en tirer une Consequence qui n'en dépend en façon du monde.

On prouve veritablement par l'experience que le Soleil fait la diversité des Saisons, & peut-estre que la Lune remplit les Coquillages, & est la cause du Flux & Reflux de la Mer; mais il ne faut pas esperer que les Astrologues puissent par la mesme experience prouver quelque chose de semblable des Signes du Zodiaque, & de leurs degrez, de Saturne, de Mercure, & des autres Astres, ou que par aucune Observation ils puissent jamais montrer le moindre effet qui se doive plûtost rapporter à un Signe, ou à un Astre, qu'à un autre, comme nous l'allons faire voir; car de tout ce qu'ils avancent ils ne sçauroient au plus inferer autre chose sinon que chaque Astre estant lumineux, il luit, & échauffe à proportion de sa chaleur & de sa lumiere, & produit en quelque façon tous les effets qui dépendent & suivent de ces qualitez.

Et certes, les Astes n'estant que des Causes generales à l'égard des choses d'icy-bas, la raison veut qu'on rapporte la détermination de chaque effet singulier à une Cause singuliere & déterminatrice qui soit aussi icy bas, & non pas aux Astres; de mesme qu'en marquant les causes des Odeurs qui sont dans des Parfums, nous rapportons celle-là à la Rose, celle-cy au Jasmin, & cette autre-là à l'Orange, sans en rapporter aucune à l'Huile; parce qu'on suppose que l'Huile n'est pas plûtost la cause de celle-cy que de celle-là, mais qu'elle sert à les conserver toutes également; ou de mesme qu'ayant à expliquer pourquoy cette Plante naist & croist dans cet endroit-là, & non pas dans celuy-cy, & une autre au contraire dans celuy-cy, & non pas dans celuy-là; nous attribuons cela aux Semences dont l'une aura esté jettée dans cet endroit, & l'autre dans cet autre, & non pas à l'Eau dont elles sont toutes arrosées ; parce que cette eau est seulement une cause generale & indifferente pour toutes les Plantes.

Il en est de mesme de cent autres effets : Si nous voyons qu'un certain corps se fonde icy au Soleil, & que là un autre s'endurcisse, que dans un certain endroit il naisse une Plante, & non pas un Animal, dans cet autre un Animal, & non pas une Plante; ou que dans un certain lieu il s'excite des vapeurs, & non pas dans un autre, qu'icy soient saines, & là mauvaises, nous n'attribuons pas simplement ces effets à la chaleur du Soleil qui est la cause generale de toutes les vapeurs, mais nous rapportons cette diversité aux natures differentes de la Bouë, & de la Cire, & au different genre de Semence qui dans cet endroit est Semence de Plante, & non pas d'Animal, & qui dans cet autre endroit est Semence d'Animal, & non pas de Plante ; aux eaux qui se sont ramassées dans ce lieu-là, & non pas dans un autre, & qui sont icy claires, & saines, là croupissantes, pourries, & mal-saines.

J'apporte tout cecy afin de faire comprendre d'abord deux ou trois choses qu'il importe extrêmement de sçavoir dés le commencement, pour ne se pas laisser surprendre aux Paralogismes des Astrologues. La premiere, que lors qu'il y a plusieurs causes qui concourent d'une telle maniere à un effet, qu'une venant à manquer l'effet ne s'en suivroit pas, il n'y a rien de plus déraisonnable que de penser qu'il suffise de connoître une seule de ces causes pour pouvoir prononcer & decider de la necessité de l'effet ; & qu'ainsi puis qu'outre les Astres il y a encore des causes inferieures sans le concours commun desquelles les effets ne seroient point, il n'y aura aussi rien de plus déraisonnable que de decider & de prononcer à l'égard de ces effets, si outre la connoissance qu'on a des Astres, on ne connoit encore les causes inferieures.

La seconde, que s'il y a de certains effets, comme il est sans doute, qui n'ayent aucune dépendance des Astres, ou dont la dépendance qu'ils en peuvent avoir, ne soit pas manifeste, & que d'ailleurs ces effets ayent une dépendance necessaire & manifeste de certaines causes inferieures, il est bien plus raisonnable de consulter ces causes, que de recourir aux Astres ; & c'est pour cela que les

Philosophes sçachant par plusieurs experiences que dans les entrailles de la Terre il y a du feu, ou de la matiere ignée qui peut échauffer l'eau, & la convertir en vapeur, & qu'il y a de l'eau soûterraine qui peut estre échauffée, & élevée en haut, s'il arrive que durant l'Hyver mesme il sorte des vapeurs de la Terre qui en suite se condensent en nuées, & se convertissent après en pluye, ils attribuent bien plûtost cela à la chaleur soûterraine qu'à l'influence des Astres.

La troisiéme que nous avons déja touchée est, qu'il semble que la nature de l'action des Astres est seulement d'estre generale & indifferente, & nullement speciale & déterminée de soy à un effet plûtost qu'à un autre; de sorte que si par la jonction, & par le concours d'une cause speciale & déterminée cet effet s'ensuit plûtost qu'un autre, cela est accidentel à l'égard de l'action des Astres.

Car le Soleil, par exemple, dans le lieu ou il est placé se doit considerer comme une Source continuelle & inépuisable de lumiere, & de chaleur, qui répand ses rayons de toutes parts indifferemment, & sans choix, sans avoir plûtost égard à la Terre qu'à Mercure, qu'à Venus, ou à Mars, & sans diriger plûtost ses rayons vers elle que vers quelque autre Planete; si bien que c'est une chose accidentelle au Soleil, qu'ayant répandu ses rayons alentour de soy la Terre se trouve icy qui en recoive cette partie, que Mercure se trouve là qui en recoive cette autre, ou que ne se rencontrant rien qui recoive les autres, ils s'aillent perdre dans l'immensité de l'Espace.

Je ne parle point des Etoiles fixes; car encore qu'on les pust à bon droit considerer comme autant d'autres Soleils, neanmoins les Astrologues (ce qui est assez considerable) ne leur attribuent presque aucune vertu, & ils ne se souviennent presque que de la teste de Meduse, du Chien, de l'Ourse, & ainsi de quelque peu d'autres; n'accordant pas mesme un grand pouvoir aux Etoiles du Zodiaque, à l'œil du Taureau, par exemple, au cœur du Lyon, à l'Epy de la Vierge, & au cœur du Scorpion, si ce n'est entant qu'elles se rapportent à de certains degrez des Signes; leur principale consideration se terminant à la distinction des Signes, & des degrez du Zodiaque, comme le principal fondement de l'Art, & comme la Base sur laquelle ils bâtissent ce qu'ils disent en suite des Planetes, & des Maisons ; & c'est pour cela que sans nous arrester d'avantage aux Etoiles nous passerons au Zodiaque, & à sa distinction.

Ils divisent donc le Zodiaque en douze parties, ou *Dodecatemories*, qu'ils ont aussi generalement nommé Signes à cause des Constellations qui se rencontrent dans le Zodiaque, c'est à dire, de ces assemblages d'Etoiles que les Pasteurs, les Laboureurs, & les Mariniers se sont feint, & ont placé dans le Ciel, leur donnant à chacune un nom particulier selon l'idée qu'ils s'en sont formez.

Cette premiere division du Zodiaque estant faite, ils ont non seulement distingué chaque Signe en trente degrez, & chaque degré en ses minutes, mais ils ont aussi consideré, nommé, & comparé ces douze Signes de cent manieres differentes, ou plûtost extravagantes.

Car non-contens de les distinguer en Signes du Printemps, de l'Esté, de l'Automne, & de l'Hyver ; en Septentrionaux qu'ils font Commandans, & en Meridionaux qu'ils font Obeïssans ; en Ascendans ou droits, & en Descendans ou tortus ; en Cardinaux, Moyens (ou fixes) & Communs ; en Conjoints ou qui se regardent par quelque Aspect, Trin, Quadrat, ou autre ; en Disjoints qui ne se regardent par aucun Aspect ; en Antiscies qui sont également distans des Poincts Cardinaux, &c. Non-contens, dis-je, de cette distinction, ils ont voulu que les uns fussent Ignéez, à sçavoir le Belier, le Lyon, & le Sagittaire ; les autres Terrestres, à sçavoir le Taureau, la Vierge, & le Capricorne ; les autres Aëriens, à sçavoir les Jumeaux, la Balance, le Verse-eau ; les autres Aqueux, à sçavoir l'Ecrevisse, le Scorpion, les Poissons ; les autres Humains comme les Jumeaux, & la Vierge ; les autres Sauvages comme le Belier, & le Taureau ; les autres Reptiles comme l'Ecrevisse, & le Scorpion ; les autres qui ayent la voix belle & sonore comme les Jumeaux ; d'autres qui l'ayent moyenne comme le Lyon ; & d'autres qui n'en ayent point du tout comme les Poissons ; les uns Masculins & Diurnes comme le Belier ; les autres Feminins & Nocturnes comme le Taureau, & ainsi des autres alternativement : Ils en font mesme de Feconds comme les Poissons ; de Steriles comme la Vierge ; de Mediocres comme le Capricorne ; de Spirituels comme les Jumeaux ; de Stupides comme le Taureau ; d'Entendans, & de Voyans ; de Beaux, & de Difformes ; de Gras, & de Maigres ; de Ruminans, & de Non-ruminans ; de Coleriques, de Veneriens, &c.

Or si les Signes sont comparez avec les Planetes, les uns sont premierement marquez chez eux pour estre les Domicilles des autres ; car ils veulent que l'Ecrevisse soit la Maison de la Lune ; le Lyon celle du Soleil ; les Jumeaux, & la Vierge celle de Mercure, le Taureau, & la Balance celle de Venus ; le Belier, & le Scorpion celle de Mars ; les Poissons, & le Sagittaire celle de Jupiter ; le Verseeau, & le Capricorne celle de Saturne, l'une de ces Maisons estant toûjours Diurne, & l'autre toûjours Nocturne : Où vous remarquerez que les Signes opposez à ces Maisons des Planetes que nous venons de dire, sont chez eux les Exils de chacune des Planetes, comme le Capricorne est dit l'Exil de la Lune, le Verse-eau celuy du Soleil, & ainsi des autres : Et de plus que les uns sont les Exaltations des Planetes ; car le Soleil est exalté dans le Belier, la Lune dans le Taureau, Saturne dans la Balance, Jupiter dans l'Ecrevisse, Mars dans le Capricorne, Venus dans les Poissons, Mercure dans la Vierge. Où vous remarquerez encore que le Signe opposé à celuy de l'Exaltation de chaque Planete est appellé son Abbaissement ou sa Chûte, par exemple, la Balance Signe opposé à celuy du Belier, est l'Abbaissement du Soleil, le Scorpion celuy de la Lune, &c.

Si on considere les Signes à l'égard des choses qui leur sont soûmises, ils veulent que la France, par exemple, soit sous la domination du Belier ; l'Italie sous celle du Lyon ; la Norvege sous celle du Scorpion, &c. Ils veulent mesme à l'égard des Villes particulieres, que Marseille, par exemple, soit sujette au Belier, Paris à la Vierge, Avignon au Sagittaire, &c. Et il n'y a pas jusques aux parties du corps qu'ils ne fassent sujettes à de certains Signes, comme la Teste au Belier, le Col au Taureau, &c. Enfin ils veulent que chaque année de Vie soit aussi sujette à son Signe particulier, à sçavoir la premiere année au Signe dans lequel le Soleil estoit au point de la Naissance ; la seconde au suivant, & ainsi de suite jusques à la douziéme, après laquelle on recommence.

Voilà ce que se sont premierement imaginez les Anciens au sujet des Constellations qu'ils pensoient estre adherantes au Firmament ou huitiéme Ciel auquel ils donnoient la fonction de Premier Mobile, le faisant seulement mouvoir du mouvement Diurne vers le Couchant ; mais les Astrologues qui sont venus depuis s'estant apperceus que les Constellations se mouvoient aussi vers l'Orient, & qu'elles avoient quitté leurs anciens lieux, en sorte que les Etoiles du Belier n'estoient pas dans l'Equinoxe du Printemps, & ainsi des autres ; ils se sont trouvez obligez de feindre un Ciel Superieur qui se meust seulement vers l'Occident, dans lequel ils ont placé le Zodiaque tout nud sans Etoiles, & qu'ils ont imaginé estre encore divisé en douze parties qu'ils ont appellez Signes, leur laissant les Noms & les Vertus des Constellations qui les avoient premierement occupées.

Pour ce qui est des Planetes, si on les considere absolument & selon soy, le Soleil, disent-ils, 1. échauffe beaucoup, & seche peu; Mars en sechant brûle; Saturne refroidit beaucoup; Jupiter, Venus & la Lune échauffant tant soit peu humectent aussi, mais Jupiter peu, Venus beaucoup, la Lune extrémement, & Mercure est indifferent. Ils poursuivent, & tiennent que Jupiter & Venus sont des Planetes Benefiques, la premiere estant nommée la grande Fortune, la seconde la petite Fortune ; que Saturne, & Mars sont Malefiques, le premier estant appellé la grande Infortune, le second la petite Infortune ; que la Lune est plûtost Benefique que Malefique, le Soleil, & Mercure tantost bons, & tantost mauvais. De plus, que le Soleil, Saturne, Jupiter, & Mars sont Masculins ; la Lune, & Venus Feminins ; Mercure Masculin & Feminin. Et derechef, que le Soleil, Saturne, & Jupiter sont Diurnes ; la Lune, Mars, & Venus Nocturnes.

II. Si on les rapporte au Zodiaque, elles obtiennent des Dignitez qui sont appellées Essentielles, & d'où il se tire divers témoignages de Force, cinq de la Maison, quatre de l'Exaltation, &c. Où il faut remarquer premierement que la Planete qui n'a aucune Dignité est appellée Brutale, Etrangere, & qu'elle a cinq témoignages de Foiblesse ; que celle qui est dans l'Exil en a aussi cinq, & celle qui est dans l'Abbaissement quatre. Secondement, que l'Assemblage de plusieurs, ou de toutes ces Dignitez, s'appelle le Royaume, & le

Trône. En troisiéme lieu, que Saturne estant dans le Belier embarasse dans divers malheurs; qu'estant dans le Taureau il dissipe le bien paternel;qu'estant dans sa propre Maison il marque de la faveur; dans celle de Jupiter la mort du pere; & que chaque Planete selon qu'elle est Directe, ou Retrograde, ou Stationaire, donne, ou revoque, ou retarde l'effet qu'elle promet.

III. Si on les compare entre-elles, il en naist divers genres d'Aspects. Le Sextil lors qu'elles sont éloignées l'une de l'autre de deux Signes, ou de la sixiéme partie du Zodiaque; le Quadrat, de trois Signes, ou du Quart; le Trin, de quatre, ou d'un Tiers; celuy d'Opposition, de six Signes; & celuy de Conjonction lors qu'elles sont dans le mesme Signe. Entre ces Aspects ils font le Sextil, & le Trin Benefiques; le Quadrat, & l'Opposition Malefiques; & la Conjonction Moyenne. Mais ils disent des merveilles des grandes Conjonctions, comme de celle de Saturne avec Jupiter qui arrive de vingt ans en vingt ans; ou de celle de Saturne, de Jupiter, & de Mars qui n'arrive que de huit cent ans en huit cent ans.

IV. Si on les rapporte aux douze Maisons qu'on distingue dans la Figure de la Naissance, chaque Planete se plait dans sa propre Maison dans laquelle elle est la principale Significatrice, comme Saturne dans la douziéme, Jupiter dans l'onziéme, Mars dans la dixiéme, le Soleil dans la neuviéme, Venus dans la cinquiéme, Mercure dans la premiere, la Lune dans la troisiéme. De plus, Saturne & Mars dans la premiere Maison promettent une courte vie, Jupiter & Venus une longue, le Soleil des Charges, & des Commandemens, Mercure de la Science, la Lune des Voyages. Saturne, & Mars dans la seconde ne promettent que misere, & pauvreté, Jupiter & Venus abondance, le Soleil de la beauté, Mercure de la faveur, la Lune de frequens changemens de l'estat de la vie, &c. La Teste, & la Queuë du Dragon leur est aussi tres-considerable; car dans la premiere Maison la Teste du Dragon promet de grands honneurs de la part des Grands, & la Queuë quelque blessure aux yeux. Joint qu'il y en a toûjours quelqu'une qui preside à la Naissance, à sçavoir celle qui a le plus de force dans la Figure, & qui selon les divers Domicilles produit divers effets; d'où vient qu'on les entend souvent se servir de ces termes, Le Maistre de l'Ascendant ou de l'Horoscope, &c.

pour

pour ne dire pas qu'il y en a aussi toûjours quelqu'une qui preside à chaque heure, à chaque âge, & à chaque condition, comme Saturne à l'Agriculture, Jupiter au Gouvernement, Mars à la Guerre, le Soleil aux Honneurs, Venus aux Amans, Mercure à la Marchandise, la Lune aux Voyages, &c.

Pour ce qui est de ces Maisons qu'ils distinguent dans la Figure Celeste dressée au poinct de la Naissance, ils divisent tout le Ciel en douze Parties ou Regions qu'ils appellent Maisons, ce qui se fait par le moyen de six Cercles qui s'entre-couppent dans des Poincts opposez, & qui renferment specialement douze parties du Zodiaque. Ils prenent sur tout garde à cette partie du Zodiaque, ou Maison, qui est encore toute entiere sous l'Horison au poinct de la Naissance, & qui commence de se lever, la nommant la Premiere, celle qui suit sous la Terre la Seconde, & ainsi de suite ; mais ils ne conviennent pas des Poincts des Intersections, ou des Portions du Zodiaque : Car les uns comme les Chaldéens, Ptoloméé, Julius Firmicus, les Arabes, & entre les Modernes Schonerus, Cardan, Regiomontanus & autres, veulent que les Cercles s'entre-couppent dans les Poles du Zodiaque ; les autres dans les Poles de l'Equateur, comme Alcabitius, & Jean de Saxe ; & les autres dans les Intersections de l'Horison, & du Meridien, comme Gauricus, Campanus, Gazulus, & quelques autres.

Or quoy qu'ils ayent égard à la disposition des Maisons pour la prédiction des changemens de l'Air ; neanmoins parce que leur but principal est de prédire les choses qui arrivent aux Hommes, cela fait que dans l'imposition des noms qu'ils donnent à leurs Maisons ils considerent principalement les évenemens humains ; d'où vient que la I Maison (qu'ils appellent l'Ascendant, & l'Horoscope) est aussi appellée la Maison de la Vie, de la Complexion, & des Accidens corporels. La II (qu'ils appellent la Porte Infernale) la Maison des Richesses qu'on doit acquerir par sa propre industrie. La III (qu'ils appellent la Déesse) la Maison des Freres, & des Voyages de peu de durée. La IV (qu'ils appellent le Bas du Ciel, & la Fosse des Planetes) la Maison des Parens, & du Patrimoine. La V (qu'ils appellent la Bonne Fortune) la Maison des Enfans. La VI (qu'ils appellent la Mauvaise Fortune) la Maison de la Santé, des Maladies, des

Serviteurs, des moindres Animaux. La VII (qu'ils appellent le Couchant) la Maison du Mariage, de l'Achat, de la Vente, de la Condition des Ennemis. La VIII (qu'ils appellent le Commencement de la Mort, & l'Animal Paresseux) la Maison de la Mort, des Travaux, & des Thresors cachez. La IX (qu'ils appellent Dieu, Monomerie) la Maison de la Religion, des Songes, & des longs Voyages. La X (qu'ils appellent le Milieu du Ciel) la Maison des Dignitez, de la Condition de la Vie. La XI (qu'ils appellent le Bon Demon) la Maison des Amis, & des Fruits de l'Amitié. La XII (qu'ils appellent le Mauvais Demon) la Maison des Ennemis, des Prisons, de la Fidelité des Serviteurs, & des grands Animaux. Je ne dis rien des Couleurs qu'ils attribuent aux Maisons, le Blanc à la premiere, le Vert à la seconde, le Jaune à la troisiéme, & mille autres choses qui ne finiroient jamais.

CE sont-là les Fondemens ou Principes generaux sur lesquels les Predictions Astronomiques sont fondées; & certes il suffit d'en avoir fait le dénombrement pour en voir l'incertitude, & la vanité; car qui est-ce qui ne voit incontinent que ce sont de pures fictions qui ne dépendent que du caprice, & de la phantaisie, & qui ont esté inventées par hazard, & sans raison, ou par quelque occasion vaine & ridicule? Une marque évidente de cecy est, que si nous nous transportions aux Antipodes, ou sous la Ligne, ou sous les Poles, ce ne seroit plus la mesme Astrologie; aux Antipodes il faudroit affirmer tout le contraire de ce qui a esté posé; sous la Ligne il faudroit reprendre l'une & l'autre Astrologie, ou ne prendre ni l'une, ni l'autre, ou faire un meslange de l'une & de l'autre; & sous les Poles on ne sçauroit dire quelle sorte d'Astrologie on y pourroit faire; veu qu'il n'y a ni Orient, ni Occident, que le Zodiaque, & les Etoiles fixes sont toûjours en mesme estat, & que Saturne se leveroit, où se coucheroit seulement une fois en trente ans, & les autres Planetes de mesme chacune selon son mouvement particulier; d'où il est évident que chaque lieu devroit donc avoir son Astrologie particuliere, & qu'il n'y en a aucune generale; si bien que quand on accorderoit que les Chaldéens, ou les Egyptiens eussent eu quelque certitude dans leurs Principes Astrologiques, il faudroit toûjours avoüer que ces Principes ne pourroient point estre d'usage dans les autres Pays.

D'ailleurs, quel fondement y a-t'il dans la distinction qu'ils font de certains Signes en Humains, & en Sauvages, ou en Sterils, & en Feconds ? Et comment ont-ils ainsi pû distinguer la nature douce & benigne de l'un de la nature feroce & cruelle de l'autre ; ou reconnoître ce qu'un Signe contribuë à la Sterilité, comme la Vierge, & l'autre à la Fecondité, comme les Poissons ?

Et qu'ils ne disent point que ces Figures n'ont esté inventées que par les effects ; car c'est dont nous allons parler ensuite : Je demande cependant s'il y a rien de plus ridicule que de soûmettre de certaines Provinces, & de certaines Villes à des Signes particuliers ? Certainement si le Ciel estoit fixe, & immobile, chacune de ses parties pourroit presider à la partie de la Terre qui seroit au dessous d'elle, mais le Ciel se mouvant, comment cela se peut-il faire ? De mesme, y a-t'il rien de plus ridicule que cette pretenduë puissance des Signes sur les parties du Corps humain ? Que le Belier, par exemple, preside à la teste, plûtost que les Jumeaux ; & que les Poissons ayent un pouvoir souverain sur les pieds, eux qui n'en ont point ? Et les Constellations ayant changé de place, comme nous avons dit ailleurs, y a-t'il rien de plus chymerique que d'aller attribuër leur force & leur puissance à des parties imaginaires du premier Mobile ?

Pour ce qui regarde la nature des Planetes, je veux qu'on la puisse en quelque façon reconnoître dans le Soleil, & dans la Lune, le mesme se pourra-t'il faire à l'égard des autres ? Et si Mars est rougeastre, & Saturne blanchastre, s'ensuit-il que le premier doive brusler, & le second rafraîchir ; comme si le Rubis, par exemple, & generalement tout ce qui est rouge brusloit, & que tout ce qui est blanc, comme est la Chaux, eust la vertu de rafraîchir ? Pourquoy est-ce que pendant l'Hyver nous n'experimentons pas la chaleur de Mars, ni durant l'Esté la froideur de Saturne ? Peuvent-ils nous dire comment ils sentent & s'apperçoivent que quelque degré de chaleur provient du corps de Mars, & non pas du Soleil, & que de Saturne il en sort quelque degré de froideur, & non pas de quelque autre cause ? Mais demeurons d'accord que Mars est chaud, & Saturne froid, doivent-ils pour cela les faire tellement Malefiques que personne ne naisse qui ne soit incontinent atteint de leurs flèches venimeuses ?

Et pourquoy ne s'imaginer pas plûtost que Mars nous entretient par sa chaleur, & que lors que tout brusle de chaud, Saturne nous recrée par sa froideur ? Je dirois le mesme à l'égard de Jupiter, & de Venus, si ce n'est qu'ils en font des Etoiles Benefiques, ce qui semble au moins un peu plus tolerable, quoy qu'il n'y ait cependant rien de plus fabuleux que de s'imaginer, comme ils font, que tous les biens qui nous arrivent, viennent de leur part ; & certainement c'est estre bien ingrat envers le Soleil, dont les bien-faits sont si manifestes, que de relever ainsi la bonté, & la largesse de ces deux Planetes, & de ne reconnoître pas ce dernier aussi bien qu'elles pour Bien-facteur.

Je passe sous silence toutes ces sottises qu'ils disent du Sexe des Planetes ; je demande seulement d'où ils connoissent que les Planetes ont precisément cinq témoignages de force dans leurs Maisons, & non pas six, ou quatre, & cinq témoignages de foiblesse dans leurs Exils ? Pourquoy dans leurs Exaltations elles en ont quatre, & non pas cinq, ou trois, & ainsi des autres ? Ont-ils mesuré avec une Aulne, ou pesé avec une Balance les forces de chacune des Planetes dans leurs lieux particuliers du Zodiaque pour en faire ainsi le calcul, & selon le nombre des Suffrages déterminer la Destinée des Hommes ?

Il en est le mesme à l'égard de ces Aspects dont ils vantent tant l'Energie ; pourquoy n'en font-ils que cinq precisément, & non pas davantage ? Et quelle raison ont-ils eu de s'estre reglez sur les cinq principales Phases de la Lune, comme s'il y avoit quelque degré dans le Zodiaque, dans lequel les Planetes n'eussent pas un rapport particulier entre elles, ou dans lequel elles fussent oisives, & ne dardassent aucuns rayons ? Mais voulez-vous que je vous découvre un Mystere, & ce qui les a porté à faire de certains Aspects Benefiques, & les autres Malefiques ? La raison unique de cecy est, que lors que nous regardons quelque chose Sextilement, ou tres-obliquement, nous témoignons de la bien-veillance, & que lors que nous regardons en Quadrat ou de travers, nous témoignons de l'aversion ; de plus, que lors que nous regardons Triangulairement, nous témoignons encore davantage d'amitié (c'est ce qu'on appelle faire les doux yeux) & que lors que nous regardons Diametralement, nous témoignons de la colere, & de l'indignation, ce que les Anatomistes expliquent en demonstrant les Muscles qui meuvent les yeux; cela a fait qu'ayant transporté le nom de regards aux Planetes, ils leur ont aussi transporté les passions que nous exprimons avec les yeux; & ce qui est admirable, c'est qu'ils n'ont pas fait cela à l'égard des Planetes entre-elles, mais à l'égard d'un troisiéme, par exemple, à l'égard de l'Homme dans lequel cette passion est exprimée.

Ajoûtons un mot touchant les Maisons, puis qu'ils leur attribuënt aussi une force tres-considerable. Pourquoy diviser le Ciel en douze parties plûtost qu'en huit, dix, seize, ou vingt, &c? Pourquoy cette partie qui est encore entierement cachée sous l'Horison est-elle plûtost la premiere Maison que celle qui est toute sur l'Horison? Comment se peut-il faire que celle qui est encore toute entiere sous la Terre soit plus efficace pour la Vie que celle qui est déja au dessus de l'Horison? Où s'il est vray que cette Maison qui commence de se lever soit la Maison de la Vie, pourquoy celle qui commence de se coucher ne sera-t'elle pas la Maison de la Mort? Pourquoy la huitiéme est-elle plûtost homicide qu'une autre, & d'où luy vient tant de malice?

Mais demandons plûtost en general d'où est-ce que les Maisons tirent leur vertu; sera-ce du Ciel Mobile? Mais pourquoy la mesme partie du Ciel qui est heureuse dans une Maison, sera-t'elle incontinent malheureuse dans une autre? Cela luy vient-il du lieu, & de l'espace dans lequel elle est? Mais pourquoy de pures espaces auroient-ils tant de vertus & si differentes entre-elles? Et qu'ils ne disent point que ce ne soit pas les Maisons, mais que ce sont les Planetes qui dans les Maisons produisent divers effets; car puis qu'une Planete qui est bonne de sa nature, nuit dans une Maison malheureuse, & que celle qui est mauvaise y multiplie ses forces, ou demande d'où luy vient cette malice qui luy est imprimée par la Maison?

D'ailleurs, quelle raison y a-t'il de s'imaginer que l'Etoile de Jupiter dans la premiere Maison promette de grands biens, & que dans la douziéme Maison qui touche à cette premiere, elle promette de grands maux? Que cette mesme Etoile dans la dixiéme Maison destine aux dignitez, & mesme aux dignitez Ecclesiastiques dans la neuviéme, & que dans la huitiéme qui luy touche elle destine à une basse condition, & mesme à la folie?

De plus, peut-on comprendre que lors que quelqu'un naist, la Destinée de ses Freres soit écrite dans la troisiéme Maison, celle de ses Parens dans la quatriéme, celle de ses Fils dans la cinquiéme, celle de sa Femme dans la septiéme, celle des Amis dans l'onziéme, & ainsi des autres? Où plûtost y a-t'il rien de plus ridicule que de s'imaginer que les grands Animaux soient soignez dans la douziéme Etable, les petis dans la sixiéme, qu'il se fasse de longs Voyages dans la neuviéme Stade, de petis dans la troisiéme, &c?

Il est vray qu'un certain nommé Morin s'est vanté depuis quelques années d'avoir enfin découvert les Mysteres de la Cabale qui nous avoient esté inconnus jusques à present; mais s'il soûtient que les autres Astrologues, & nommément Ptolomée, se sont trompez pour n'avoir pas entendu cette Cabale, & qu'ils ont mal pris l'Horoscope, & les autres Maisons; & s'il est vray que Ptolomée, & Manile suivent en beaucoup de choses une autre route differente de celle des autres, il est certes fort à craindre que cela ne confirme la vanité, & l'incertitude de l'Art, comme n'ayant rien d'approuvé de l'un qui ne soit desapprouvé de l'autre, & par consequent rien qui soit assuré, ou sur quoy on se puisse fier.

CHAPITRE XI.

Que les Aphorismes des Astrologues sur le fait des Nativitez, & des Accidens particuliers qui arrivent aux Hommes, n'ont rien de solide.

LEs Astrologues veulent que tout ce qui doit arriver dans la Vie depende de ce moment précis auquel l'Enfant vient au Monde, & qu'en quelque endroit que soient alors les Astres, & principalement les sept Planetes, ils agissent d'une telle maniere sur cet Enfant par les rayons qu'ils rassemblent, & dirigent conjoinctement sur luy, qu'ilsiluy impriment une necessité de vivre un certain espace de temps determiné, & ni plus, ni moins ; de mourir de ce genre de mort, & non pas d'un autre ; de se marier dans un certain temps ; de faire naufrage dans un autre ; aujourd'huy d'estre blessé, demain d'entrer en prison ; un autre jour de perdre un procez, un autre de tomber malade, & ainsi de tous ces autres accidens innombrables de la Vie. Comme si un Homme de bon sens pouvoit considerer, & regarder attentivement le Ciel, & ces sept Astres, & se persuader, ou comprendre qu'ils puissent faire une impression si diverse, si particuliere, si certaine !

Que si le Ciel, & ces Astres n'estoient occupez qu'à former la Destinée d'un seul Enfant, cela pourroit sembler moins admirable, & moins incroyable ; mais puisque dans ce mesme moment, & dans tous les autres il naist un nombre innombrable d'Enfans par toute la Terre, est-il possible de concevoir que ces mesmes Planetes qui ne peuvent envoyer que de sept sortes de rayons, agissent de telle maniere sur chacun de ces Enfans qu'ils prescrivent tout ce qui leur doit arriver avec la mesme distinction, précision, & certitude, veu principalement que ces évenemens sont innombrables, & d'une inconcevable diversité ?

Que si d'ailleurs les Astrologues accordoient aux Planetes un certain espace de temps considerable comme pourroit estre une heure, ou un jour, la chose seroit moins étonnante ; mais qui est ce qui pourra concevoir que toutes choses se fassent, soient prescrites, & soient destinées en un moment ? Qui est-ce, dis-je, qui pourra concevoir que quelque chose soit destinée dans ce moment, & que rien ne puisse estre destiné dans tant d'autres momens qui suivent ?

S'ils vouloient de plus que les Planetes pour pouvoir faire impression dûssent necessairement estre sur l'Horison, cela pourroit aussi sembler en quelque façon tolerable ; mais on ne se persuadera jamais qu'il soit indifferent qu'elles soient dessous ou dessus, ou qu'estant dessous elles puissent agir avec autant de force que si elles estoient dessus.

Je sçais bien qu'on peut dire que l'Air affecté des rayons du Ciel peut changer le temperament de l'Enfant qui sort du ventre de la

Mere, & que cette qualité particuliere de l'Air peut faire qu'il vive plus ou moins ; mais il n'y a rien de plus chymerique que de s'imaginer que l'heure précise de sa mort, & sa bonne, & mauvaise Fortune soient pour cela determinées, puisque selon qu'il est ensuite bien ou mal soigné, il meurt plus tard, ou plûtost, & que les évenemens heureux, & malheureux de sa Vie dependent de certaines occasions qui n'ont aucun rapport avec cette maniere de naistre. Car qu'un chacun fasse reflexion sur le grand nombre de personnes avec lesquelles il a eu affaire soit directement, soit indirectement depuis qu'il est né, pour avoir pû faire telles ou telles affaires ; aller là ou là ; amasser telles ou telles richesses ; parvenir à telle ou à telle dignité ; souffrir telles ou telles pertes, & ainsi de cent autres choses de la sorte ; & qu'alors il considere ce qu'ont pû avoir de commun avec sa Naissance tous ces Hommes si differens d'âge, de complexion, de condition, & de Païs sans lesquels les évenemens n'auroient point esté, ou qui auroient absolument manqué si ces Hommes ne fussent point nez, s'ils n'eussent demeuré en un tel endroit, & s'ils ne se fussent rencontrez à point nommé en une telle occasion : Qu'un chacun, dis-je, fasse ces reflections, & il verra clairement que le bonheur ou le malheur de sa Vie depend, comme j'ay dit, de cent rencontres qui n'ont aucun rapport avec sa maniere de naistre. Et cecy est d'autant plus vray que tous ces Hommes n'ont pû estre dans un tel temps, ni demeurer dans un tel endroit, ni se rencontrer à propos, ni avoir eu le pouvoir, ni la volonté de faire cela, ou cela pour luy, ou contre luy, qu'entant qu'il y en a eu d'autres qui les ont precedé, qui sont morts auparavant, & qui ont fait cecy, ou cela pour eux, & ainsi du reste ; la Destinée de ces derniers ayant encore esté dependante d'autres qui ont precedé, ceux-là mesme encore d'autres, & ainsi de suite en remontant jusques au commencement du Monde ; si bien qu'il faut reprendre la suite entiere des Generations des Hommes qui se sont succedez les uns aux autres, & la suite des affaires sans lesquelles ces Hommes avec lesquels il a eu affaire n'eussent point esté, & sans lesquels tels, & tels accidens ne luy fussent point arrivez.

Mais pour nous arrester à ce Moment de temps auquel l'Enfant vient au Monde ; les Astrologues veulent sur tout qu'on en ait une connoissance,

CELESTES. 259

connoissance, & une certitude parfaite, afin qu'ayant connu precisément quel est le poinct de l'Ecliptique qui monte alors sur l'Horison, on dresse la Figure, & que selon que les Planetes sont en telle ou en telle Maison, on determine des évenemens, & de la destinée de l'Enfant. Et ce n'est pas sans raison qu'ils demandent une connoissance parfaite de ce Poinct; car comme ils le dirigent pour determiner la longueur de la Vie, il est évident que si on l'ignore seulement à une demie heure prés, on pourra se tromper de sept, ou huit années dans le jugement qu'on en fera.

Or je ne leur objecte point combien il semble incroyable que lors que deux Jumeaux naissent immediatement l'un aprés l'autre, & dans deux momens de temps qui sont comme contigus, la position du Ciel soit changée d'une telle maniere qu'il s'imprime dans l'un de ces Enfans une destinée tout-à-fait differente de celle qui s'imprime dans l'autre : Il est vray que le Ciel se meut d'une telle rapidité que sa position se change en tres-peu de temps; mais où sont les Astrologues qui ayent jamais pû observer toutes les differentes positions du Ciel, & par consequent la diversité d'effets qui arrive entre deux Momens consecutifs; puis qu'encore que le mouvement du Ciel soit tres-rapide, il est neanmoins tres-lent à l'égard de l'observation qu'en peuvent faire les Hommes, veu que le Ciel ne faisant qu'un circuit entier en vingt-quatre heures, il faut un temps assez considerable pour que sa situation change sensiblement ?

Je ne leur objecte point encore que l'Enfantement se faisant successivement, il est tres-difficile de designer le veritable Moment de la Naissance, & qu'une partie, par exemple la Teste, sortant la premiere, elle devroit avoir eu sa destinée avant le Cœur, ou les Pieds: Je leur demande seulement comment ils peuvent estre certains non pas de deux intervalles qui soient presque insensibles, mais qui soient mesme éloignez l'un de l'autre de demie heure, comme je viens de dire plus haut; puisque le plus souvent le jour ne se determine que par conjecture, & qu'on marque seulement d'ordinaire que c'estoit le Jour, ou la Nuit, aprés, ou avant Midy, aprés, ou avant Minuit, & que toutes nos Horoscopes ordinaires sont extrémement trompeuses? Aussi avoüent-ils que la belle maniere d'observer est par le moyen de l'Astrolabe; mais je vous demande si de mille Nativitez dont ils

I i

determinent, il y en a eu seulement une durant laquelle l'Observateur ait esté là present avec l'Astrolabe à la main pour prendre l'heure ? Que si d'ailleurs le Ciel se trouve couvert de Nuages en sorte qu'on ne puisse voir ni le Soleil, ni les Etoiles ? Que si l'on ignore le veritable lieu du Soleil, & des Etoiles, comme il est constant qu'il a esté ignoré devant ce Siecle, & qu'il reste mesme encore quelque chose à corriger ? Que si on ne sçait pas au vray, & exactement la hauteur du Pole, comme il y a peu de lieux où elle ait esté observée ? Que si on n'est pas assuré de la Longitude du lieu, ou de la difference des Meridiens ? Que si on ne prend pas assez garde aux Refractions, comme personne n'a fait avant Tycho ? Que si l'Astrolabe est trop petit, qu'il ne soit pas assez exactement marqué, ou qu'on ne s'en serve pas avec toutes les précautions necessaires comme on peut aisément manquer en quelqu'une de ces choses ; où est la seureté de la Naissance & de l'Horoscope ?

Il y en a qui pour prevenir tous ces inconveniens, répondent que lors qu'ils ne sont pas tout-à-fait certains de ce Moment de la Nativité, ils le sçavent chasser *Venari*, & le sçavent attraper par trois manieres differentes. La premiere, qu'ils appellent la Balance d'Hermes, consiste à examiner le temps que l'Enfant a dû demeurer dans le ventre de la Mere, & à inferer le Moment de sa Naissance par celuy de sa Conception ; ce qui est une pure & évidente petition de Principe, & chercher une chose obscure par une plus obscure, comme si le Moment de la Conception n'estoit pas encore plus assuré que celuy de la Naissance, ou que quand une Femme a reconnu qu'elle a conceu, un Astrologue s'estoit là trouvé tout prest à poinct nommé pour prendre l'heure !

La seconde, qu'ils appellent *Animodar*, ou *Almuseli*, consiste à prendre garde au Moment auquel arrive la Nouvelle Lune, ou la Pleine Lune qui a en dernier lieu precedé la Naissance ; à observer quelle est la Planete qui preside & commande dans le lieu auquel la Conjonction, ou l'Opposition s'est faite, à remarquer dans quel Degré du Signe est cette Planete eu égard au temps de l'Enfantement ; dresser la Figure sur l'estime qu'on a faite de ce temps ; comparer le nombre de ce Degré avec le nombre du Degré de l'Orient, & du milieu du Ciel, & ainsi de je ne sçais combien d'autres choses de la sorte; mais il est plus clair que le jour que toute cette Methode est purement arbitraire, & une pure rêverie, & il n'y a personne qui ne voye que l'Horoscope seroit differente dans les differens Climats; pour ne dire point, ce que nous avons déja remarqué, qu'on est tres-incertain du Moment auquel arrive la Nouvelle Lune, ou la Pleine Lune.

La troisiéme s'appelle les Accidens de l'Enfant, *Accidentia Nati*. Cette maniere de chercher le Moment de la Nativité semble estre moderne, & n'a apparemment point d'autre fondement que ces paroles de Cardan, *Le Sage jugera non seulement de l'évenement par la Naissance, mais aussi de la Naissance par l'évenement.* Mais outre que cette Methode ne sçauroit servir dans un Enfant nouveau-né, & lors qu'on n'a pas encore veu d'accidens considerables; il est constant qu'ils supposent ce qui est en question, à sçavoir qu'on peut par la Naissance deviner les principaux accidens de la Vie.

Ce seroit icy le lieu d'ajoûter quelqu'une des Regles qu'ils prescrivent pour faire de ces Cachets & Figures diverses qu'on appelle vulgairement des Talismans; mais on ne sçauroit rien imaginer de plus ridicule, & de plus impertinent, & j'ay honte de m'arréter sur des choses qu'il suffit de voir pour en estre dégoûté, & pour en voir incontinent la sottise.

CHAPITRE XII.

Que les Réponses par lesquelles les Astrologues tâchent d'affermir & défendre leur Dogmes, sont vaines & frivoles.

LEs Astrologues se défendent principalement par *l'Antiquité*, & par *les Autheurs*; car vous les voyez citer les Babyloniens ou Chaldéens qu'ils pretendent estre tres-anciens: Ils citent aussi quelques Ethiopiens, & Egyptiens, comme un Petosyris, un Necepsos, un Hermes, & autres: Ils citent mesme enfin le celebre Ptolomée, & pretendent qu'aprés qu'il eut beaucoup travaillé pour rétablir l'Astronomie, il s'appliqua à cultiver l'Astrologie, & fit en sa faveur cet Ouvrage qu'ils appellent *Quadripartitum*. Mais on ne demeure pas d'accord de cette grande Antiquité ; parce qu'elle n'est fondée sur aucune authorité considerable, & il y a mesme d'autant plus de sujet de la nier, que les Chaldéens, au rapport de Simplicius, répondirent à Callisthenes qui s'enquestoit de l'Antiquité de leur Nation, que depuis leur premiere Origine jusques à la prise de Babylone par Alexandre, il ne s'estoit écoulé que mille neuf cent & trois ans ; outre que Phavorin nous avertit expressément dans Agellius *que cette Discipline des Chaldéens n'est pas si antienne qu'ils la font*; & d'ailleurs quand nous accorderions que l'Astrologie seroit tres-ancienne, nous pourrions aussi ajoûter que de tout temps il y a eu des hommes avides de connoître les choses futures, & des Imposteurs qui se sont vantez de les sçavoir, soit pour se rendre renommez, soit pour attraper de l'argent.

Aussi s'est-il toûjours trouvé de celebres Philosophes qui s'en sont mocquez, comme Eudoxe Disciple de Platon, Panetius Stoïcien, Archelaus, Cassander, & autres Anciens qui passoient pour de grands Astronomes, & pour sçavoir parfaitement tout ce qui regardoit l'Astrologie. Et pour ce qui est de ce Livre qu'ils attribuent à Ptolomée, il n'y a aucune apparence qu'un homme si judicieux se soit amusé à nous donner un Art si déraisonnable ; & on doit bien plûtost croire que ce soit un Livre supposé, qui ait esté inseré dans ses Ouvrages, d'autant plus qu'Alcabitzius, & Gauricus avoüent ne sçavoir pas auquel des Ptolomées ce Livre se doit rapporter.

Ce que je trouve de plaisant icy est, que Cardan, pour maintenir la reputation de l'Astrologie de Ptolomée, dit *qu'une troupe innombrable de Frippons, & de Charlatans ont tellement gasté & corrompu cet Art par les impostures, & par les sotises qu'ils y ont introduites, qu'il n'en demeure seulement pas le moindre vestige* ; comme si cette Astrologie de Ptolomée n'avoit pas esté tirée de semblables Autheurs ! comme si on ne pouvoit pas dire de Cardan la mesme chose qu'il dit des autres, luy qui l'a farcie de tant de choses qui ne se trouvent point dans Ptolomée !

Ce n'est pas neanmoins qu'on doive traiter d'Imposteurs tous ceux qui se meslent d'escrire de l'Astrologie ; car il se peut faire que quelques-uns ayent l'ame trop sincere pour vouloir tromper en écrivant ; mais certes on peut toûjours dire qu'ils ont l'esprit trop simple, & trop facile pour se pouvoir parer de la tromperie de ceux qu'ils suivent.

Les Astrologues se deffendent encore par *la Raison*, comme nous avons déja insinué : Mais je veux que cette multitude innombrable d'Astres si grands, & si divers ne soit pas inutile & oysive, puis qu'ils nous illuminent, & qu'ils nous entretiennent ; & je veux que l'Autheur de la Nature les ait pû destiner à de certaines fins particulieres ; s'ensuit-il pour cela que leur action, & leur influence soit dirigée à ce que les Astrologues pretendent sçavoir, & pouvoir predire? Quelle que ce soit enfin cette action des Astres, comme nous disions cy-devant, elle est generale, & elle n'est capable de produire aucun effet particulier qu'entant qu'elle se joint à l'action de quelque cause singuliere. C'est pourquoy pour qu'on puisse connoître quel est l'effet particulier qui doit suivre, il ne sert de rien de la connoître si on ne connoit aussi l'action, & la disposition particuliere ; puisque c'est elle qui détermine, & qui fait que l'effet est plûtost tel que tel. Ainsi il ne faut point demander aux Astres pourquoy quelqu'un naist robuste ou infirme, colerique ou paisible, mais il en faut rechercher la cause dans la complexion du Pere & de la Mere, dans la condition de la Semence, des Alimens, &c. Et si quelqu'un se trouve atteint d'une maladie honteuse, il ne faut pas consulter la sixiéme Maison du Ciel, mais la maison infectée où il est entré. De mesme si quelqu'un vient à estre blessé d'un coup de Canon, on ne s'en doit pas prendre à l'Horoscope qui ait esté dirigé au Quadrat de Saturne, mais au Canon qui aura esté braqué vers luy. Et si quelqu'un est tué d'un coup d'espée, il n'en faut pas accuser Mars, ou sa maligne influence, mais le Voleur, ou le Soldat qui en aura esté l'homicide, & ainsi des autres.

D'ailleurs on ne nie veritablement pas qu'il n'y ait quelque connexion de ce Monde inferieur avec le superieur, & qu'il n'en reçoive quelque utilité, & quelque avantage ; mais il ne s'ensuit pas pour cela qu'il tienne des Astres tout ce qu'il a, qu'il n'ait aucune force de luy-mesme, qu'il la doive toute au Ciel, qu'il n'y ait dans luy aucun Agent primitif, vray, & par soy, mais seulement des Agens purement instrumentaires, & que de tout ce qui se fait dans luy il en doive reconnoître le Ciel comme la Cause qui commande, qui execute, & qui détermine à cela plûtoſt qu'à cela.

On ne nie pas auſſi que le Soleil, & la Lune ne produiſent pluſieurs effets icy bas; mais il ne s'enſuit pas que les autres Aſtres, & principalement les Planetes leur puiſſent eſtre comparées à l'égard de la force & de l'efficace, enſorte que comme la chaleur ſe rapporte au Soleil, & la plenitude d'une Huitre à la Lune, de meſme quelque autre effet ſpecial & particulier ſe puiſſe rapporter à Jupiter, & qu'on puiſſe monſtrer qu'il s'y rapporte plûtoſt qu'à Mars, qu'à Venus, ou meſme plûtoſt qu'au Soleil, ou à la Lune: Je veux qu'on ait obſervé que lors que la Lune entre en Conjonction avec le Soleil, la moüelle qui eſt dans les Os ſe diminuë; a-t'on auſſi obſervé quelque choſe de pareil lors que Mars, Venus, ou une autre Planete entre en Conjonction avec le Soleil, avec la Lune, ou avec quelque autre Aſtre? Et cependant les Aſtrologues ſe vantent d'obſerver mieux ces choſes-là que les Paſteurs, les Mariniers, ou les Laboureurs, quoy qu'ils ne travaillent pas comme eux en pleine campagne, mais renfermez dans leurs maiſons, & à la chandelle ſeulement; & quoy que la pluſpart d'entre eux ne connoiſſent pas ſeulement un Aſtre outre le Soleil, & la Lune. Et qu'ils ne nous diſent point, que lors qu'ils fueïlletent leurs Ephemerides, ils peuvent bien mieux prendre garde à cela que les Mariniers, ou les Laboureurs; car comment ont-ils donc pû voir, & conſiderer ce que faiſoit Saturne lors qu'il eſtoit au delà du Soleil, & qu'ainſi il eſtoit couvert du corps du Soleil? Comment ſe ſont-ils apperçeus que les rayons de ſa vertu paſſaſſent au travers de la maſſe du Soleil pour pouvoir parvenir à la Terre, & affecter le corps d'un Enfant qui naiſt au Monde? Et par quel diſcernement ont-ils reconnu que c'eſtoit Saturne, & non pas une autre cauſe qui faiſoit cette impreſſion particuliere?

De plus, on ne nie pas que la chaleur ne provienne de la lumiere Celeſte, mais il ne s'enſuit pas qu'il n'y ait dans la Terre aucune autre chaleur que la Celeſte. Le froid provient de l'abſence du Soleil, il eſt vray, mais il ne s'enſuit pas auſſi que dans la Terre il n'y ait des cauſes de froideur qui prevalent dans l'abſence du Soleil, ou de ſa chaleur. Il eſt vray qu'une chaleur, ou une froideur excessive, ou quelques autres affections particulieres de l'Air causent des Sterilitez, & des Maladies ; mais certes les causes en sont dans la Terre mesme ; & si l'on ignore ces causes, ou si l'on ne sçait pas en quel temps elles doivent agir, on ne peut pas sçavoir que le Ciel en soit plûtost la cause que quelque autre Agent, & on ne sçauroit qu'on n'ignore ce que le Ciel fera, ce qu'il contribuëra, & quand il contribuëra. Je veux que les affections de l'Air puissent quelque chose non seulement sur la temperature du Corps, mais sur l'Esprit mesme par l'entremise du temperament ; mais tout consiste à sçavoir auparavant, & à pouvoir predire en quel temps l'Air doit estre affecté de telle, ou de telle maniere, & de quelle temperature doit estre cét homme pour estre meu par une telle impression.

On ne nie pas encore qu'un homme par son temperament ne se porte à l'Amour, au Mariage, & à élever des Enfans plûtost qu'à la Continence, & au Celibat ; mais tout consiste aussi à connoître auparavant son temperament, & les occasions pourquoy il est plûtost épris d'Amour dans ce temps-là que dans un autre, pour certe femme-là plûtost que pour une autre, pourquoy elle luy est plûtost accordée que refusée, & pourquoy elle est feconde plûtost que sterile, pourquoy il ne se servira pas de sa raison, & de sa liberté, il ne preferera pas le Celibat au Mariage, il ne differera pas ses Nopces, il n'entreprendra pas des Voyages, & autres choses semblables.

On ne nie pas mesme qu'il ne puisse estre Colerique de sa complexion, & porté aux querelles & à la guerre ; mais il faudroit aussi auparavant connoître cette complexion, & les occasions de colere qu'il aura de celuy-cy, ou de celuy-là, & dans ce temps, & dans ce lieu-là plûtost que dans un autre ; & il faudroit premierement sçavoir qu'il ne suivra ni ses propres connoissances, ni le sentiment de ses Amis ; qu'il ne se trouvera personne qui empêche qu'il ne se mette en furie, & qu'il ne prenne les armes ; qu'une maladie, un emprisonnement, une absence, ou quelque autre accident n'empêchera point qu'il n'aille à la guerre, & qu'ainsi il y aura guerre en ce temps-là, & non pas la paix.

Enfin on ne nie pas que les applications, les évenemens, &

les Destinées des Hommes ne soient diverses ; mais la difficulté est de monstrer que Dieu ait attaché tous ces incidens aux Astres, & qu'il n'ait pas plûtost voulu qu'ils dependissent de certaines autres Causes qui sont proche de nous, & que nous pouvons souventefois connoître, & designer, quoy que nous les ignorions avant que les effets arrivent, & que cette ignorance soit cause qu'on dit qu'elles agissent au hazard, & fortuitement. On ne sçauroit certes en reconnoître, & en assigner de telles dans le Ciel, & il semble qu'il y a non seulement de l'impertinence, mais qu'il y a mesme de la temerité à faire ces petites affaires qui nous touchent si considerables, que les Astres en prennent un soin particulier, & qu'elles ne soient attachées qu'à de si grandes, & de si nobles Causes. C'est ce que Phavorinus nous marque tres-judicieusement lors qu'il dit qu'il n'y a rien de plus absurde que de s'imaginer *que parce que le Flux, & le Reflux de la Mer s'accorde avec le cours de la Lune, la petite affaire d'un particulier qui sera touchant quelque conduit d'Eau, ou touchant quelque Muraille mitoyenne, soit gouvernée par le Ciel, comme si elle y estoit attachée par une Corde.*

Le dernier & principal soûtien des Astrologues est *l'Observation*, ou *l'Experience* qu'ils ne manquent jamais d'opposer, & contre laquelle nous nous donnerions bien de garde de songer à apporter des raisons si nous y voyons quelque verité : Mais Hippocrate a bien dit *que l'Experience est trompeuse*, & qu'il la faut peser, & examiner par la Raison ; puis qu'il intervient tant de choses differentes qui la peuvent rendre fautive, & qu'il n'y a rien de plus ordinaire à un ignorant que d'estre trompé, & à un mal-honneste Homme que de tromper.

Nous avons déja veu que les Chaldéens dont on suit les Dogmes, n'ont rien fait d'exact, & que ni leur Hipparque, ni le Prolomée des Egyptiens n'ont pû avoir d'Observations à l'égard des vrais mouvemens, ou des veritables lieux des cinq Planetes ; d'où il est visible que les Chaldéens n'ont pû établir les Dogmes de l'Art par des Experiences qu'ils ayent faites, ni montrer que leurs Dogmes ayent esté bien établis ; outre que la mesme situation, & disposition du Ciel ne pouvant pas retourner deux fois seulement en cent ans, ni pas mesme en mille, il est constant qu'il ne leur a pas esté possible

possible de faire seulement deux fois la mesme Experience.

Nous avons encore veu que quand on accorderoit que les Dogmes des Chaldéens eussent esté établis, & approuvez sur des Faits, & sur des Experiences, ils ne pourroient neanmoins servir que pour eux, & pour leur Païs, & nullement aux Antipodes, ni à ceux qui habitent sous la Ligne, ou sous les Poles.

Ajoûtons à cecy la difference particuliere de la Terre où chacun naist, & demeure ; car s'il est vray que ceux qui demeurent dans le milieu des Continens sont autrement affectez que ceux qui habitent dans les lieux Maritimes, & qu'entre les lieux Maritimes il y en a quelques-uns où l'on vit tres-sainement, & tres-long-temps, & d'autres où l'on est toûjours infirme & languissant, & où on ne vit que fort peu de temps à cause de la nature particuliere du lieu ; comment pourra-t'on determiner ce qui doit arriver dans tous les differens lieux par ce qui aura esté observé dans un lieu seulement ? S'il y en a tres-peu entre nous qui vivent jusques à cent ans, pourra-t'on pour cela predire les mesmes choses des Taupinambours qui vivent presque le double de nous ? Et si leurs Femmes, comme on dit, font des Enfans à quatre-vingt-dix ans, pourra-t'on dire la mesme chose des nostres qui cessent d'enfanter avant cinquante ?

D'ailleurs, si nous considerons la diversité des Mœurs ; ce que les Astrologues ont dit des Richesses & des Mariages auroit-il lieu chez les Nations où toutes choses sont communes, qui ne recherchent, ni n'estiment les Richesses, & qui ne connoissent ni Adultere, ni Inceste ? Il est vray que Ptolomée avoit veu cela lors qu'il avertit que l'on peut predire le Mariage entre le Frere & la Sœur, non pas à un Italien, mais à un Egyptien, & le Concubinage entre le Fils & la Mere à un Persien, & non pas à un Egyptien, parce qu'il faut principalement prendre garde aux Loix, & aux Mœurs des Païs ; mais toûjours il s'ensuit de là que les Observations, & l'Art doivent estre particulieres dans chaque Nation, & que les Loix, & les Mœurs changeant assez souvent dans les Nations, l'Art & les Observations doivent estre bien incertaines.

Le mesme se doit dire à l'égard des autres Diversitez, comme par exemple de la Saison chaude ou froide, de la Complexion saine ou maladive, de la Fortune basse, illustre, pauvre, riche, de la bonne ou mauvaise Education, de la Conversation bonne ou mauvaise, de la Paix, de la Guerre, de la Science, de l'Ignorance, &c. si ce n'est peut-estre qu'ils nous vueillent faire accroire, qu'afin que quelqu'un perisse dans la Guerre, il faut de necessité qu'ayant ainsi esté determiné dans sa Nativité, il naisse dans le Royaume une Guerre qui serve & s'accommode à sa Nativité ; comme si la Nativité ne devoit pas plûtost estre accommodée à l'estat du Royaume dans lequel si la Guerre ne se faisoit, il ne periroit pas dans la Guerre ; car de dire que cét Homme ne fust pas né s'il n'eust dû y avoir de la Guerre, il n'y a rien de plus ridicule.

Le mesme enfin se doit dire à l'égard de la Diversité de l'Art ; car on sçait que ceux qui s'en mêlent sont tres-differens entre-eux, d'où il est évident que si nous n'avons pas retenu la maniere de dresser des Horoscopes dont les anciens Chaldéens se servoient, nous ne pouvons pas aussi nous servir des mesmes Aphorismes qui sont fondez sur ces Horoscopes.

Vous direz que les Chaldéens n'ont rien fait qui vaille ; mais comme vous ne tenez que d'eux cet Art, & ce qu'il peut avoir de certitude, comment pourrez-vous mieux faire ?

Vous direz encore que vous vous conduisez par l'Experience ; mais oserez-vous cependant preferer les Experiences d'un petit nombre d'années à des Experiences d'une infinité de Siecles ? Et si par ces Experiences ils n'ont pû établir un Art qui fust assez ferme & assez constant, comment pourrez-vous maintenant en faire un qui le soit davantage, puis qu'estant privez de leurs Experiences vous ne pouvez pas conferer les vostres avec les leur ?

Vous direz enfin que la Diversité des Temps, & des Regions demande cela ; mais pourquoy y a-t-il encore quelques Astrologues qui conviennent avec eux, & non pas avec vous ? Pourquoy souventefois la mesme Methode plait-elle dans divers Païs ? Et pourquoy dans un mesme Païs des Methodes si differentes trouvent-elles des Maistres de l'Art qui les suivent ?

Mais si nous examinons plus particulierement les Experiences, le seul témoignage de Ciceron nous suffira pour l'Antiquité. *Il me souvient*, dit-il, *que les Chaldéens ont vainement prophetisé tant de choses à Pompée, à Crassus, & à Cesar, qu'aucun d'eux par exemple,* ne mourroit que dans une extrême vieillesse, dans sa Maison, & avec honneur, & splendeur, &c. que je m'estonne qu'il se trouve un Homme qui croye encore maintenant à ceux dont il voit tous les jours les Predictions estre refutées par les Evenemens. Ajoûtons ce que Mercure dans Seneque dit à la Parque au sujet de Claudius qui estoit mourant. *Pourquoy, cruelle femme, souffre-tu que ce miserable homme soit si long-temps tourmenté? Il y a soixante & quatre ans qu'il combat avec son Ame, quelle envie as-tu contre luy? Souffre que les Astrologues disent quelquefois vray.*

Horace devoit bien estre desabusé de ce costé-là, lors qu'il disoit qu'il y avoit quelque espece de crime à consulter les Astrologues pour apprendre sa Destinée.

Tu ne quæsieris, scire nefas, quem mihi, quem tibi
Finem Dij dederint, Leuconoë, nec Babylonios
Tentaris numeros, ut melius quidquid erit pati,
Seu plures hyemes, seu tribuit Iupiter vltimam.

Il sçavoit que sans nous embarasser si fort de l'avenir, le plus seur estoit simplement de suivre ce que nous dicte la Prudence, de vivre à l'égard de soy-mesme honnestement, & à l'égard des autres sans injustice, & pour ce qui est du reste, l'abandonner à la Providence Divine, & estre prest à tous les evenemens de la Fortune; d'autant plus que les biens qui arrivent dans cette disposition d'esprit sont plus agreables, & qu'elle nous est d'un grand secours pour souffrir les maux, & qu'au pis aller si nous avons à estre miserables, nous ne le serons pas avant le temps. *Quelle vie eust esté celle de Priam,* dit Ciceron, *si dés sa jeunesse il eust sçeu ce qui luy devoit arriver sur la fin de ses jours! Et pour nous tirer de la Fable, croyez-vous qu'il eust esté utile à Marcus Crassus lors qu'il estoit riche, & puissant, & qu'il joüissoit agreablement de sa bonne Fortune, de sçavoir qu'il devoit perir ignominieusement au delà de l'Euphrate, son fils tué, & toute son Armée défaite? Croyez-vous que Pompée avec ses trois Consulats, ses trois Triomphes, & tous ces grands honneurs qu'on luy rendoit, eust pû se réjoüir s'il eust sçeu devoir estre massacré dans les Deserts d'Egypte, aprés avoir perdu son Armée, & qu'aprés sa mort il luy seroit arrivé des choses que je ne sçaurois dire sans pleurer? Croyons-nous que si Cæsar eust deviné, &c.* Aussi est-ce pour cela qu'Horace dit encore que Dieu par une Prudence eternelle nous a caché l'Avenir dans une épaisse obscurité.

Prudens futuri temporis exitum
Caliginosa nocte premit Deus.

Et que les Astrologues ne nous disent point que ces malheurs sont auparavant marquez & signifiez par les Astres, & qu'estant connus on les peut éviter; car on sçait que si on les évite, ils n'ont donc pas esté auparavant marquez, & que les Astres eussent plûtost deu marquer qu'on les éviteroit, puis qu'ils devoient effectivement estre évitez. Et veritablement si nous voyons que les Astrologues évitassent les maladies, les Galeres, & plusieurs autres maux qui leur arrivent, comme les ayant connu auparavant, peut-estre meriteroient-ils qu'on ajoûtast quelque foy à leurs Predictions; mais comme ils ne se gardent pas eux-mesmes, ne sçachant pas ce qui a esté auparavant marqué à leur égard, pourquoy croira-t'on qu'ils pussent avertir les autres de se prendre garde; puis que la raison ne veut pas qu'ils sçachent plûtost ce qui doit arriver aux autres qu'à eux-mesmes?

Il suffira aussi pour nos derniers Siecles de sçavoir ce qu'a fait Sixtus ab Heminga; car il nous a proposé trente Nativitez illustres, & les ayant diligemment examinées selon les Dogmes de l'Art, il a trouvé qu'elles ne convenoient nullement avec l'Experience, que souvent le Ciel estant favorable à une Nativité il arrive des malheurs, & qu'au contraire le Ciel menaçant de quelques malheurs, il arrive du bon-heur; de sorte que lorsque les Astrologues predisent quelque chose sur une Nativité, ils se trompent tres-souvent & tres-lourdement, predisant ce qui n'arrive point, & obmettant ce qui arrive, comme ils firent à l'égard de Henry II Roy de France qui mourut à 40 ans d'une blessure à l'œil, Gauricus ayant cependant prophetisé qu'il vivroit tres-heureux soixante & dix ans moins deux mois; Et Cardan, qu'il vivroit d'autant plus heureux dans sa vieillesse qu'il seroit plus experimenté dans les affaires.

Le mesme n'est veritablement pas arrivé à l'égard de Henry III, parce que son Horoscope ne parut point qu'après sa mort; mais à l'égard de Henry IV, dont l'Horoscope parut lors qu'il estoit encore en vie, le Prophete ne luy predit rien moins que ce qui luy arriva; non plus que Nostradamus à l'égard de Monsieur Suffredy son Compatriote, car il est expressément porté dans la Nativité qu'il en avoit dressée qu'il porteroit la barbe longue ; que sur la moitié de son âge les dents luy deviendroient noires ; qu'il seroit courbé dans sa vieillesse ; qu'à dix-neuf ans il luy arriveroit une succession étrangere ; que ses freres luy dresseroient des embuches ; qu'à 32 ans il seroit blessé par ses freres ; qu'il épouseroit une femme qui ne seroit pas de son Pays ; qu'à vingt-sept ans il auroit un Bastard ; qu'à 25 ans il seroit accablé de Theologie par certains Precepteurs ; qu'il excelleroit dans la Philosophie Naturelle, dans la Magie, dans la Geometrie, & dans l'Arithmetique ; qu'il feroit des Voyages sur Mer ; & qu'il se plairoit à la Musique, & aux Instrumens ; & enfin qu'il ne passeroit pas soixante & quinze ans. Cependant il a toûjours eu la barbe courte ; ses dents ont toûjours esté tres-blanches ; sa taille s'est entretenuë droite jusques à la mort ; il n'a jamais eu d'autre succession que de son pere ; il n'a point eu de freres ; sa femme estoit de sa Ville mesme de Selon en Provence ; on n'a jamais oüy dire qu'il ait eu aucun Bastard ; il n'a particulierement cultivé que la Jurisprudence dont Nostradamus ne dit pas un mot, non plus que de l'Office de Conseiller au Parlement d'Aix dont il fut pourveu à l'âge de 25 ans ; il n'a jamais navigé ; & enfin il n'a pas passé 54 ans ; tellement que tout le contraire de la Prediction de Nostradamus est arrivé.

Je pourrois icy rapporter en détail l'Horoscope de Monsieur Maridat Conseiller au Grand Conseil, dans laquelle on verroit que l'Astrologue Jean-Baptiste Morin qui l'a dressée a aussi bien reüssi que Nostradamus dans celle de Monsieur Suffredy ; mais tout cela est tellement plein de sottises, de badineries, & de faux évenemens, & sent tellement le Charlatan, & la Bohemiene qui ne bute qu'à tromper & à attraper une piece d'argent, que j'ay de la peine à m'y arrester.

Je diray seulement pour une eternelle honte de cét Astrologue Morin, que voyant que Monsieur Gassendi qui se moquoit de son Astrologie Judiciaire estoit infirme & atteint d'une fluxion sur la poitrine, il fut assez impudent pour predire & faire sçavoir à tout le monde par un Imprimé exprés qu'il mourroit sur la fin de Juillet, ou au commencement d'Aoust de l'année 1650, pretendant par là eriger un Trophée à son Astrologie ; & cependant Monsieur Gassendi ne se porta jamais mieux qu'en ce temps-là, & il reprit tellement ses forces qu'il me souvient que le cinquiéme de Février de l'année suivante, nous montâmes ensemble la Montagne de Toulon pour faire les Experiences du Vuide.

Il ne faut pas au reste s'étonner si les Astrologues rencontrent quelquefois dans leurs Prédictions ; car comme ils disent tant de choses à la volée, le hazard peut faire qu'ils ne se trompent pas en toutes, ce que les Femmelettes, & toutes sortes de gens font aussi bien qu'eux.

Vous direz peut-estre que si les Femmelettes prédisent quelquefois la verité, c'est par hazard, au lieu que les Astrologues le font par des Regles. Il est vray, mais c'est tellement le hazard, & la phantaisie des Hommes qui a établi les Regles, que de quelque maniere que vous les changiez, elles ne laissent pas pour cela de marquer la chose qui doit arriver comme si vous n'aviez rien changé. En voicy un exemple authentique. Cardan dans sa Nativité tient que Saturne est dans le 21 Degré des Jumeaux, & Mercure dans le 23 de la Balance ; & cependant selon les Tables Rudolphines Saturne estoit dans le 18, & Mercure dans le 26, pour ne dire de la Lune & des autres ; d'où il est aisé de voir que si les évenemens ont dû estre prédits des veritables lieux des Planetes, & que cependant les mesmes évenemens ayent esté prédits de lieux faux pris pour vrais, il n'importe en quel lieu on croye que soit une Planete pour prédire ce que l'on voudra.

C'est donc le pur Hazard qui preside en tout cecy ; & certainement s'il n'y presidoit, les Astrologues ne se tromperoient pas si souvent dans leurs Prédictions. *De quarante choses*, dit Cardan, *à peine en arrive-t'il dix*, Confession où il semble que la verité luy ait tirée de la bouche malgré luy, aussi bien que l'estime qu'il fait de ce Dire de Martianus, *Si vous voulez deviner, dites justement le contraire de ce que les Astrologues promettent*. Car encore qu'il l'entende des Astrologues negligens, il se peut neanmoins appliquer à luy-mesme qui se croit estre tres-exact ; puis qu'il n'est rien moins arrivé à Edoard VI. Roy d'Angleterre que ce qu'il luy avoit prédit, & cependant il se vante d'avoir employé cent heures à faire son Horoscope.

La Finesse des Astrologues fait encore qu'ils prédisent quelquefois la verité ; car la premiere chose qu'ils font quand il se presente une Nativité, c'est de s'enquester adroitement du Sexe, de la Famille, du Païs, des Mœurs, &c. sans quoy Cardan avertit qu'il ne faut jamais entreprendre de faire de Prédiction. Et je ne doute point que ce n'ait esté par une semblable adresse qu'un certain Olerius Beneficier de Barcelone prédît à peu prés le temps de la mort de Henry IV ; car il pouvoit avoir sceu quelque chose de cet execrable dessein dont quelques Grands d'Espagne n'avoient pû se taire, & dont le bruit estoit tellement répandu par tout, que nos Ambassadeurs, & nommément Monsieur Bochart de Champigny qui estoit à Venise, en avoient écrit au Roy, & qu'il ne venoit pas un de nos Vaisseaux du costé d'Espagne qu'il ne demandast d'abord si le Roy estoit mort ; parce que le bruit couroit par toute l'Espagne qu'il avoit esté, ou devoit bien-tost estre tué.

Avec cela ils parlent ordinairement avec ambiguité à la façon des Oracles, afin que quelque chose qui arrive, on interprete qu'ils l'ont prédite ; ou s'ils semblent quelquefois dire la chose clairement, ils y ajoûtent une condition, afin que si par hazard elle n'arrive pas, ils puissent en rejetter la faute sur cette condition, & que si elle arrive, ils puissent alors sans avoir aucun égard à la condition, se vanter de l'avoir prophetisée.

Une autre Adresse dont ils se servent ordinairement est, que si quelque chose reüssit, ils font acroire que c'est par les Regles de l'Art, & si elle ne reüssit pas, ils s'écrient que la chose n'a donc pas esté marquée assez exactement ; que la Figure doit estre corrigée, & qu'il faut de telle maniere raccommoder l'Horoscope que l'effet enfin puisse quadrer à sa direction. Mais donnez-leur la Nativité à examiner tant qu'ils voudront, & leur demandez ensuite qu'ils vous designent clairement quelque effet à venir, marquant le jour, la maniere, & toutes les autres circonstances, & vous verrez qu'ils seront bien embarassez.

Enfin, l'Ignorance, & la Simplicité de ceux qui croyent à l'Astrologie fait que les Astrologues semblent quelquefois rencontrer dans leurs Prédictions ; car il y a peu de gens qui prennent garde à ce que nous avons déja dit plus haut, à sçavoir que l'Influence du Ciel est generale, & que ce qui arrive de particulier se doit rapporter à des causes particulieres : Ils ne considerent pas assez la condition des autres Animaux qui naissent souvent en mesme temps que les Hommes, & qui estant regardez par les Astres comme les Hommes, ont neanmoins des Destinées tout-à-fait dissemblables. Ils s'estiment si excessivement, & si aveuglement eux-mesmes, qu'ils s'imaginent que le Ciel se met fort en peine, & prend un soin particulier de tout ce qui leur arrive, & abusez par cette credulité ils se persuadent incontinent tout ce qu'on leur annonce de la part du Ciel ; d'où vient que toutes sortes de Songes, & de Réveries leur sont des Réalitez, & que s'ils ne sont assez trompez par les autres, ils ont une pente naturelle à se tromper eux-mesmes ; car comme ils sont souvent pleins d'Esperance, de Crainte, d'Amour, de Haine, &c. ils interpretent toutes choses selon leur passion prédominante, & s'aident eux-mesmes à voir des Moucherons pour des Elefans.

Joint qu'encore que la plus grande partie des choses que predisent les Astrologues n'arrive point, le sot, & stupide Vulgaire la laisse passer sans s'y arrester ; au lieu que si de plusieurs Predictions il en reüssit seulement une, il s'écrie incontinent, comme si elle estoit sortie de la bouche de l'Oracle d'Ammon, ô le divin Art ! tout ce qui est faux dans le reste s'évanoüissant à l'apparence, & à la lueur d'une seule, & unique chose qui se trouve estre vraye.

Celuy-là n'a pas connu la nature de l'Esprit du Vulgaire qui n'a pas observé qu'il est capable de cette foiblesse. Et sous le mot de Vulgaire on ne doit pas seulement entendre le bas peuple, mais encore tous ceux que les plus grandes Dignitez élevent au dessus des autres, si ce n'est que l'excellence de la Nature, ou de la bonne Education, ou l'Experience, & l'Erudition leur fasse mieux juger des choses ; car autrement, comme ils sont extrémement ambitieux, & desireux de vivre, il n'y a point de Niaiseries de Devineurs dont ils ne se laissent infatüer.

De là vient que souvent ils font venir, & tiennent auprés d'eux tous ceux qu'ils croyent promettre de grandes choses, encore que les Histoires nous apprennent qu'il arrive par je ne sçais quel hazard que les Princes qui se fient le plus aux Divinations, & à ces promesses,

messes sont les plus malheureux, témoins Emanuel de Portugal, Pierre d'Arragon, Simon de Bulgarie, Louys Sforce de Milan, & autres, sans parler mesme de quelques-uns de nostre temps.

L'on croit que le Ciel les regarde avec plus de soin que le menu peuple, ce qui fait que tout ce qui leur arrive passe pour des Decrets particuliers du Ciel, & que si quelque chose reüssit de tout ce qu'ont prédit les Astrologues, comme cela n'est ignoré de personne, il n'y a personne aussi qui ne vante incontinent l'excellence de l'Art : Ce qui se fait principalement à l'égard de la mort des Princes, de la perte des Batailles, & autres semblables Evenemens ; Comme si le mesme Soleil n'éclairoit pas les Cabanes des Pauvres, & les Palais des Rois ! Comme s'il n'estoit pas indifferent au Ciel que quelqu'un naisse Riche, & de l'ancienne Famille du Roy Inacus, ou qu'il naisse Pauvre, & de quelque Famille du bas Peuple ! Comme si le Ciel avoit tissu les Destinées de ces cinquante mille Hommes qui perirent dans la Bataille de Cannes, & qu'il les eust attachez à la temerité d'un General d'Armée ! Et comme s'il estoit possible qu'un Astrologue en regardant la Nativité de tous ces Hommes nais en des Païs, & en des temps si differens, ait aisément pû trouver leurs Directions, & prédire qu'elles tomberoient toutes dans une mesme & fatale journée !

Pour ce qui regarde maintenant la mort d'Alexandre, & toutes ces autres sortes d'evenemens étranges, & tragiques dont les Histoires font mention, l'on peut dire qu'il y a en tout cela beaucoup plus d'apparence de fausseté que de verité ; soit que les Historiens sans avoir un dessein formé de mentir soient curieux de ramasser tous les bruits qui se répandent, & de rapporter tous ces grands & extraordinaires evenemens qu'on dit avoir accompagné la Naissance, ou la Mort de quelque grand Prince ; soit que pour rendre leur Histoire plus agreable, ils se plaisent à raconter de ces sortes de choses qui se lisent avec plaisir, & avidité : Et pleust à Dieu qu'ils en demeurassent là, & que pour rendre leur Histoire plus recommandable, ils ne songeassent jamais à l'amplifier, comme ont fait quelques-uns en parlant de la mort de Henry IV, qui constamment n'ont rien dit de moins que ce qui est arrivé.

On pourroit mesme à ces Histoires opposer des Histoires toutes contraires, telle qu'est celle de Henry VII Roy d'Angleterre ; car on sçait que ce Prince ayant fait venir un peu avant les Festes de Noël l'Astrologue qui avoit prédit sa mort, & que luy ayant demandé où il croyoit qu'il seroit ces Festes, l'Astrologue hesita quelque temps, & dit enfin qu'il ne pouvoit pas prédire cela certainement ; sur quoy le Roy luy dit, *Je suis donc plus sçavant dans l'Art que toy, car je sçay que tu seras dans la Tour de Londres*, & fit en mesme temps signe qu'on l'y menast. Le Roy ne mourut pas cette Année-là, & le beau Devineur ne fut tiré de prison qu'après que l'ardeur de la Divination fut ralentie.

Ce Prince se montra plus benin à l'égard de son Astrologue que ne fit Hermogene à l'égard du sien qu'il pensa tuer sur l'heure, en luy disant, Tu m'avertis que les Astres me menacent d'une prompte mort, & moy je t'avertis que tu vas mourir presentement.

Hermogenem Medicum monet Astrologus Diophantus.
Vix illum menses vivere posse novem:
Qui ridens, vide, ait, quid nobis Astra minentur;
Imminet, at moneo mors inopina tibi.
Dixit, & extendens dextram admovet, & Diophantus
Desperare alium dum jubet, ipse perit.

Et qu'on ne nous objecte point l'exemple de Cardan qui mourut à peu prés dans le temps qu'il avoit prédit ; car Scaliger, & Monsieur de Thou remarquent expressément qu'il se laissa mourir de faim pour ne pas paroître menteur ; & l'on sçait qu'encore qu'il eust pris un soin particulier à dresser l'Horoscope de Jean-Baptiste son Fils aisné, & qu'il eust pris plaisir en beaucoup de rencontres à l'avertir de ce qui luy devoit arriver, il ne l'avertit neanmoins jamais qu'il devoit avoir la teste coupée à vingt & quatre ans pour avoir empoisonné sa Femme.

L'on doit au moins, direz-vous, avoir d'autres sentimens des Prédictions qui regardent le changement de l'Air ; il est vray, & je l'ay déja dit plusieurs fois, que le Ciel, ou plûtost les Astres, & principalement le Soleil, est la Cause generale de plusieurs choses ; mais j'ay dit aussi qu'il se trouve icy bas d'autres Causes speciales, & principales qui font que tels & tels Effets arrivent, qu'ils arrivent icy & non pas là, maintenant & non pas dans un autre temps, de cette manière & non pas d'une autre, & que ces Effets se doivent rapporter à ces Causes & non pas au Ciel, parce que le Ciel ne sçauroit rien produire sans elles, & qu'il accommode son action à leur nature, à leur vertu, & à leur disposition; si bien que c'est sans raison que ces Causes sont dites n'estre que des Instrumens du Ciel; car elles ont effectivement leurs Vertus speciales d'agir, ce qui ne convient pas à des Instrumens, & ce sont plûtost elles qui se servent des Vertus du Ciel comme d'Instrumens.

Je dis de plus que si l'on prédit par la palleur de la Lune, ou par sa rougeur, par les Coronnes, par l'Arc-en-Ciel, & autres semblables Signes ce qui doit arriver en ce jour-là, ou le lendemain, à cause de la connexion commune & familiere qu'il y a de tels Meteores avec telles Causes ou Effets, & non pas par aucune Regle d'Astrologie; cette connoissance & cette prediction ne regarde pas plûtost les Astrologues que les autres, puisque les Mariniers, les Laboureurs, les Pasteurs, & autres les font aussi bien qu'eux; & si les Astrologues se vantent de pouvoir prédire ce qui arrivera dans plusieurs jours, plusieurs mois, & plusieurs années, ils se vantent d'une chose qui leur est impossible; parce qu'il n'y a plus de semblable connexion commune & familiere, & connuë, & que la diversité des Effets Sublunaires, de la Pluye, par exemple, ou de la Serenité, depend non pas de la diverse situation, & de la diverse influence & vertu des Planetes, & des Etoiles, mais de la diverse vertu, & diverse action des Causes Sublunaires.

Je veux qu'il sorte aujourd'huy de cette partie particuliere de la Terre des Vapeurs qui estant élevées en l'air se condensent en Nuées, & s'épaississent en Pluyes; cependant la Matiere de ces Vapeurs, Nuées, & Pluyes s'épuise, ou la chaleur se ralentit en cet endroit; & encore que par l'action continuelle des parties de la Terre les unes sur les autres il se doive ramasser une semblable matiere dans le mesme endroit, & s'y faire une nouvelle chaleur; cela n'arrivera neanmoins pas precisément après une année, mais ou plus tost, ou plus tard; & ce ne sera pas merveille que l'année suivante il ne fasse pas de Pluye le mesme jour, mais qu'il fasse tres-beau temps. Et ce que je dis de la Pluye, ou du beau temps, se doit dire des Vents soit chauds, soit froids, des Foudres, & des Tonnerres, des Gréles, &c. la matiere des

Meteores ne se trouvant pas ainsi à poinct nommé aux mesmes endroits dans les mesmes Saisons de l'Année.

Au reste, l'on ne trouvera peut-estre pas mauvais que je mesle icy quelque chose de ce que j'ay dit des Astrologues dans ma Relation des Estats du Grand Mogol, quand ce ne seroit que pour nous délasser un peu l'Esprit de cette grande application où Monsieur Gassendi nous a tenu jusques à present ? Voicy mes termes. Il s'éleva en ce temps-là une petite Tempeste sur les Astrologues que je ne trouvay pas desagreable. La pluspart des Asiatiques sont tellement infatüez de l'Astrologie Judiciaire qu'ils croyent que rien ne se fait icy-bas qui ne soit écrit là-haut (c'est leur façon ordinaire de parler) de sorte que dans toutes leurs entreprises ils consultent les Astrologues. Quand deux Armées sont prestes pour donner la Bataille, on se donne bien de garde de combatre que l'Astrologue n'ait pris le Sahet, c'est à dire, qu'il n'ait pris & déterminé le moment qui doit estre propice & heureux pour commencer le Combat. Ainsi lors qu'il s'agit de choisir un General d'Armée, de dépescher un Ambassadeur, de conclure un Mariage, de commencer un Voyage, ou de faire la moindre chose, comme d'acheter un Esclave, & de vestir un habit neuf ; rien de tout cela ne se peut faire sans l'Arrest de Monsieur l'Astrologue ; ce qui est une gesne incroyable, & une Coûtume qui traine mesme avec soy des consequences si importantes que je ne sçais comment elle peut subsister si longtemps ; car enfin il faut que l'Astrologue ait la connoissance de tout ce qui se passe, & de tout ce qui s'entreprend depuis les plus grandes affaires jusques aux plus petites. Or il arriva que le premier Astrologue du Roy tomba malheureusement dans l'eau, & se noya, ce qui fit grand bruit à la Cour, & décredita beaucoup l'Astrologie ; car comme on sçavoit que c'estoit luy qui donnoit le Sahet au Roy, & aux Omrahs ou Seigneurs de la Cour, chacun s'estonnoit comment un Homme si experimenté, & qui depuis si long-temps donnoit la bonne Avanture aux autres, n'avoit pas sçeu prevoir son malheur. Il y en avoit mesme de ceux qui se faisoient les plus Entendus, qui disoient que dans le Franguistan, c'est à dire dans nostre Europe, où les Sciences fleurissent, on tient ces sortes de gens suspects, & que quelques-uns mesme les prennent pour des Charlatans ; qu'on doute fort si cette Science est fondée sur de bonnes & solides raisons, & que ce pourroit bien estre quelque prévention, ou imagination des Astrologues, ou plûtost un Artifice pour se rendre necessaires auprés des Grands, & les tenir en quelque sorte de dépendance.

Tous ces discours déplaisoient beaucoup aux Astrologues, mais rien ne les fâchoit tant que ce conte qui s'est rendu fameux. Le Grand Chah-Abas Roy de Perse avoit fait bécher, & préparer un petit lieu dans son Serail pour faire un Jardin ; les petits Arbres estoient tout prests, & le Jardinier pretendoit de les planter le lendemain ; cependant l'Astrologue faisant l'homme d'importance, dit qu'il falloit prendre le Sahet favorable pour les planter, afin qu'ils pûssent bien reüssir. Chah-Abas en fut content ; l'Astrologue prit ses Instrumens, fueilleta ses Livres, fit ses Calculs, & conclut qu'à raison d'une telle & d'une telle conjoncture, d'un tel regard, & d'une telle disposition des Planetes, il estoit necessaire de les planter à l'heure mesme.

Le Maistre Boustangi-Bachi, ou le Jardinier qui ne songeoit à rien moins qu'à l'Astrologue, ne se trouva pas là present, mais on ne laissa pas de mettre la main à l'œuvre, on fit des trous, & on planta tous ces Arbres, Chah-Abas luy-mesme les posant dans leur place, afin qu'on pûst dire que c'estoient des Arbres plantez de la propre main de Chah-Abas.

Ce Maistre Jardinier qui revint sur le soir fut bien estonné de trouver la besogne faite, & voyant que cela n'estoit point selon le lieu propre & l'ordre qu'il avoit destiné, qu'un Abricotier, par exemple, estoit dans le soulage d'un Pommier, & un Poyrier dans celuy d'un Amandier, bien fâché contre l'Astrologue, fit arracher tous les Arbrisseaux, & les coucha comme il les avoit laissez avec un peu de terre sur la racine pour le lendemain. Incontinent on en donna nouvelle à l'Astrologue, & luy à Chah-Abas qui fit aussi-tost venir le Jardinier, & qui en colere luy demanda pourquoy il avoit esté si hardy que d'arracher ces Arbres qu'il avoit luy-mesme plantez de sa main ; qu'au reste on avoit pris très-exactement le Sahet, que jamais on n'y reviendroit, qu'on n'en sçauroit jamais trouver un si favorable, & qu'enfin il avoit tout gasté, & tout per-

Ll iij

du. Le rustique Jardinier qui avoit un peu de Vin de Chiras dans la teste, regarda l'Astrologue de travers, & luy dit ces mots en grondant, & en jurant Billah, Billah qu'il falloit bien que le Sabot que tu as pris pour ces Arbres fust admirable, Astrologue de malheur! Ils ont esté plantez aujourd'huy à midy, & ce soir ils ont esté arrachez! Quand Chah-Abas entendit ce brusque raisonnement, il se mit à rire, tourna le dos à l'Astrologue, & se retira.

FIN.

Permis d'imprimer. Fait ce 2. May 1675.
DE LA REYNIE.

De l'Imprimerie DE JACQUES LANGLOIS, fils, ruë Galande proche la Place-Maubert, vis-à-vis la ruë du Foüatre, à l'Image Saint Jacques le Mineur.

M. DC. LXXV.

www.ingramcontent.com/pod-product-compliance
Lightning Source LLC
Chambersburg PA
CBHW050658170426
43200CB00008B/1339